本书受西南财经大学2023年度教师教学发展协同项目与西南财经大
拔尖创新人才培养项目"科教融合的高层次国家急需公共管理人才培养体系建

公共管理
案例分析

主编◎冯 华 谢小芹 王远均

西南财经大学出版社

中国·成都

图书在版编目(CIP)数据

公共管理案例分析/冯华,谢小芹,王远均主编.
成都:西南财经大学出版社,2024.6. --ISBN 978-7-5504-6264-9
Ⅰ. D035-0

中国国家版本馆 CIP 数据核字第 2024KR4990 号

公共管理案例分析
GONGGONG GUANLI ANLI FENXI
主编 冯 华 谢小芹 王远均

策划编辑:金欣蕾
责任编辑:李建蓉
责任校对:王甜甜
封面设计:墨创文化
责任印制:朱曼丽

出版发行	西南财经大学出版社(四川省成都市光华村街 55 号)
网　　址	http://cbs. swufe. edu. cn
电子邮件	bookcj@ swufe. edu. cn
邮政编码	610074
电　　话	028-87353785
照　　排	四川胜翔数码印务设计有限公司
印　　刷	四川五洲彩印有限责任公司
成品尺寸	185 mm×260 mm
印　　张	12. 375
字　　数	338 千字
版　　次	2024 年 6 月第 1 版
印　　次	2024 年 6 月第 1 次印刷
书　　号	ISBN 978-7-5504-6264-9
定　　价	29. 80 元

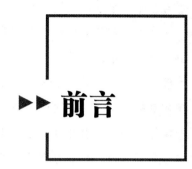

前言

公共管理案例是公共管理部门及公务员在履行经济调节、市场监管、社会治理、公共服务等职责过程中产生的可供从事公共管理部门研究的专家和学者研究探讨的事例与故事。案例教学是公共管理教学中一种重要的教学方法，在课堂教学中的效果十分显著。为推进以案例促进教学质量提升的活动深入开展，我院特组织师生研发案例，并已陆续出版了《公共管理案例解析》[①]《公共管理案例十讲》[②]《公共管理课程思政案例集》[③]，这本《公共管理案例分析》为学院案例出版系列的第四本。

目前我院已聘请国内外公共管理相关专业的专家和学者担任公共管理案例指导专家，与四川省特别是成都市的政府部门及单位进行友好合作，建立了多个社会实践基地，为案例开发提供了十分丰富的素材。自2014年以来，我院就着力探索"全案例教学模式"，在不断探索与完善中形成了"案例教学—案例开发—案例比赛—案例库搭建"四位一体的教学体系，并在公共管理教学案例的收集、加工和处理基础上形成了"链条式"经验，建立了学院的公共管理案例库。这些案例被充分运用于课堂教学，深受学生欢迎。

自2019年起，我院已连续举办五届四川省公共管理案例挑战大赛，每届均有百余支来自全国高校的队伍报名参赛，社会反响良好。同时我院也鼓励师生积极报名参与国内高校的多项案例大赛，并多次取得喜人成绩。截至2024年5月底，我院教师已获中国专业学位案例中心主题案例立项3项，累计已成功入库案例14个。2023年12月，由我院承办的第八届中国研究生公共管理案例大赛启动会暨全国MPA案例编写与教学研讨会在成都顺利举办。2024年4月，我院师生在第八届中国研究生公共管理案例大

---

① 马珂，谢小芹. 公共管理案例解析 [M]. 北京：社会科学文献出版社，2019.
② 谢小芹，冯华，马珂. 公共管理案例十讲 [M]. 北京：社会科学文献出版社，2022.
③ 廖宏斌，郑良秀，赵海程，等. 公共管理课程思政案例集 [M]. 成都：西南财经大学出版社，2023.

赛中获得二等奖 1 项、优秀奖 2 项，同时我校还荣获优秀组织单位奖。这一系列荣誉与成果的获得是对我院公共管理案例教学与研发的肯定，同时也促使我院师生持续思考与总结，争取能更进一步。

案例教学是沟通理论与实践的桥梁，是理论研究的源泉，有助于将先进理念落实到具体实践中，实现知行合一。中国式现代化建设开启了新的现代化叙事，案例在公共管理科学研究与人才培养中扮演着越来越重要的角色。本书选择了六个案例，每个案例都揭示了公共管理理论与实务中的一些重要原则与基本知识点，每个案例都附有教学指导手册，引导学生运用经济学、管理学、政治学、社会学等相关学科的理论与方法展开讨论。本书力争最大限度克服公共管理理论与案例脱节的弊端，实现公共管理理论与中国实践探索相结合。这对研究和解决我国公共管理领域的问题具有较高的参考价值。

本书所选的案例由我院师生在实地调研及素材收集的基础上编写而成，聚焦目前公共管理领域比较关注的社会热点问题，资料丰富而详实。每个案例所附的教学指导手册是我院教师的原创，具有较强的指导性、实践性与实效性。

本书可供高等学校公共管理、行政管理、社会保障、社会学、社会工作等相关专业的师生使用，也可供从事公共管理和企业管理工作的人士学习、培训使用。

本书的编写得到了西南财经大学公共管理学院、西南财经大学教师教学发展中心的大力支持，在此表示感谢。同时感谢刘易鑫、罗天芸、李建达、李娜、冷海燕、刘梦珊、曾君等多位同学为本书提供的基础材料。

由于编写时间紧张和编者水平有限，书中难免有疏漏和不妥之处，欢迎广大读者批评指正！

西南财经大学公共管理学院案例编写组

2024 年 6 月

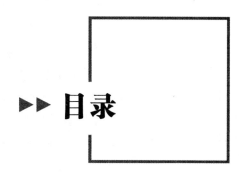

▶▶ 目录

［案例一］"夕阳"何以焕"新颜",枣巷云梯拔地起

——基于枣子巷老旧小区成功加装电梯的经验研究

摘要：在我国城市化快速发展的社会背景下,旧改代替棚改成为城市化进程的重要方向,同时,与城市化进程相伴的还有我国日益严峻的老龄化问题,老年群体规模的扩大使得这类群体的生活出行问题受到关注,然而在现实情况中,老旧小区的电梯安装率很低,大家出行仍然靠步行。尽管国家出台了相关政策支持老旧小区安装电梯,但该政策的具体执行依旧困难重重。老旧小区加装电梯涉及地方政府、社区和居民等多个主体,尤其是高低楼层居民之间普遍存在复杂的利益纠纷,全国各地老旧小区加装电梯进程普遍较为缓慢。

位于成都市金牛区的枣子巷社区是老旧小区的典型代表之一。随着加装电梯政策在枣子巷内的铺开,争吵和质疑打破了枣子巷原有的宁静,在争吵和质疑中,枣子巷加装电梯却走在了成都前列。为了找寻枣巷经验,本研究在实地调查和研究的基础上,综合运用结构访谈法、问卷调查法等方法,深入枣子巷,扎根枣子巷加装电梯的实践中,得出以下经验：党建引领,统筹推进,党建引领基层治理统筹化；多元共治,群策群力,多元主体参与社区治理；示范标兵,以点带面,发挥先进楼栋的示范作用；以熟带生,交流共情,充分利用单位制的熟人纽带作用,推进电梯加装政策落实落地。

走进枣香弥漫的枣子巷社区,探寻枣子巷党建引领下的多元主体协同治理模式形成的机制,探讨促使该模式形成的关键因素及这些因素各自发挥的作用,对于其他加装电梯进程缓慢的老旧小区有较强的启发作用。枣子巷的先进经验,可以启发政策制定者在政策制定的过程中充分考虑中国特色,重视党建在加装电梯政策制定中的作用,同时,发挥基层自治的活力,让居民自己决定电梯加装中的具体事宜。

关键词：党建引领；多元主体协同治理；加装电梯

枣子巷社区的住宅为 20 世纪 90 年代建筑，年代悠久，可称得上是"夕阳"小区。

随着我国逐渐进入老年化社会，我国老年人口迅速增加。作为老旧小区居住的主要人群，老年群体对于老旧小区现存的基础设施差、配套不齐全等问题的改进需求非常强烈，尤其是对于居住在高层的老年人来说，上下楼成了令他们每天都头疼的问题。在这样的背景下，我们党和政府本着为人民服务的宗旨，适时出台了关于老旧小区加装电梯的许多政策。2015 年 10 月，住房城乡建设部办公厅和财政部办公厅共同发布《关于进一步发挥住宅专项维修资金在老旧小区和电梯更新改造中支持作用的通知》，提出对老旧小区和电梯进行更新改造，要提高维修资金的使用效率，发挥维修资金在保障住宅共用部位、共同设施设备维修、更新和改造中的积极作用，这一政策拉开了老旧小区加装电梯的帷幕。此后，国家相继出台了《关于制定和实施老年人照顾服务项目的意见》《关于加强电梯质量安全工作的意见》等文件，优先支持老年人居住比例高的住宅加装电梯。在 2019 年国务院《政府工作报告》中，"鼓励有条件的加装电梯"变成了"支持加装电梯"，老旧小区加装电梯越来越受到国家的重视。

地方政府在国家政策的号召下，结合地方实际情况，因地制宜地推出了适合各地的政策。2018 年 8 月 17 日，成都市人民政府办公厅发布《成都市人民政府办公厅关于促进既有住宅自主增设电梯工作的实施意见（试行）》，正式拉开成都市老旧小区加装电梯的序幕。作为成都市典型的老旧小区，有着将近八成老年住户的枣子巷社区也积极投身到了这场加装电梯的浪潮中。

老旧小区加装电梯不仅便利了老年群体的生活，为老年群体带来了便利，而且其本身作为旧改的重要一环，对改善人居环境、推动我国城市化进程具有重要意义。但是，这项惠民政策在具体的实施过程中，却困难重重，各方利益主体轮番登台，上演了一场场加装电梯的拉锯战。然而，与金牛区甚至成都市其他社区相比，枣子巷社区在老旧小区加装电梯方面走在了前列。枣子巷社区加装电梯的共识是怎样达成的？其中有哪些关键因素？这些因素分别发挥了什么作用？

一、上篇：电梯安装初筹备，矛盾分歧频显现

（一）枣子巷素描

枣子巷社区，隶属于成都市金牛区西安路街道，于 2011 年 12 月由原来的十二桥社区合并成为枣子巷社区。枣子巷社区位于成都市一环路西三段，西以青羊北路为界，北以东二路、西青路、实业街为界，东以西郊河为界，南以十二桥路为界，管辖面积 0.62 平方千米，居民院落 42 个，其中纯居民院落 10 个、单位宿舍 27 个。整个社区有

常住户 7 412 户，常住人口 22 078 人，党员 308 人。枣子巷社区内建筑多为七层老旧小楼，老年人口占比较大。辖区内有国家税务总局、中共四川省委统战部、四川省地矿局物探队、成都水文地质工程队、成都中医药大学等单位。社区先后荣获金牛区生态社区、金牛区网格化先进单位、金牛区发展治理"百千万"工程微幸福示范院落等荣誉称号，并入选成都市首届"党建引领"社会组织参与社区发展治理案例征集评选活动优秀案例。

（二）出行成难事，政策福音至

随着中国特色社会主义进入新时代，习近平总书记强调，必须以满足人民日益增长的美好生活需要为出发点和落脚点。同时，我国人口老龄化形势日益严峻，老年人口数量不断增加，老年人群的需求日益受到社会的关注。

当今，在我国城市中，分布着众多老旧小区，而这些小区中有相当比例的老年居民。随着年龄的增长，居住在中高层的老人在上下楼方面逐渐感到力不从心，这成为困扰老旧小区中高层住户的烦心事，因此加装电梯的呼声日益强烈。为坚定不移走好高质量发展之路，我国的城市建设正由"大拆大建"转变为"旧改"。旧小区的改造在短期内可以拉动投资、扩大内需、刺激消费。党和政府高度重视老旧小区的民生问题，积极推动老旧小区现代化改造，其中一项就是推进老旧小区电梯的加装。为此，中央和地方政府出台了一系列有关电梯加装的政策，为电梯实际加装过程提供政策依据。

2015 年 10 月，住房城乡建设部办公厅联合财政部办公厅共同印发《关于进一步发挥住宅专项维修资金在老旧小区和电梯更新改造中支持作用的通知》，提出对老旧小区和电梯进行更新改造，要提高维修资金的使用效率，发挥维修资金在保障住宅共用部位、共同设施设备维修、更新和改造中的积极作用，全国各地老旧小区加装电梯的帷幕被正式拉开。在国家政策出台后，地方政府也根据当地实际情况出台了相应的便民政策，对国家方针进行了落实（见图 1.1）。2018 年 8 月 17 日，成都市人民政府办公厅发布《成都市人民政府办公厅关于促进既有住宅自主增设电梯工作的实施意见（试行）》，自此，老旧小区加装电梯一事在成都市内铺开，同时也进入到了枣子巷社区每一户居民的家中。

枣子巷社区常住人口 22 078 人，老年人口却占到了 60%，属于典型的"夕阳"社区。该社区建筑全是 20 世纪 90 年代建造的 7 层老旧小楼，老年人出行极其不方便。与此同时，枣子巷失能人群占到总人口的近 1%，这一群体很难有下楼的机会，严重影响了生活质量。除了这些因素，由于枣子巷社区地理位置较好，还有很大一部分上班群体在此租房和买房，上班人群对于电梯的需求也较为旺盛。老年人、失能人群和上班人群对于电梯旺盛的需求与老旧小楼无电梯的矛盾使得居民对于加装电梯的愿望越来越强烈，加装电梯成了枣巷人心中最期望的事。

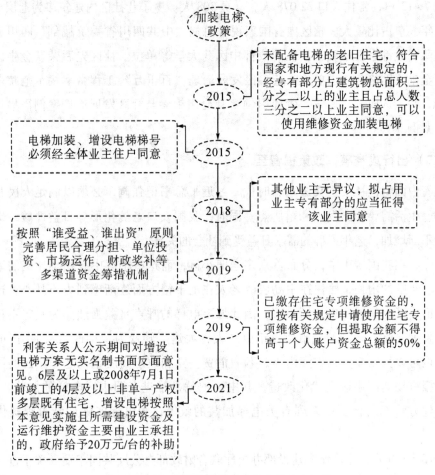

图 1.1　历年电梯加装相关政策文件亮点汇总

（资料来源：作者自制）

（三）惠民初心遭质疑，枣巷居民常争议

据社区陈书记介绍，在枣子巷社区，居住着大量的退休职工和退休干部，随着年龄的增长，日常的上下楼梯逐渐成为困扰老人想要的烦心事，这些老人想要安装电梯的愿望十分强烈。可是电梯在枣子巷的安装落地，并不是那么顺利。当得知可以加装电梯时，社区的居民有了不同的反应：有人欣喜、有人反对、有人无感、有人疑虑担忧、有人徘徊观望……（见图 1.2）"说真的，这个加装电梯在具体落实上是真的复杂，每个环节都可能会出现各种各样的矛盾。"（访谈记录，2021-09-12，陈书记）陈书记向访谈人员抱怨道。自安装电梯一事在枣子巷铺开，总会听到各种各样的争论声。"有的居民说'装电梯会影响我的日常生活！'"（访谈记录，2021-09-12，陈书记）在讨论加装电梯事务时，较多一楼住户的反对声音十分强烈。有的一楼住户觉得安装电梯后会产生噪音、遮挡光线，影响自己的日常生活，有的则认为加装电梯之后房屋会贬值，而高层房屋会升值，这么一算，便觉得自己亏本了。

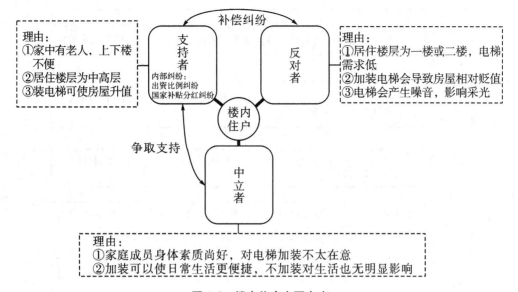

图 1.2　楼内住户主要态度

（资料来源：作者自制）

即使一楼住户同意安装，那电梯加装的成本该如何分配呢？住户们对这个问题也是各执一词，有人主张平均主义，理由是当初买房子时，每个楼层的价格都相同，所以现在电梯加装费用也应平摊；有人则主张按楼层来分摊费用，楼层越高，出资比例越高。除了前期加装费用的分摊，后期国家补贴的分摊问题同样棘手。有住户主张按当初的加装费用出资比例来分摊国家补贴，有的则认为低楼层的分摊比例要高于高楼层，还有一些一楼住户在没有承担任何电梯加装费用的情况下，也要求获得补贴。早在 2019 年就已经完成电梯加装的 24 栋住户江叔这样说道："我们现在那个补贴的钱还放在街道办事处呢，大家对之前协商好的分摊比例又有不同意见。"（访谈记录，2021-09-12，江叔）

随着枣子巷加装电梯工作的铺开，质疑声和争吵声打破了这个社区原有的宁静，从是否安装、选哪家电梯公司到如何分摊国家补贴，争议嵌入到每一个环节之中，有的人闭门不见，拒绝沟通；有的人不顾同事情谊，开口大骂；有的人中途反悔，在这样的环境下落地的电梯，更显珍贵。

二、中篇：四年征途历艰辛，守得云开见月明

24 栋加装电梯事件始末如图 1.3 所示。

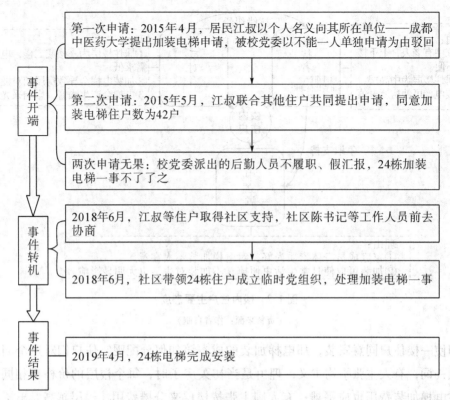

图 1.3 24 栋加装电梯事件始末

（资料来源：作者自制）

（一）电梯加装难，遥遥望心寒

2015 年 4 月，江叔在网上偶然了解到了关于老旧小区加装电梯的政策。作为一位 70 多岁的退休教授，江叔右脚还做过两次手术，且家中还有一位百岁老人需要靠轮椅出行，上下楼很不方便。住在 7 楼的江叔一家对加装电梯一事非常关心，立即就找到了在街道办事处工作的亲戚，并了解到有关电梯加装的文件已经下达了几个月，但成都市内还没有老旧小区成功安装电梯的先例。了解情况之后，江叔便以个人名义向成都中医药大学党委提交加装电梯的申请，但校党委回复道，不能以个人名义提交申请，需要江叔所在的 24 栋多数住户同意并签名共同提交申请，才能进行安装。江叔所在的 24 栋是以前成都中医药大学分配的住房，一共有 4 个单元，其中有一个单元每一层只有一家住户，其余三个单元为每层两户，24 栋共有 49 户，且住户多为退休的教授、处级以上干部等。在江叔的宣传下，49 户中同意的就达到了 42 户。有了大多数住户的同意，江叔再一次向校党委提出了申请。按理来说，安装电梯一事应该要尘埃落定了。但是，江叔说道"自此之后，安装电梯一事便没有了回音，直到 2019 年 4 月我们才开始使用电梯。"（访谈记录，2021-09-10，江叔）经江叔了解后发现，原来是校党委派出的后勤人员敷衍了事，不进入小区进行实地考察，反而向校党委做汇报说 24 栋地形不适合安装电梯，因此当时 24 栋安装电梯一事便不了了之。

（二）加装疑无路，党组织来助

在 2018 年 6 月之前，24 栋加装电梯一事都是由居民自己协商，社区并没有参与进来，那江叔又是怎么和社区取得联系的呢？访谈人员了解到，其实在江叔取得社区支持之前发生了一个小插曲，2016—2018 年，24 栋旁边一直在修建一栋建筑物，占用了街道，影响了居民的出行，住户们维权已有两年多。维权无果后，江叔向中央巡视组写信反映了此事，写完信的第二天，枣子巷社区陈书记便收到上级指示，带人前去协商调解，纠纷从而得到解决，24 栋住户的权益得到了维护。"通过这件事，我意识到社区能发挥的作用是很大的，于是我想在加装电梯一事上寻求社区的帮助，得到社区的支持。"（访谈记录，2021-09-10，江叔）之后，江叔便向社区陈书记介绍了 24 栋加装电梯的进程，而这时同意加装电梯的户数已经从 42 户增加到了 48 户。当社区陈书记询问江叔为什么过了这么久电梯还没安装成功时，江叔这样回答："我觉得就是没人管，缺乏领导，大家意见多得不得了，每次只要坐在一起，就变成了各说各的，最后也没有个人做主，所以就一直拖、一直拖，拖到现在。我虽然很想加装电梯，也比较愿意帮大家跑腿，但我不是党员，我觉得我们需要一名德高望重的老党员来镇住这个场子。"（访谈记录，2021-09-10，江叔）

于是，在社区陈书记的带领和江叔的协助下，临时党组织成立。社区首先登记了 24 栋所有党员的信息，然后由居民推选公正、热心的党员，最后成立了由居民推选的党员齐书记和街道办事处书记两人带头的临时党组织，来处理 24 栋加装电梯一事。临时党组织成立后，集中居民代表召开各种坝坝会、沟通会、协调会等，贯彻民主集中制原则，开会前先和居民做思想工作，表达会议宗旨，表决时采用少数服从多数的投票表决制度。在加装电梯的协商过程中，临时党组织首先进入 24 栋各家各户传达党和政府关于加装电梯的政策，采取通俗易懂的方式，将加装电梯的具体情况详细介绍给居民。之后，临时党组织收集各住户的意见。在临时党组织的带领下，大部分住户都同意了安装电梯，开会协商的问题主要就是安装电梯费用的协商，以及对低层住户的补偿和选择哪个品牌的电梯。开会过程中，在临时党组织的引导下，大家的讨论都合情合理，没有出现之前各自为政、只顾自己利益的现象。据江叔回忆，平均每场会议的赞同率都达到了 90% 以上。

（三）凝心聚力出经验，众志成城装电梯

2019 年 4 月，在成都市老旧小区安装了 100 多部电梯后，当初第一个提出申请加装电梯的 24 栋终于顺利完成电梯加装。"不得不说，临时党组织在加装电梯这件事上发挥了决定性的作用。还有社区陈书记、杜书记等工作人员也是全力以赴，我真心感谢社区和这些老党员。"（访谈记录，2021-09-10，江叔）江叔在访谈结束时这样说道。在谈到 24 栋加装电梯一事时，社区陈书记表现得十分激动，"24 栋加装电梯前前后后我们大概花费了 10 个多月的时间，说实话我当时压力特别大，到后面我甚至理都不想理这个事情了，但是，我意识到 24 栋加装电梯这个过程，也给我们社区提供了一个学习的机会，让我们知道了接下来应对其他的一些情况该怎么弄。"（访谈记录，2021-

　　社区工作人员通过24栋电梯安装一事总结出居民自主决策、社区引导的经验，并将这个经验运用到之后每一部电梯的安装中，即电梯安装过程中的议价、选材等全都由居民全程参与，居民成立居民代表大会自主决策，社区只是负责协商引导。24栋电梯的成功安装，不仅给社区提供了学习的机会，而且还给枣子巷社区其他准备加装电梯和对加装电梯有疑虑的居民打了个样。这些居民纷纷来到24栋参观，并与24栋住户交谈。通过参观和交谈，部分居民打消了疑虑，同意加装电梯，电梯加装从筹划到落地的时间逐渐缩短，越来越多的居民享受到了加装电梯带来的便捷，居民的获得感、幸福感不断增强。

三、下篇：世间哪得功如此，寻得经验枣巷中

（一）千难万险无人畏，枣巷功成胜惊雷

　　用社区居民罗嬢的一句话来形容枣子巷安装电梯的过程，"枣子巷电梯的安装就好比红军翻越夹金山，爬雪山，过草地，最后到达了陕北。"（访谈记录，2021-09-15，罗嬢）每一部电梯的安装似乎都伴随着各种纠纷和争议，但好在枣子巷安装电梯一事在稳步推进，最终枣子巷大部分老人都有电梯可乘。在成功加装完枣子巷的第一部电梯后，枣子巷社区乘胜追击，继续推进其他单元楼栋电梯的安装。2018年—2021年10月，枣子巷社区已经安装和正在安装的电梯总共达到了30部，与成都市金牛区其他社区相比，枣子巷社区电梯加装总数位居前列。其中，在枣子巷一个名叫四川省地矿局物探队的单位院落中，电梯数量更是达到了18部，超过了枣子巷电梯加装总数的一半。

（二）多方主体共磨砺，枣巷无处不生花

1. 熟人街区，以此着力

　　枣子巷社区内有很多单位的职工楼房，内部居民之间很多都是一起工作多年的老同事，可以说这些居民一起构成了一个"熟人社会"。老单位的情感联系，在一定程度上有利于社区工作的开展。利用深厚的工作感情和对集体的价值认同是枣子巷社区调解矛盾纠纷的一大有力法宝。"大家都是一个单位的，既是几十年的同事，又是多年的邻居，不要因为加装电梯这点小事，影响大家的和气。"（访谈记录，2021-09-12，陈书记）在调解现场，社区陈书记经常说起这句话。社区通过唤醒居民的集体观念、强调居民之间的深厚感情来引导居民将集体利益摆在首位，将个人利益与集体利益相结合，最终实现电梯的安装落地。

　　2018年，成都市人民政府办公厅出台《成都市人民政府办公厅关于促进既有住宅自主增设电梯工作的实施意见（试行）》，该文件提到：经本单元房屋专有部分面积占比三分之二以上的业主且人数占比三分之二以上的业主参与表决，并经参与表决专有部分面积占比四分之三以上的业主，且参与表决人数四分之三以上的业主同意就可以加装电梯。但社区陈书记说："我们社区安装电梯不是说有三分之二的人同意、楼上有两位80岁以上的老人就直接安装，我们这边不建议死套政策，这样会引发很多矛盾，

而且我们社区很多住户都是知识分子，维权意识很强，所以我们社区是要求住户同意率达到100%，所有住户协商好分摊比例，签字同意、摁手印后才可以领取国家补贴，这样就可以避免很多纠纷，让大家心甘情愿、高高兴兴地安装电梯。"（访谈记录，2021-09-12，陈书记）由于每个院落的情况都不一样，安装过程也不一样，甚至相邻两个单元安装的电梯厂家也可能不一样，本着让每位住户都满意、矛盾最小化的原则，枣子巷社区在政策执行的源头上做了一些改变，不生搬硬套，而是结合院落的实际情况来灵活执行贯彻政策要求。总的来讲，正因为对于老单位同事情感的存在，电梯加装工作才能更好地开展。

2. 党建引领，凝心聚力

枣子巷社区利用居民中党员较多的特点，引领党员代表成立临时党组织。由临时党组织组织居民召开坝坝会、沟通会、协调会等，倾听各住户意见，协调楼内各方利益纠纷，努力减小分歧，争取居民共识的达成，这也是枣子巷社区为实现电梯加装而采取的有力举措之一。社区陈书记说道，"临时党组织里的成员要做到三点：第一，示范引领，比如说率先交钱，这是肯定的；第二，比例，该交多少就交多少，不能因为是老教授就谈条件；第三，住在一楼的党员要支持安装电梯。"（访谈记录，2021-09-12，陈书记）临时党组织充分发挥"同心圆"的政治引领功能和"连心桥"的群众服务功能，构筑"一核多元"的电梯安装工作格局。在枣子巷社区带领下成立的临时党组织好比"粘合剂"，将意见不同的居民聚集在一起，为电梯安装提供了讨论的空间。虽然江叔所在的临时党组织在电梯加装成功之后就解散了，但是它发挥的作用却持续影响着枣子巷社区的工作。

3. 关键少数，尽心竭力

（1）党员先锋积极推动。党员在推动电梯加装过程中发挥了先锋模范作用。在社区居民江叔所在的单元楼内，住户们在社区的协助下成立了临时党组织，组织内的党员大多是楼内的住户。党员们积极收集住户意见，调解矛盾纠纷，带头支持加装电梯，带头交钱，为电梯加装扫清了不少障碍。"住在2楼的董叔就是一名老党员，电梯需要从他家客厅中间经过，我和他讲，其实2楼安不安电梯光线都比较暗，我就让他把窗帘关一半挡住电梯，楼上住的都是七八十岁的老教授，确实需要安装电梯，董叔就说'那就牺牲我吧！'我当时真的特别感动。"（访谈记录，2021-09-12，陈书记）这是陈书记所讲述的一个例子，在电梯加装过程中，还有不少像董叔这样住在一、二楼的老党员率先表明支持态度，以身作则，服从集体，无私奉献，彰显了共产党员的本色。

（2）社区工作人员协商引导。电梯的成功加装，离不开充分发挥协商引导作用的陈书记等社区工作人员，社区工作人员经常牺牲自己的空闲时间，深入住户家中了解相关情况，倾听居民意见。除了有认真对待本职工作的态度以外，社区工作人员还凭借自己出色的工作能力和个人魅力，做到公平公正、充分照顾好各方利益，晓之以理，动之以情，引导居民达成共识。据15栋1单元住户陈嬢回忆："当时我们单元一楼住户坚决不同意加装，场面闹得非常难看，我们多次买东西上门慰问，但一楼住户连门都不开，导致我们吃了许多闭门羹。在协商无果后，我们便找到社区陈书记出面解决此事，陈书记便召集居民来社区开会，结果还是没办法，陈书记便亲自上门给一楼住户做工作。在我们单元加装电梯这个事情上，陈书记真是花费了太多心思，而且书记做事很有一套，大家都愿意听她的，我们居民真的非常感谢陈书记。"（访谈记录，2021-09-15，陈嬢）有的单元楼还给社区送了锦旗以示感谢。

（3）热心居民跑腿助推。枣子巷社区中的热心居民也在加装电梯的进程中发挥了助推作用。枣子巷老旧小区加装电梯相关事项是由居民自主协商、自主决策，由居民选出单元代表负责与电梯公司进行议价等事宜，这些居民代表多为单元楼中公正、热心，且愿意为大家服务的住户，前文中提到的江叔便是热心居民的代表之一，并不是共产党员的江叔为24栋加装电梯一事多次出主意、跑腿，他不仅是为了自己上下楼的方便，更是考虑到了其他邻居的不便。与江叔同样热心的还有15栋的陈嬢，陈嬢向其单元住户承诺过："只要是我能做的，需要我出面的，我肯定会站出来。"（访谈记录，2021-09-15，陈嬢）枣子巷电梯的成功安装离不开像江叔、陈嬢这样愿意为大家跑腿、干体力活的热心居民。

4. 居民决策，社区引导

居民和社区在枣子巷老旧小区加装电梯的过程中发挥着重要的作用。从居民决策来看，居民是决定电梯装与不装的主体，将加装权力转交到居民的手中，充分保证了其主体地位。各单元业主自主协商楼层间费用分摊比例，形式更加自由民主。虽然在协商过程中会面临一些小的问题，如对分摊方案不满意等，但是通过充分的协商之后，基本都能够达成共识。比如7栋1单元的七楼住户罗嬢所居住的单元楼最终加装了一部价值70万元的电梯，罗嬢本人出资75 321元，未来可以领到加装补贴大约1万元。虽然在加装过程中受到了利益纠纷的影响，但最终，通过楼层间对话，楼内住户达成了共识。罗嬢表示并不太在意得到多少补贴，最重要的是大家协商一致，尽快把电梯修起来。

社区对于促进居民达成共识作用突出。社区既要完成上级下发的政策指标，又要考虑本辖区内的各种问题。在矛盾面前，社区既是寻找矛盾解决方案的探路人，也是四处走访协调的行动者。"要做到四个满意，第一，居民群众要满意；第二，资方要满意；第三，领导要满意；第四，社区工作人员自己要满意。"（访谈记录，2021-09-12，陈书记）这是社区加装电梯工作所秉持的四个原则。在加装电梯政策执行的过程中，枣子巷社区党委扮演的更多是引导者角色，而不是裁决者，从联系电梯公司、选材、议价、设计、后续维修和管理都是由居民自主决定。在国家政策允许的范围内，社区从具体的实际情况出发采取适宜的处理办法，努力将矛盾最小化。"每家每户的矛盾都不一样，国家补贴下来了怎么分摊，有的是我一分钱不出还要你给我拿钱，甚至说你必须补贴我几十万才行，但最终每家每户出多少钱，只有他们楼内部知道，我们社区不参与，不是说社区不管，而是要把居民的自主性调动起来，让他们把这院落当成他们自己的院子。"（访谈记录，2021-09-12，陈书记）

总之，以居民决策为主导、社区作为后盾的模式，是枣子巷老旧小区电梯加装工作成效显著的重要原因（见图1.4）。

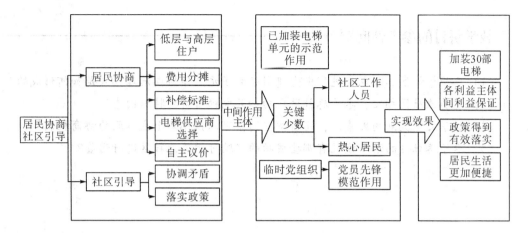

图 1.4　枣子巷老旧小区加装电梯工作模式

（资料来源：作者自制）

四、结束语

当我们的亲人老了，我们应该对他们负责。

面对老龄化，每个人多少都会辛酸，都会思考。

曾经那些活泼可爱的家人，在某个时候突然老了。

曾经矫健的身手慢了下来，曾经轻快的动作难了起来。

他们的日常起居、出行谁来负责？

加装电梯，惠及民生。有人积极响应，有人牟取私利。

面对社区工作，有人逃避现实，有人热心投入。

这样一块闹市中的净土，为我们带来了丰富的学习经验。亲人老了，我们负责。我们有难，社区援助。社区工作，多方参与。

在这场加装电梯的战役中，枣子巷社区经历了"爬雪山、过草地、飞越险滩、经高途、涉低谷，最后胜利会师"这一系列曲折复杂的历程。但是也正是这些困难，锻炼了枣巷人民的意志。在公共利益面前，人人有责。聚焦枣子巷，社区党委正确引导，党员先锋以身作则，社区能人能劳善劳，热心居民积极参与协调，临时党组织在社区工作低谷时期给予人们希望。在电梯加装过程中，枣子巷社区上上下下按照成都市政策部署与要求进行家园建设，以规范的流程和标准要求自己的工作。最终，一个崭新的现代化小区映入眼帘。因为有爱，大家舍弃前嫌。因为有爱，社区治理更加公平公正。

在公共利益面前，大家协同参与治理，给予我们枣巷经验。

教学研讨的参考性问题 ├────────────────────────

（1）枣子巷社区加装电梯过程中党建引领的多元主体协同治理模式是如何形成的？

（2）与其他社区相比，枣子巷社区成功加装电梯有哪些特殊因素？

（3）除了文中提到的因素外，还有哪些因素可以强化各个主体间的协商机制？

（4）枣子巷社区的治理模式有哪些成功的经验可供其他社区进行借鉴？

教学指导手册

一、教学目标

（一）教学用途

习近平总书记在党的二十大报告中指出，"推进以党建引领基层治理，持续整顿软弱涣散基层党组织，把基层党组织建设成为有效实现党的领导的坚强战斗堡垒"。党建引领社区治理是基层党建与基层治理互动实践路径的创新探索，二者存在深刻的内在联系，基层党组织通过建构基于党员身份的社区认同和建立嵌入社区的社会网络，引领社区治理创新的发展方向，并与其形成良性互动关系，引导和支持多元主体参与社区治理实践，实现党引领下的社区共建共治共享。基于此，本案例提出如下目标。

第一，加深学生对社区治理的理解，有助于实现理论与实践的有机结合。社区治理模式的形成是治理机制创新的结果，可通过创新社区治理理念、行为和方式，促使社区治理走向善治，为社区居民提供高质量公共服务。在枣子巷社区的案例中，社区通过发挥党建引领的作用，即成立枣子巷社区临时党组织，成功打造了"一核多元"的共治局面，通过对话、妥协等机制进行协商，最终形成了由主体直接参与决策的合作治理模式，以达到安装电梯的共识。通过学习，本案例希望能够使学生对党建引领社区治理的过程形成更为深入的了解，将公共管理理论知识更好的与基层治理实践过程进行有效的链接。

第二，实现科研与教学的融合，彰显立德树人根本成效。基于我国社会发展实践的基层治理体系和治理能力的现代化，是中国式现代化的组成部分。党建引领基层社会治理是扎实推进中国式现代化的重要基础。通过基层社区治理案例的纵向呈现，一方面希望能鼓励青年学生将目光投向基层，产生研究基层治理专题、国家治理现代化专题、社会民生发展专题等公共管理专题的热情，将论文写在祖国大地上；另一方面也希望能够与思政课程形成呼应，培植学生对家国、对基层的深厚感情，为推动中国式现代化、实现共同富裕贡献自身力量。

第三，鼓励学生对现状进行思考，提出意见建议。逝者如斯，实践不断发展。已有政策与做法要适应时代的发展变化，就需要不断地更新完善。枣子巷社区案例，呈现出社区治理的典型案例、成熟做法，既是为了使学生明了该领域的成果，也是为了得到学生的反馈，鼓励其主动积极地提出鲜明看法。通过学习，希望学生能对政策制定、多主体参与、应对困难与挑战的举措等现实问题形成个人见解，达到思辨的目标。

（二）授课对象

本案例主要适用对象为行政管理、社会学、社会工作相关专业的学生，教师可根据课程安排及学生情况，开展教学工作。

（三）适用课程

本案例适用于公共管理类、公共政策类相关课程教学。

二、启发思考题

（1）枣子巷社区加装电梯过程中党建引领的多元主体协同治理模式是如何形成的？

（2）与其他社区相比，枣子巷社区成功加装电梯有哪些特殊因素？

（3）除了文中提到的因素外，还有哪些因素可以强化各个主体间的协商机制？

（4）枣子巷社区的治理模式有哪些成功的经验可供其他社区进行借鉴？

三、分析思路

新时代以来，以习近平同志为核心的党中央高度重视基层治理。习近平总书记经常在不同的场合强调基层和基层治理的重要性，他常说："基础不牢，地动山摇。"在党的二十大报告中，习近平总书记进一步强调，"坚持大抓基层的鲜明导向"，而要做到"大抓基层"，我们就一定要把党的基层组织建设成为能够有效实现党的领导、贯彻党的意志的坚强战斗堡垒。基层治理是国家治理的基石，基层治理体系的能力和水平直接影响着国家治理体系和治理能力现代化的前进步伐，那么，这就在客观上要求必须做好基层治理的现代化建设。在中国式现代化语境下，社区既要向上承接党和国家分配的政治安排和行政任务，也要向下积极回应社区发展和居民关切的重要议题。党建引领基层治理统筹化，统筹协调是促使社会治理实现良性运作与和谐稳定发展的重要途径。在枣子巷社区老旧小区加装电梯过程中，基层临时党组织始终发挥了核心领导作用，形成了"党委领导、政府主导、社区引导、居民参与"的加装电梯新模式。

本案例立足于我国城市化快速发展的社会背景之下，从多元主体协同治理理论出发，着眼于老旧小区安装电梯相关政策的具体执行过程中的现实问题，探寻枣子巷社区党建引领下的多元主体协同治理模式形成的机制，探讨促使该模式形成的关键因素及这些因素各自发挥的作用，对于其他加装电梯进程缓慢的老旧小区有较强启发作用。老旧小区加装电梯不仅便利了老年群体的生活，为老年群体带来了便利，而且其本身作为旧改的重要一环，对于改善人居环境，推动我国城市化进程具有重要意义。枣子巷社区的先进经验，可以启发政策制定者在政策制定的过程中充分考虑中国特色，重视党建在加装电梯政策制定中的作用，同时，发挥基层自治的活力，让居民自己决定电梯加装中的具体事宜。

党建引领社区治理具有鲜明的中国特色。"中国之治"的实践证明，中国共产党领导是中国特色社会主义最本质的特征，是中国特色社会主义制度的最大优势，是党和国家的根本所在、命脉所在，是全国各族人民的利益所系、命运所系。习近平总书记强调，"要推动社会治理重心向基层下移，把更多资源、服务、管理放到社区，更好为社区居民提供精准化、精细化服务"。党建引领社区治理既是党和政府以人民为中心理念的集中体现，也是党和政府应对当前社区治理管理难、自治难、服务难等诸多难题的有效方案。

四、案例分析

进入新时代，人民对美好生活的向往更加强烈、需求日益广泛。同时，我国人口老龄化形势趋于严峻，老年人口数量不断增加，老年人群的需求正日益受到社会的关注。在当今我国城市中，分布着众多老旧小区，这其中有相当比例的老年居民。随着年龄的增长，居住在中高层的老人在上下楼方面逐渐感到力不从心，这成为困扰老旧小区中高层住户的烦心事，加装电梯的呼声日益强烈。在高质量发展的指导下，我国的城市建设正由"大拆大建"转变为"旧改"。老旧小区的改造在短期内可以拉动投资、扩大内需、刺激消费。党和政府高度重视老旧小区的民生问题，积极推动老旧小区现代化改造，其中一项就是推进老旧小区电梯的加装。为此，中央和地方政府出台了一系列有关电梯加装的政策，为电梯实际加装过程提供政策依据。

2015年10月，住房城乡建设部办公厅联合财政部办公厅共同印发《关于进一步发挥住宅专项维修资金在老旧小区和电梯更新改造中支持作用的通知》，提出对老旧小区和电梯进行更新改造，要提高维修资金的使用效率，发挥维修资金在保障住宅共用部位、共同设施设备维修、更新和改造中的积极作用，全国各地老旧小区加装电梯的帷幕被正式拉开。在国家政策出台后，地方政府也根据当地实际情况出台了相应的便民政策，对国家方针进行了落实。2018年8月17日，成都市人民政府办公厅发布《成都市人民政府办公厅关于促进既有住宅自主增设电梯工作的实施意见（试行）》，自此，老旧小区加装电梯一事在成都市内铺开，同时也进入到了枣子巷社区每一户居民的家中。

社区是由一定范围内存在某种特定关系的人们组成的生活共同体，其治理有效的关键是居民服务需求得到最大程度满足。社区事务杂、居民需求多、管理服务难是当前社区治理的现实写照，解决这些难题除了要抓好社区主阵地，还要发挥好居民的主人翁意识，即通过发挥社区党组织的引领作用，充分调动居民自主自治的积极性，形成以居民为主体的自主管理委员会的自主治理运行机制。枣子巷社区作为老旧社区的典型代表，通过党建引领社区治理以促进社区资源整合与构建多方联动的社区治理资源整合网络，实现了基层党建与基层治理的有效互动[1]。基层党组织通过建构基于党员身份的社区认同和建立嵌入社区的社会网络[2]，引领社区治理创新的发展方向，与其形成良性互动关系[3]，引导和支持多元主体参与社区治理实践，实现了党引领下的社区共建共治共享。

（一）理论基础：多元主体协同治理

"治理"的概念最早源于古典拉丁文，原意为控制、引导、操纵，多用于与国家公共事务相关的宪法和法律执行问题[4]。1995年全球治理委员会在一份题为《我们的全球之家》的报告中，界定治理为各种公共的或私人的个人和机构管理其共同事务的诸多方式的总和。它是使相互冲突或不同的利益得以调和并且采取联合行动的持续过

① 侯承材. 以基层党建引领社区治理的实践探索 [J]. 学习月刊，2019，646（6）：40-42.
② 朱亚鹏，李斯旸，肖棣文. 融合式党建、身份认同与社区治理创新：以G市S社区的融合式党建为例 [J]. 行政论坛，2022，29（5）：68-75.
③ 黄意武. 以基层党建工作创新引领城乡社区协商发展 [J]. 中州学刊，2018，261（9）：77-82.
④ 李菲. 政府对医院投入机制的国际比较与借鉴：基于英国、德国和美国的经验分析 [M]. 北京：光明日报出版社，2019.

程①。以英国学者格里·斯托克与罗伯特·罗茨为代表的治理理论认为，政府并不是国家唯一权力中心，各种机构只要得到公众认可，就可以成为社会权力中心②。治理的目的在于在各种不同的制度关系中运用权力去引导、控制和规范公民的各种活动，最大限度增进公共利益。随着志愿团体、慈善组织、社区组织、民间互助组织等社会自治组织力量的不断壮大，理论界开始重新反思政府与市场、政府与社会的关系，治理理论不断勃兴。

迈克尔·博兰尼首先提出了"多中心"的话语，他从人类科技发展的历史和市场经济优于高度集中计划经济的分析中逐步理出自由智识的逻辑，总结出"自发秩序"和"集中指导秩序"两种对自由安排的方式。在对自发秩序的进一步说明中，他看到商品经济活动中利润对人的激励作用，从而洞察到了"多中心性"选择的存在。博兰尼开创了运用多中心理论分析万事万物的先河，多中心理论从此诞生，成为分析事物的常用工具③。

多中心理论运用于政治领域，是今后多中心理论参与社会治理最为重要的一步。一般认为，单中心政治体制是解决地方问题的最好方式，地区政治单位的多样化被认为是一种不良状况，地方公共组织的"职能重复""交叠管辖"等必然导致行政效率低下，成本增加，公共物品和服务供给不足等。文森特·奥斯特罗姆和蒂伯特、瓦伦等对上述观点进行了重新认识。他们认为，地方政府管辖单位的治理模式是多中心的政治体制。"多中心"意味着许多决策中心，它们在形式上是相互独立的，多中心决策之间通过竞争的关系考虑对方开展多种契约性和合作性事务。多中心体制行为可以为更加困难和更加激烈的竞争问题寻找到低成本的解决途径④。

以文森特·奥斯特罗姆夫妇为核心的一批研究者将治理理论与多中心体制模式相结合，创立了多中心治理理论⑤。多中心治理以自主治理为基础，允许多个权力中心或服务中心并存，通过相互合作给予公民更多的选择权和更好的服务，减少了"搭便车"行为，避免了公地悲剧和集体行动的困境。多中心治理的方式是"合作—竞争—合作"。多中心治理要提供的是社会公共物品和服务，从政府到公民个体都可以提供社会公共物品和服务，社会治理更加有效。

2014年，李克强总理在《政府工作报告》中首次提出，"推进社会治理创新，注重运用法治方式，实行多元主体共同治理"，这是我国实践经验的总结和新要求，也是改革开放的新境界。改革开放以来，地方政府的自治权有所扩大，企业自主管理，第三部门或民间组织兴起，新闻媒体也有了广泛的话语权，法律规则不断建立健全。在此背景下，为了适应新的公共管理问题的出现，我国学者借鉴治理理论和多中心治理理论，结合我国的实际情况，在治理理论和多中心理论基础上创造性地提出多元主体

① 樊勇明. 西方国际政治经济学［M］. 3版. 上海：上海人民出版社，2019.
② 俞可平，张胜军. 全球化：全球治理［M］. 北京：社会科学文献出版社，2003.
③ 博兰尼. 自由的逻辑［M］. 冯银江，译. 长春：吉林人民出版社，2002.
④ 麦金尼斯. 制度分析与公共政策译丛：多中心体制与地方公共经济［M］. 毛寿龙，李梅，译. 上海：上海三联书店，2000.
⑤ 周红云. 群体性事件协同治理研究［M］. 北京：中国社会出版社，2018.

协同治理这一理念。

国内外学者普遍将治理主体概括为政府、市场和社会组织，而多元主体协同治理的主体内涵延展到了中央政府、地方政府、企业和各种市场主体、社会组织、公民和公民各种形式的自治组织五个层面。不同于传统自上而下的一元治理模式，多元主体协同治理强调主体之间自由进入、平等交流、表达诉求、协商对话以形成公共领域，主体之间通过协商建立规则行使权利，公共性、开放性、多元性是其基本特征。

在多元主体协同治理模式下，各种观点汇聚之后，通过对话、竞争、妥协与合作等核心机制由分歧到达成共识，最后采取集体行动，形成集体决策结果①。这种集体行动可能会产生新的更高的目标和选择，产生超越之前共识的结果。很难说共同治理模式下的结果代表哪一方，因为共治实际上是多元主体通过协商、博弈与合作的机制相互融合，在相互融合的过程中，彼此的边界利益被完全打碎，一个代表共同利益的结果呈现出来。这个结果无法瓜分，它是所有主体共同拥有的，与所有主体的利益相联系，辐射所有的主体，有效避免了"搭便车"行为。

目前，我国在多元主体协同治理理念下的实践也非常丰富，建立在法制基础上的多元协同治理成为全面深化改革的必然选择。

（二）现实背景

1. 棚改变旧改，政策出台助力电梯加装

随着城市化进程不断加快，很多居住环境问题亟待解决的老旧小区不再通过大刀阔斧拆掉重建的方式进行改造，棚户区改造已经不可长期持续，旧改成为老旧小区的未来命运。然而我国老龄化趋势愈发明显，老年群体在居住、出行方面受到诸多限制。作为老旧小区居住的主要人群，老年群体对于老旧小区现存的基础设施差、配套不齐全等问题的改进需求非常强烈。就成都市而言，成都市中心城区逾六成是老旧小区，且均分布在寸土寸金的成都传统五区，楼龄在 20 年以上的老旧小区数量达 7 350 个，涉及 183 万套住房。成都 2000 年前的小区数量值在全国排名第二，甚至超过了北京（见图 1.5）。住房和城乡建设部在 2020 年年底明确表示，未来 5 年（"十四五"期间）全国 17 万个 2000 年年底之前建成的老旧小区，总共涉及 1.2 亿居民，将统统进行基础类、完善类、提升类共三项内容的旧改。其中为提升居民生活便利水平，加装电梯成为完善类旧改中的重要一环。《国务院办公厅关于加强电梯质量安全工作的意见》明确提出要加强既有住宅加装电梯相关技术标准修订，促进既有住宅加装电梯工作。老旧小区加装电梯不仅便利了老年群体的生活，为老年群体带来了特殊利益，而且其本身作为旧改的重要一环，对于改善人居环境、推动我国城市化进程具有重要意义。

2. 高低楼层矛盾突出，加装电梯难以为继

老旧小区加装电梯作为一项惠民政策，却在实施过程中遇到了巨大的阻力。以南京市为例，2019 年，南京市申请安装电梯的老旧小区有 2 225 个，但是最终完成电梯

———————

① 王名，蔡志鸿，王春婷. 社会共治：多元主体共同治理的实践探索与制度创新［J］. 中国行政管理，2014（12）：16-19.

［案例一］"夕阳"何以焕"新颜"，枣巷云梯拔地起

· 17 ·

加装的小区只有 1 007 个，完成率不足 50%。老旧小区加装电梯难以推行的主要原因在于高楼层和低楼层住户之间存在矛盾。首先体现在各个楼层对于加装电梯的需求不同。一、二楼低楼层住户需求弱，而且加装电梯还会遮光、产生噪音、有安全隐患等，所以低楼层住户往往很排斥。而高楼层住户需求很强烈，尤其是顶层，常年受无电梯困扰，苦不堪言。其次表现为加装电梯出资和后期维护出资问题，住房和城乡建设部明确了旧改完善类内容包括加装电梯这一项，也明确了改善需求的资金需要居民自己承担一部分，所以即便国家对于老旧小区加装电梯会有补贴，但也不是全面补贴，最终还是需要居民出一部分钱。由于每个楼层对于加装电梯的需求不同，所以指望低楼层的居民出资不现实。

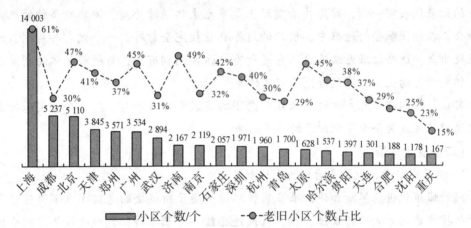

图 1.5　2000 年及以前小区个数 TOP20 城市

（资料来源：贝壳研究院）

加装电梯对每个楼层的价值是不一样的，低楼层加装电梯是"弊"，高楼层加装电梯是"利"，高楼层的市场价值往往比低楼层的市场价值更高，高低楼层住户之间利益怎样分配协商是老旧小区加装电梯亟待解决的重要难题。

3. 枣巷又立新标杆，电梯拔地而起

在大部分老旧小区都在为加装电梯而头疼时，枣子巷社区加装电梯过程却比较顺利。自 2020 年 8 月份成都市老旧院落加装电梯指导意见实施，2020 年 10 月，位于西安路街道枣子巷社区的成都中医药大学职工宿舍也进入了电梯时代，成都中医药大学职工住房现有 49 户业主，楼层高 7 层。在 2020 年 5 月初院落业委会收到业主加装电梯诉求后，便积极成立了加装电梯筹备小组，并主动向社区提出加装电梯的申请，经过小区业主讨论同意后，项目于 5 月 18 日正式开工，至 10 月末，项目已经全部完工，电梯已投入正常使用。枣子巷社区加装电梯的成功离不开居民配合、社区及工作人员的努力、政策支持等因素，其中该社区还探索形成了社区引导、居民自主协商定价的特色模式，这为其他社区加装电梯工作提供了重要经验（见表 1.1）。

表 1.1 代表城市电梯加装经验汇总

城市	时间	具体做法	亮点
株洲	2019年	·改革审批制度，改部门审批为联合审查，实现电梯加装相关手续2个月办结。 ·摸索出至少3套方案：设定筹资基数，每层按5 000元递增；按楼层高低测算、协商出资比例；测算整楼台阶数，按上楼到家台阶数比例制定阶梯式筹资方案…… ·干部党员、律师、银行职员等充当志愿者，引领业主做好协商。成立由市长任组长的专门工作领导小组，制定实施办法，破解统筹调度难题	①部门联合审批 ②多套加装方案 ③专业人士充当志愿者
北京 湖州 昆明	2020年	·试行共享电梯，实行按楼层高低差异化收费和给予低层住户一定的非现金补偿以及组建总包公司实施电梯统一建设、统一运营、统一维保等多种方式，将有偿建设转化为有偿使用	①共享电梯 ②差异化收费
徐州	2020年	·组织一支由律师、造价工程师、电工、建筑师等竞标审查团队和百名社区志愿者组成的"电梯咨询服务队"，现场办公，采取"一梯一策"的办法做工作，为电梯安装加速度	①成立"电梯咨询服务队" ②"一梯一策"
常州	2021年	·在各辖市（区）设立服务专窗统一受理加装电梯申请的基础上，增设镇政府（街道办事处）便民服务点。 ·通过增加"提取新职工住房补贴""申请提取住宅专项维修资金"等方式，减轻业主出资压力。 ·辖市（区）政府和镇政府（街道办事处）建立加装电梯社区协商和矛盾协调工作机制，加大调解力度，引导当事人自愿达成调解协议，化解纠纷	①设立服务专窗和便民服务点 ②多种加装补贴 ③建立加装电梯社区协商和矛盾协调工作机制
张家界	2021年	·制发《永定区既有住宅加装电梯指导手册（试行）》，其中包含加装电梯基本条件、办理流程图、政策问答、申请表、竣工验收表等15项内容，为加装电梯实施单位提供了详细说明和引导。 ·要求参与加装电梯的电梯维保公司是销售、安装、维保一体的，规定安装电梯品牌、维保费用、服务质量最低标准，优化营商环境，实施全过程监管	①制发《永定区既有住宅加装电梯指导手册（试行）》 ②电梯维保公司集销售、安装、维保于一体

资料来源：作者自制。

（三）分析框架：基于党建引领下的多元主体协同治理

自改革开放以来，单一的政府或市场治理模式不能满足社会经济发展的要求，以政府、市场和社会组织为主体的多元主体协同治理模式逐步完善。我国也出现了许多关于社会共治模式的探索，比如在应急管理方面，2008年汶川地震和南方暴雪后，形成了政府主导、社会协同的社会组织参与应急救灾格局。本案例中所探讨的枣子巷社区老旧小区加装电梯一事，也体现了多元主体协同治理的特征，同时又有其特殊性。

不同于多元主体协同治理强调的市场、政府、社会组织三大主体，枣子巷社区加装电梯中发挥作用的主体主要是枣子巷社区和社区居民，以电梯公司为代表的市场主体更多地处于一种配合的地位，不参与到加装电梯的决策中。这些主体通过对话、妥协等机制进行协商，最终形成了由主体直接参与决策的合作治理模式，以达成安装电梯的共识。除了主体之间的对话协商之外，更有其他因素的存在强化了这种对话协商机制。第一，党建引领。枣子巷社区临时党组织的成立，成功打造了"一核多元"的共治局面。第二，社区能人积极参与。从社区和社区居民中走出去的以陈书记为代表的社区工作人员、党员以及热心居民等组成了社区能人团体。以陈书记为代表的社区工作人员依靠自身个人魅力和出色的工作能力发挥协商沟通作用；党员发挥带头模范作用；热心居民发挥"跑腿"作用。第三，传统单位院落形成的熟人环境。枣子巷辖区由国家税务总局、中共四川省委统战部、四川省地矿局物探队、成都水文地质工程队、成都中医药大学等大量单位组成，居住在此的居民大多经历过单位制时代，邻里关系较为亲密，这种亲密的关系使得社区居民之间更容易进行对话。在三个因素的共同作用下，多元主体之间的对话协作机制被增强，有力地推动了加装电梯共识的达成（见图1.6）。

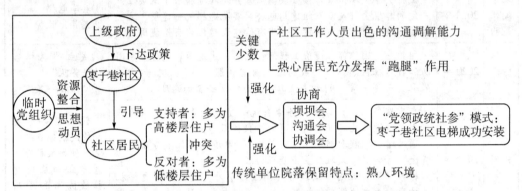

图 1.6　分析框架

（资料来源：作者自制）

（四）多元主体的参与及互动分析

1. 党建引领下枣子巷社区自主加装电梯的多元主体参与

枣子巷社区居民院落共42个，整个社区有常住户7 412户，常住人口22 078人，社区内建筑多为七层老旧小楼，老年人口占比较大。在这样一个老年人占绝大部分的老旧社区，社区治理的难度不小，加装电梯更是难上加难，其治理工作离不开多元主体的协作。

党的十八届三中全会指出："要创新基层党建工作，健全党的基层组织体系，充分发挥基层党组织的战斗堡垒作用，引导广大党员积极投身改革事业，发扬'钉钉子'精神，抓铁有痕、踏石留印，为全面深化改革作出积极贡献。"这为新形势下基层党建工作指明了方向。在新时代，社区治理要充分发挥社区党组织在社区建设中的领导核心作用，把社区党组织建设成为推动发展、服务群众、凝聚人心、促进和谐的坚强领导核心。

枣子巷社区围绕"凝聚党心，服务群众"的宗旨，持续加强社区党委"同心圆"的政治引领功能和"连心桥"的服务群众功能，构建了"一核多元"的社区治理全新架构。枣子巷社区形成了以党建引领为核心，上级政府、社区和社区居民多主体协同共治的新型治理框架。在加装电梯的过程中，参与主体主要有上级政府、社区居委会、社区党组织、社区居民。

（1）上级政府。政府在提供社区公共服务上具有天然优势，其主要承担的是管理职能，以及将权力让渡出去，充当引导与监督的角色。对于枣子巷社区自主加装电梯，上级政府的主要作用是提供政策支持。同时政府扮演着监督者的角色，下放电梯安装数量指标到社区，监督社区是否有效落实相关政策。

（2）社区居委会。作为基层群众自治组织，社区居委会在居民的日常生活中起到了重要的作用。在调解居民纠纷、协助维护社会治安、办理居民的公共事务和公益事业等方面，社区居委会都扮演着重要的角色。社区居委会是直面群众的第一线，承担着大量的日常工作，面对着形形色色的居民，工作难度很大。在加装电梯这件事上，社区居委会在其中起到了重要的引导作用。

（3）社区党组织。《中国共产党章程》规定，街道、乡、镇党的基层委员会和村、社区党组织，统一领导本地区基层各类组织和各项工作，加强基层社会治理，支持和保证行政组织、经济组织和群众性自治组织充分行使职权。社区党组织在社区治理中越来越发挥着领导核心作用。自十九届五中全会提出"治理效能提升"以来，党建引领基层治理成为当前乃至今后一段时间基层社会治理的主要探索方向和发力点。枣子巷社区全面贯彻落实党中央决策部署，积极打造党建引领下的多元主体协同共治新模式。在加装电梯的工作中，社区党组织与党员发挥了重要的作用。

成立社区临时党组织是枣子巷社区为破解加装电梯难题的一重要创举。临时党组织由单元内的党员组成，其主要职责是集中居民代表召开各种坝坝会、沟通会、协调会等，贯彻民主集中制原则。临时党组织在开会前先给居民做思想工作，表达会议宗旨，表决时采用少数服从多数的投票表决制度。通过这种方式，平均每场会议的赞同率达到了90%以上。在加装电梯工作中，临时党组织起到了统筹电梯加装工作与协调居民纠纷的重要作用。

（4）社区居民。只有当人们有机会参与影响他们生活的决策时，公正的目标才能得到更好的实现。社区居民是社区的主体，是社区的主人，按照社区陈书记的话来说，要将加装电梯的决定权交到他们自己手中，这是他们自己的院子，他们要有主人翁的意识。随着我国社会转型，原有的社会利益格局分化，多元利益主体形成，公民参与公共政策过程和社区事务的诉求必然更加强烈①。在枣子巷社区自主增设电梯的过程中，社区居民的矛盾集中表现为高楼层住户与低楼层住户之间的矛盾。加装电梯的支持方主要是二楼以上的高楼层住户，而反对方主要是一楼与二楼的低楼层住户。如何破解这对主要矛盾，形成社区居民内部之间的共识是成功加装电梯的关键所在。

2. 枣子巷社区自主加装电梯过程中的多元主体互动关系

（1）协商。在枣子巷社区加装电梯过程中，协商主要表现为社区与居民间的协商以及居民内部的协商。社区协商是中国特色的基层群众表达方式和参与性治理方式，是社会主义协商民主的重要组成部分和有效实现形式。

一是社区引导居民协商。在加装电梯过程中，枣子巷社区扮演的更多是引导者的角色，引导居民自己解决问题。电梯在性质上属于社区公共物品，那么，对于是否加

① 周亚越，吴凌芳. 诉求激发公共性：居民参与社区治理的内在逻辑：基于H市老旧小区电梯加装案例的调查 [J]. 浙江社会科学，2019（9）：88-95，158.

装电梯这一问题，其"公共性"就决定了不应当由个别业主决定，而应该由全体社区业主决定；其"社区性"就决定了不应当由政府决定，而应该由社区业主协商决定①。实践证明，在老旧小区加装电梯等社区公共事务治理中，地方政府介入越多，提供的费用越多，结果可能越不理想②。老旧小区的业主需要加装电梯，也许是因为业主年龄较大、生活不便，也许是为了追求更高的生活质量，但不论什么原因，业主对电梯有内在需要，这是加装电梯的原始动力。只有在业主有加装电梯的内在需要、提出相应诉求时，政府适当"助力"，这才符合社区公共物品理论。反之，如果在业主没有产生需要之前，在业主没有达成共识之前，政府以政绩为导向、强行快速推进，甚至政府以主动承担很大部分电梯加装费用的方式来推进，其是违背社区公共物品理论的。枣子巷社区扮演的是中间调解人的角色，只有当居民内部遇到无法解决的矛盾时，才会第一时间深入实地调研，调解居民的矛盾纠纷。在为枣子巷 24 栋加装电梯的过程中，社区总共耗费 10 个月的时间。在首部电梯加装的过程中，社区逐渐认识到自己在加装电梯过程中发挥的是引导者的作用，而不是裁决者。加装电梯涉及单元楼内所有住户的切身利益，每家每户的矛盾都不一样，只有楼内居民自己才最了解情况。因此，社区不插手电梯加装的具体事项，但这并不是说社区完全放任不管，社区的目的是要把居民的自主性调动起来，充分发挥居民自己的主体作用。

二是居民内部协商。居民内部协商是最为常见的一种协商，因为居民是电梯安装的直接参与者与利益主体。居民协商的内容主要包括两个方面：一是是否同意加装电梯；二是加装电梯的费用如何分担（和补偿），而第二点的协商结果直接影响到第一点，因此，协商最核心的问题就是加装电梯的费用分担（和补偿）。关于加装电梯的费用分担（和补偿）问题，尽管不同楼层的业主有不同的目标追求，也有不同看法，但下面两点是明确的：一是对一楼业主必须进行经济补偿，因为一楼业主确实因为加装电梯，其采光、通风、安全和隐私等受到影响，即遭受到负外部性。反之，如果不进行补偿，那么就侵害了一楼业主的权益。二是二楼业主与一楼业主承担的费用应当有级差，因为一楼是不可能使用电梯的，反而因为加装电梯而遭受负外部性，因而产生负效用，而其他楼层能享受到电梯带来的正效用。反之，如果其他楼层业主与一楼业主承担相同费用（包括费用均为零的情形），那就缺乏公正性。

然而按照集体行动的一般性理论可知，由于集团规模大，受"搭便车"心理和集体内部价值偏好差异等影响，个体理性的存在会导致集体行动困境③。根据对枣子巷居民、社区等人员的访谈情况了解到，现实中居民协商困境的表现多种多样，除了有有"搭便车"心理而不积极参与此事的居民之外，还有一些居民，或者以加装电梯影响其住房采光、通风、隐私和安全为由反对安装；或者要求巨额赔偿；或者就成本分摊比

① 周亚越，唐朝. 寻求社区公共物品供给的治理之道：以老旧小区加装电梯为例 [J]. 中国行政管理，2019（9）：62-66.

② 杨威威，郭圣莉. 政府主导社区治理的结构性矛盾及其生成机制：基于 S 市加装电梯政策变迁及其后果的研究 [J]. 学习与实践，2020（8）：86-95.

③ 张树旺，李伟，王郅强. 论中国情境下基层社会多元协同治理的实现路径：基于广东佛山市三水区白坭案例的研究 [J]. 公共管理学报，2016，13（2）：119-127，158-159.

例提出异议等，以至于居民协商环节成为加装电梯的最大难题（见表1.2）。

表1.2　枣子巷部分小区加装电梯费用分摊比例

	1楼业主	2楼业主	3楼业主	4楼业主	5楼业主	6楼业主	7楼业主
小区1	0	0	1	1.5	2	2.5	3
小区2	0	0.5	1	1.8	2	2.2	2.5
小区3	0	0.3	1	1.5	1.7	2.5	3

资料来源：作者自制。

（2）合作。在枣子巷社区，合作主要表现为社区与支持加装电梯的居民之间的合作。当电梯加装因矛盾纠纷而陷入停滞时，社区与支持加装电梯的居民会选择合作，共同做反对加装电梯住户的思想工作，协调利益分配，促进矛盾的解决。

（3）冲突。冲突主要表现为上级政府与社区间的冲突以及居民中支持加装者和反对加装者之间的冲突。

社区如果不加调整变通而直接执行上级政策，会产生许多的问题。2018年8月出台的《成都市人民政府办公厅关于促进既有住宅自主增设电梯工作的实施意见（试行）》提到：经本单元房屋专有部分面积占比三分之二以上的业主且人数占比三分之二以上的业主参与表决，并经参与表决专有部分面积占比四分之三以上的业主，且参与表决人数四分之三以上的业主同意就可以加装电梯。但枣子巷社区并不是直接按照实施意见来执行的。枣子巷社区的住户大多是知识分子，维权意识很强，所以社区要求住户同意率必须达到100%再进行电梯加装，这样就可以避免很多纠纷。由于院落情况、安装过程、电梯厂家选择等多方面存在着差异，本着让每位住户都满意、矛盾最小化的原则，枣子巷社区在政策执行的源头上做出一些改变，因地制宜，结合院落的实际情况采取不同的加装策略。

由于加装电梯的前提是楼内住户全员同意，这不可避免地需要社区花费更长的时间和更多的精力去调解加装纠纷，从而可能无法完成上级政府的年度考核指标任务。所以社区在处理居民内部复杂矛盾纠纷时，还需承受来自上级政府的考核压力。

电梯加装支持者与反对者之间的矛盾是整个电梯加装过程中的主要矛盾。在社区冲突中利益冲突占比最多，社区冲突大多是由物质利益引发。支持者期望电梯的加装可以解决自己上下楼的不便，反对者担忧电梯给自己生活带来的不利影响。支持者与反对者常常因为利益问题发生激烈争论，影响了邻里关系，大大延长了电梯加装的筹备时间，甚至使电梯加装陷入停滞。

3. 枣子巷社区自主加装电梯过程中的多元主体互动强化因素

（1）坚强有力的领导力量——临时党组织。在单元楼内直接成立临时党组织是枣子巷社区为破解加装电梯难题的一项重要创举。临时党组织的成立，是下沉党员试图通过组织重构来确立实质权威的制度化尝试[①]。临时党组织成立后，在楼内形成了一个

① 张树旺，李伟，王郅强. 论中国情境下基层社会多元协同治理的实现路径：基于广东佛山市三水区白坭案例的研究［J］. 公共管理学报，2016，13（2）：119-127，158-159.

领导权威，彻底改变了以往楼内居民"各说各的，无人站出来做主"的混乱局面。通过发挥党在基层治理中的整合和领导作用，实现了党建引领下的高位推动[①]。枣子巷临时党组织的引领作用主要体现在资源整合和思想动员两个方面。资源整合，即推动不同类型组织和群体形成相互依赖关系并共同聚焦于区域性公共事务治理。临时党组织由单元楼内党员和街道办书记共同组合而成，整合了行政单位和居民自身力量，以各种坝坝会、沟通会、协调会为载体，充分发挥各居民作用。思想动员，即通过政治动员，寻求共识"最大公约数"。临时党组织在开会前会先给居民做思想工作，了解各方诉求，倾听意见建议，尽全力调解矛盾纠纷，并表达会议宗旨，利用党的意识形态资源实现政治动员，在这种方式的作用下，平均每场会议的赞同率达到了90%以上。

除了党组织的力量外，临时党组织中的个体党员也积极发挥着模范带头作用。这些老党员们虽已退休，但仍关心着社区日常工作。当得知国家将在老旧小区进行电梯加装时，在社区的宣传动员下，老党员们以高度的思想觉悟，率先带头支持电梯加装并缴纳相关钱款。面对犹豫和反对的部分居民，老党员们及时深入居民家中了解情况，充分做好居民的思想工作，打消居民的后顾之忧。

（2）利益协调的重要支点——关键少数。能人就是社区治理中的关键少数，是居民自治组织形成及发展必不可少的核心动力，没有能人，城市居民就是一盘散沙，群龙无首[②]。

枣子巷社区取得加装30部电梯的成绩，离不开社区工作人员的辛勤奔波与调解。每当出现楼内居民无法自行协商解决的纠纷，以社区支部书记为首的社区工作人员总会第一时间去了解情况，通过运用情、理、法来进行劝导调解，尽最大努力来维护居民关系的和谐稳定并推动电梯加装进程，避免矛盾的进一步激化。

热心社区事务、公平公正的部分社区居民也是电梯加装的重要推动者。这些热心居民在平时经常帮助其他居民做一些力所能及的事情，秉持公平公正的做人原则，深得社区居民信赖。在电梯加装过程中，热心居民常常与各住户交谈协商，积极牵头筹备各项事务，向居民及时通报项目进展，有时甚至自愿放弃自己的利益，来服务集体利益。

（3）紧密深厚的居民关系——熟人社会。在后单位社会背景下，实体性单位组织虽然已经走向消解，但诸多单位元素仍然通过一定的形式发挥其影响和作用[③]。枣子巷社区有众多的单位职工宿舍楼，楼内居民为几十年的同事和邻居，彼此间相互了解，可以说，这些单元楼为现代型、城市化的熟人社会。在计划经济时代以单位为枢纽形成的熟人社会中，人们熟络关系的形成机制是：提供工作岗位和生活空间的单位同时还扮演着管、控、教、监的公共职能，单位所拥有的科层制背后的强制力量，辅之以阶级斗争的文化以及家父主义的传统，为成员的公共生活营造了一个类血缘的情谊和氛围。楼内熟人社会的存在，为电梯加装过程中的矛盾调解提供了一定的便利。在反对电梯加装的住户看来，一面是多年来抬头不见低头见的深厚邻里感情，一面是自己

① 黄晓春. 党建引领下的当代中国社会治理创新 [J]. 中国社会科学，2021，306（6）：116-135，206-207.
② 黄晓春. 党建引领下的当代中国社会治理创新 [J]. 中国社会科学，2021，306（6）：116-135，206-207.
③ 李东泉，王瑛. 单位"隐形在场"对社区集体行动的影响研究：以广州市老旧小区加装电梯为例 [J]. 公共管理学报，2021，18（4）：93-104，172.

部分利益的牺牲。从实际情况来看，相当部分的反对者最终选择了前者。在充满熟人的枣子巷单元楼内，居民在内心里依然认同集体，充满集体观念的居民最终选择了支持电梯的加装。

（五）经验总结

1. 党建引领，统筹推进

党建引领基层治理统筹化，统筹协调是促使社会治理实现良性运作与和谐稳定发展的重要途径。在枣子巷社区老旧小区加装电梯过程中，社区临时党组织始终发挥了核心领导作用，形成了"党委领导、政府主导、社区引导、居民参与"的加装电梯新模式。社区党委始终统筹加装电梯事项，同时，单元楼内部党员自发成立临时党组织，充分发挥党员的先锋模范和带头作用，积极推进电梯加装，为枣子巷社区老旧小区加装电梯提供了组织领导。

2. 多元共治，群策群力

多元主体参与社区治理，打破原有的大政府统揽模式。枣子巷社区经过不断地探索，从每一部电梯的安装中找寻经验，逐步形成了党建引领下的多元主体共同治理模式。

在枣子巷社区加装电梯中发挥作用的主体主要是枣子巷社区和社区居民，主体通过对话、妥协等机制进行协商，最终形成了由主体直接参与决策的合作治理模式，以达成安装电梯的共识。除了主体之间的对话、协商外，更有其他因素强化了这种对话协商机制。第一，党建引领，枣子巷社区临时党组织的成立，成功打造了"一核多元"的共治局面；第二，社区能人积极参与；第三，传统单位院落形成的熟人环境，邻里的亲密关系使得社区居民之间更容易进行对话。在三个因素的共同作用下，多元主体之间的对话协作机制被增强，有力地推动了加装电梯共识的达成。

3. 能者愿劳，能者善劳

枣子巷社区充分发挥社区能人的作用，培育居民"我为社区、社区为我"的社区精神。在枣子巷社区加装电梯的过程中，一直闪现着社区能人的身影。社区能人在调解矛盾纠纷、促进电梯安装过程中发挥着重大的作用，社区能人在社区扮演的就是"乡贤"的角色。作为一种"软约束""软治理"，其有利于健全社区居民利益表达机制，激发居民参与社区事务的积极性，提高凝聚力和自治能力。

4. 以熟带生，交流共情

熟人关系是枣子巷社区不同于其他社区的一个特点。同一单元楼里的居民在退休之前大多是一个单位的同事，大家多少有些工作上以及私人的交情。枣子巷社区的居民以天然的地缘优势聚居在一起，在这种环境下，"熟人好办事"的的确确有一定的体现。大家基本都是熟人，或者存在一些较为陌生的居民，但都可以通过熟人的介入从而成为熟人。以熟带生，使得枣子巷社区的人情氛围格外浓厚。在电梯加装的前后工作中，这种情谊缩短了人与人之间的距离。由于熟人关系的存在，大家交流协商期间也会更加顾及情谊，都以共同利益最大化为目标，意见较为统一。这样的地缘优势大大促进了电梯加装工作的进行。

（六）未来展望

习近平总书记强调，只要是有利于老百姓的事，我们就要努力去办，而且要千方百计办好。老旧小区改造工程关系到人民群众的根本利益，是实实在在的民生工程。枣子巷社区在老旧小区加装电梯政策的基础上，积极推进党建引领、多元共治的加装电梯新模式，充分听取多方意见，调动各方主体的积极性，显示出基层治理的活力，提升了居民自我解决问题的能力，增加了人民群众的参与感和获得感，促进了社区基础设施的完善，改善了居民的生活环境，在探索基层社区治理方面留下了枣子巷经验。

党建引领、多元共治是枣子巷社区推进老旧小区电梯安装的"真经"。而如何与时俱进，续写"真经"是接下来的核心问题。枣子巷社区在取得阶段性的成功后，还需要做好接下来的工作，将枣子巷经验推广到全国各地。如何确保党建引领下的统筹推动机制？如何调动居民的参与意识、主人翁意识？如何搭建一个多元共治的平台？这些都需要在实践中勇于探索，不断创新。传承旧"真经"，续写新"真经"，是枣子巷社区经验发展的真正价值所在。

五、课程设计

（一）时间规划

本案例可供案例教学课专门使用。教师行课前需做的准备、课上教学各环节讨论以及课后反馈内容可按下表参考内容进行安排（见表1.3），也可根据实际情况调整补充。

表 1.3 教学计划安排

教学计划		内容	目标	时间
课前准备	预备与预习	①教师提前告知学生案例教学安排，并将案例文件及相关资料进行发放；②学生课前自行阅读，熟悉案例；并查阅其他资料对政策内容、实践措施、成功案例、现有困难及挑战等加以补充，形成基本理解	使学生对案例内容有初步了解	行课前一周
正式上课	学习与讨论	①教师使用40~50分钟对案例进行呈现，从枣子巷社区的基本概况、安装电梯的历程、最终呈现的效果等加以介绍；②教师根据实际情况对学生进行分组，以小组为单位进行案例及思考成果的呈现。分组时可参照案例发展的阶段历程来进行分组，将学生分为上篇组、中篇组和下篇组三个组，各组来分析在不同阶段党建如何引领各方主体推动社区的有效治理，每组展示时间为15分钟；③每组展示过后，教师展示思考题，各小组进行组内讨论、组间讨论，时间为20~30分钟。思考题根据实际工作中的现实问题来进行设置，可从如何促进不同主体达成共识，其中有哪些关键因素、这些因素如何发挥作用等方面切入；④展示及讨论结束后，教师用15~20分钟进行点评与总结，并布置课后分析报告作业及小组成员贡献度调查，汇总各小组的思考成果及学生的参与情况	以教师讲解与学生讨论相结合加深理解	3课时，每课时45分钟

表1.3(续)

教学计划		内容	目标	时间
课后	思考与反馈	①学生在课后以小组为单位提交案例分析报告，对政策演变、枣子巷社区加装电梯成功原因、经验提炼与萃取等问题进行回答，交回教师处； ②学生进行组内成员贡献度互评； ③教师结合小组课堂展示、讨论发言、案例分析报告等综合考虑，对不同组别进行评分； ④教师结合课堂发言情况及贡献度对学生个人进行评分	对本次案例教学形成反馈，促进学生深入思考	课后两周内

资料来源：作者自制。

（二）课前准备及思考问题

在教师介绍部分，教师根据学生对金牛区枣子巷社区的了解，系统介绍枣子巷社区的地理位置、社区的发展概况，以及社区加装电梯的发展历程等内容，同时引导同学们思考以下问题：

（1）核心问题：在枣子巷社区加装电梯过程中，党建引领的多元主体协同治理模式是如何形成的？

（2）与其他社区相比，枣子巷社区成功加装电梯有哪些特殊因素？

（3）除了文中提到的因素外，还有哪些因素可以强化各个主体间的协商机制？

（4）枣子巷社区的治理模式有哪些成功的经验可供其他社区进行借鉴？

（三）课堂安排逻辑

从枣子巷社区治理的典型性出发，提出核心问题（1），引导学生对本案例进行梳理和整合，并请学生回答枣子巷社区治理成效如何。这一部分的目的在于既带领学生再次熟悉案例，又引出枣子巷社区党建引领多元共治的模式，为后面开展案例分析做铺垫。

案例引入完成后，就需要对案例的具体内容进行分析。通过提出问题（2），引导学生去探索枣子巷社区的转型过程，探索枣子巷社区在加装电梯的过程中遇到的困难，以及基层党组织是如何引领多元主体参与治理过程，以更好地满足居民的需求，实现共建共治共享的良好局面。

本案例分析完成后，教师提出问题（3）（4），引导学生对案例进行总结并对治理经验提炼升华，分析党建引领社区多元主体协同治理模式对其他社区的适用性。

（四）课堂板书设计

1. 板书设计

板书设计如图1.7所示。

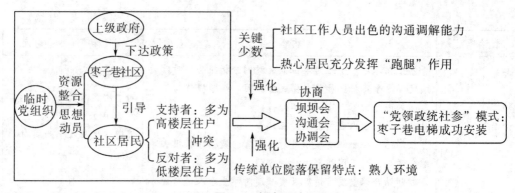

图 1.7　板书设计
（资料来源：作者自制）

2. 线上线下混合式教学

线上线下混合式教学设计如图 1.8 所示。

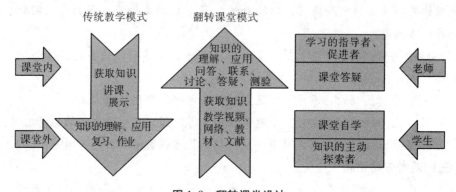

图 1.8　翻转课堂设计
（资料来源：作者自制）

3. 翻转课堂基本教学模式

翻转课堂基本教学模式如图 1.9 所示。

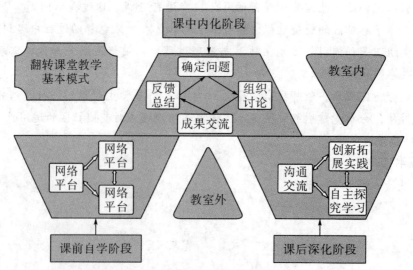

图 1.9　翻转课堂基本教学模式
（资料来源：作者自制）

4. "271" 课堂安排模式

"271" 课堂安排模式如图 1.10 所示。

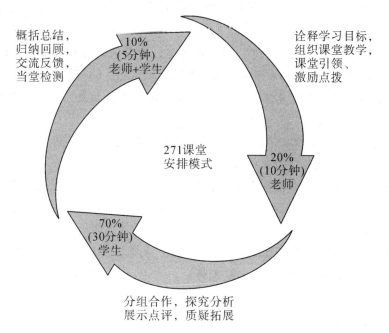

概括总结，归纳回顾，交流反馈，当堂检测

10% (5分钟) 老师+学生

诠释学习目标，组织课堂教学，课堂引领、激励点拨

271课堂安排模式

20% (10分钟) 老师

70% (30分钟) 学生

分组合作，探究分析
展示点评，质疑拓展

图 1.10 "271" 课堂安排模式

（资料来源：作者自制）

（五）课堂总结

教师结合同学们自由发言过程中的亮点，对本堂案例课的知识点进行总结，并对其中的重点部分进行强调，提醒学生在其他的案例分析中可以积极运用以上分析方法和要点。

六、要点汇总

党的二十大报告强调，"健全共建共治共享的社会治理制度，提升社会治理效能""建设人人有责、人人尽责、人人享有的社会治理共同体"。社区是基层治理乃至社会治理的关键一环。习近平总书记强调，"推进国家治理体系和治理能力现代化，社区治理只能加强、不能削弱"。因此，各地方政府为贯彻落实党中央决策部署，更好维护和实现人民群众利益，均在探求党建引领社区治理的有效路径，并积极开展社区治理实践。

党建引领社区治理具有鲜明的中国特色和显著的本土特征。金牛区枣子巷社区近年来突出党建引领在社区治理中的重要作用，构建了党建引领多元主体协同治理的治理模式，有效融合多方资源、力量，更好地服务居民，极大提升了居民的幸福感、归属感、获得感。本案例立足于推进国家治理体系与治理能力现代化的社会背景之下，通过剖析枣子巷社区党建引领社区治理实践过程，探析党建引领社区治理的经验成果，探求有效发挥党建引领优势以实现社区治理效能提升的实践路径，同时也为党建引领社区治理提供了丰富的实践反馈和宝贵的地方经验。

七、参考资料

[1] 侯承材. 以基层党建引领社区治理的实践探索 [J]. 学习月刊, 2019 (6): 40-42.

[2] 朱亚鹏, 李斯旸, 肖棣文. 融合式党建、身份认同与社区治理创新: 以 G 市 S 社区的融合式党建为例 [J]. 行政论坛, 2022, 29 (5): 68-75.

[3] 黄意武. 以基层党建工作创新引领城乡社区协商发展 [J]. 中州学刊, 2018 (9): 77-82.

[4] 李菲. 政府对医院投入机制的国际比较与借鉴: 基于英国、德国和美国的经验分析 [M]. 北京: 光明日报出版社, 2019.

[5] 樊勇明. 西方国际政治经济学 [M]. 3 版. 上海: 上海人民出版社, 2019.

[6] 俞可平, 张胜军. 全球化: 全球治理 [M]. 北京: 社会科学文献出版社, 2003.

[7] 博兰尼. 自由的逻辑 [M]. 冯银江, 译. 长春: 吉林人民出版社, 2002.

[8] 麦金尼斯. 制度分析与公共政策译丛: 多中心体制与地方公共经济 [M]. 毛寿龙, 李梅, 译. 上海: 上海三联书店, 2000.

[9] 周红云. 群体性事件协同治理研究 [M]. 北京: 中国社会出版社, 2018.

[10] 王名, 蔡志鸿, 王春婷. 社会共治: 多元主体共同治理的实践探索与制度创新 [J]. 中国行政管理, 2014 (12): 16-19.

[11] 周亚越, 吴凌芳. 诉求激发公共性: 居民参与社区治理的内在逻辑: 基于 H 市老旧小区电梯加装案例的调查 [J]. 浙江社会科学, 2019 (9): 88-95, 158.

[12] 周亚越, 唐朝. 寻求社区公共物品供给的治理之道: 以老旧小区加装电梯为例 [J]. 中国行政管理, 2019 (9): 62-66.

[13] 杨威威, 郭圣莉. 政府主导社区治理的结构性矛盾及其生成机制: 基于 S 市加装电梯政策变迁及其后果的研究 [J]. 学习与实践, 2020 (8): 86-95.

[14] 曹海军. 党建引领下的社区治理和服务创新 [J]. 政治学研究, 2018 (1): 95-98.

[15] 张树旺, 李伟, 王郅强. 论中国情境下基层社会多元协同治理的实现路径: 基于广东佛山市三水区白坭案例的研究 [J]. 公共管理学报, 2016, 13 (2): 119-127, 158-159.

[16] 黄晓春. 党建引领下的当代中国社会治理创新 [J]. 中国社会科学, 2021 (6): 116-135, 206-207.

[17] 李东泉, 王瑛. 单位"隐形在场"对社区集体行动的影响研究: 以广州市老旧小区加装电梯为例 [J]. 公共管理学报, 2021, 18 (4): 93-104, 172.

［案例二］ 当"微治理"装上"智慧大脑"：智能社区何以点亮生活实验场？

——技术治理视角下武侯区智能社区治理的路径分析[①]

摘要： 共同富裕是人民对美好生活的向往，基层社会治理是推进共同富裕进程中的重要组成部分，应始终坚持让人民享有更加幸福安康的生活，而社区作为基层治理的"微政府"，当"微治理"遇上新兴技术被装上"智慧大脑"，智能社区的建设如何让居民的生活更加美好智能？数字信息时代，人工智能技术赋能社区治理，为破解一系列社区治理难题做出重大贡献。2021 年 9 月，武侯区凭借深厚的基层治理底蕴、显著的智能建设成效等优势入选国家智能社会治理实验基地名单。本案例将对武侯区智能社区建设历程进行梳理，并以技术治理理论与协同治理理论为理论基础，分析武侯"智治"何以攻克以往社区治理中存在的治理工作繁重、治理效率低下、治理主体难以实现多元化等治理难题，及如何凭借人工智能技术有效防控治理风险。本案例在总结武侯区智能社区建设的创新思路和实践经验的基础上，分析其科学逻辑及对于其他地区智能社区建设的借鉴价值。武侯区致力于构建精细化、智能化的智能社区治理体系，构建了共建共治共享的智能治理模式，其实践经验可为我国智能社区建设提供创新思路并注入新活力，为推动我国基层治理体系和治理能力现代化水平不断提高注入新活力，为持续推进共同富裕提供有力支撑，且使共同富裕取得实质性进展。

关键词： 智能社区；技术治理；协同治理；共同富裕；武侯经验

[①] 本文调研自 2022 年和 2023 年。

引言

　　共同富裕是关乎国家稳定和全体人民幸福的重大议题，要以基层社会治理来推进共同富裕[①]。党的十九届四中全会提出要推进国家治理体系和治理能力现代化，坚持和完善共建共治共享的社会治理制度，建设人人有责、人人尽责、人人享有的社会治理共同体。社会治理现代化是国家治理现代化的重要组成部分，社会治理共同体则要求构建起人人共建、共治、共享的利益共同体和责任共同体，扎实推动共同富裕，实现人的共生共存，并且在社会治理或社会运行中，要依靠制度建设、合作治理与政社互动，获得各种机会和资源，形成上下延伸、平衡有序灵活的网络。一方面，社区是城市的细胞和基石，也是国家治理体系的"微细胞"、社会治理的"微单元"，社区治理能力的提升对于推进国家治理体系和治理能力现代化至关重要。另一方面，社区治理必须以推进共同富裕为目标，因为社区工作牵涉着千家万户，若全国每个城乡社区都建成和谐幸福社区，那么我们期待的和谐社会的建成便是水到渠成；若全国每个城乡社区都进入共同富裕阶段，那么我们整个社会进入共同富裕便是水到渠成。因此，社区无小事，社区的每一件事都关系百姓冷暖，社区的和谐关系社会的和谐，社区的善治与国家治理体系和治理能力现代化相关，社区的富裕关乎社会的共同富裕。党的十八大报告第一次把社区治理写入党的纲领性文件。2012 年，住房和城乡建设部办公厅发布《关于开展国家智慧城市试点工作的通知》，决定开展国家智慧城市试点工作，明确指出智能社区是其典型应用，由此全国各地开始积极探索智能社区建设。总之，社会治理现代化是实现经济社会高质量发展的重要抓手，也是推进共同富裕的重要载体，社区"智治"通过完善的共建共治共享制度，在多元主体的协同参与过程中不断提高治理能力，将政府、社会组织、市场和社区居民更好地联结起来，不断推动共同富裕取得实质性进展。

　　相较于传统社区治理，智能社区的建设在治理工具布局、治理角色、治理方式等层面都发生了一定的转变，解决了传统社区治理服务效率低、品质差等难题。然而，随着新时代我国的发展，社区治理又面临着怎样的机遇与挑战？武侯区的社区治理为什么能够入选"国家队"？武侯样本又将如何从"四川盆景"变为"国家风景"？带上这些问题，本案例将对成都市武侯区智能社区的建设历程进行梳理，以期能够总结探索"武侯经验"与"武侯样本"，贡献"武侯智慧"，加速全国智能社区建设落地发展。

一、案例背景：新蜀道之难，难在治理

（一）社会压力+政府压力"双重打击"

　　21 世纪初期，互联网不断发展，但互联网在治理方面的运用却寥寥无几。我国治

[①] 林仁镇，唐煜金，文宏. 新时代基层社会治理：使命与趋势：2021 广东社会科学学术年会分会综述［J］. 华南理工大学学报（社会科学版），2022，24（2）：114-119.

理很长一段时间都依靠基层工作人员的双脚和笔杆，走访社区和记录、整理社区信息花费了大量时间，因此居民真正的诉求和意见要经过很长时间才能得到回应，这也导致政策出台的严重滞后。社区作为基层治理的"微政府"，要承接大量繁重的行政责任与工作，千万事物都会汇聚到街道和社区。居民生活事务多而琐碎，且基层政绩考察社区执行力与创造力，对基层治理的要求超过了实际能力。

社区治理下沉不精细是传统治理的一大常见问题。武侯区中有很多万人社区，这无疑蕴藏着任务超载的巨大压力。

"社区工作人员数量与工作量相差巨大，个位数的工作人员要处理上万居民的事务，工作根本无法深入甚至精细化。社区事务的繁杂和社会给予的压力的双面夹击，导致大家难以有效完成工作。"（访谈记录，L女士，2022-04-11）

（二）居民响应+社区处理"龟速前行"

虽然如今公众的政治参与度有了很大的提高，但居民对参与社区事务的积极性仍不够高，受传统政治文化的影响，大多数居民共建共享意识薄弱，认为社区建设的责任就应全由政府和社区承担。

首先是居民响应不及时。武侯区某社区的居民经常能听到"有人在家吗？我们是成都燃气的工作人员，为您家的燃气管线进行安全检查。"（见图2.1）。社区对辖区内老旧燃气管道的全面改造如火如荼地进行，可是相关人员却表示一开始工作开展得并不是非常顺利："部分居民即使得到了通知，也会假装不在家或不愿意让社区工作人员进门，因此无法很好地配合相关人员进行安全检查，即使检查后也不愿意更换老旧管道。这很容易引发漏气危险，对居民的生命安全和社区的治理都产生了威胁。"经过一年的努力，在社区工作人员一遍遍解释工作人员并非骗子后，部分居民才愿意配合检查。

图2.1 双楠街道燃气工作人员上门服务
（资料来源：武侯区社治委公众号）

其次是居民缺乏主人翁精神和共建意识。L街道负责人为了推动特色街区的建设，需要广泛收集民意。但愿意参与的居民却寥寥无几，街道负责人表示："我们通过线上线下多个平台和途径收集居民对建设'美学特色街区'的意见和建议，但是收到的反馈非常少，反馈的人也并没有真正把社区建设当作自己的事务"，权力的下放并没有带来社区治理高效率。大多数居民受到传统的治理方式引起的政策滞后的影响而怀着"反正也不会很快解决我的问题"的心理，不愿再提出诉求，因此治理人员无法快速获得居民响应，做出相应改变，从而导致治理效率低下。

（三）社会组织+本土文化"参与消极"

武侯区在推进社区治理的过程中发现，社会组织参与社区治理面临不少困难，同时其对进行本土化发展这一创新路径也不曾有较高注意力。

在社会组织的参与方面，他们提供的公共服务质量参差不齐。通过走访发现，不同社区所提供的公共服务质量差异较大，无法有效进行武侯区系统化治理。相关工作人员说："统一各个社区的治理情况，我们需要花好多时间，因为不同的社区所提供的服务完全不一样，社会组织团体他们有很强的独立性，有的组织有经验，可有的社区只是刚开始参与这个，完全不知道该怎么做，统一各个社区治理情况真的很困难。"

"曾经刚发展这个的时候，我们只思考了运用什么样的设备，没有考虑到我们区其实是需要将一些成都的特色，甚至是武侯区的历史特色，融合到治理方式里的。"（访谈记录，L女士，2022-04-11）

除此之外，武侯区以前并没有想到如何汇集社区居民，让他们主动为社区治理建言献策。促进邻里关系需要有共同的话题，而这种话题源于武侯区本土文化，曾经社区治理并没有挖掘本土文化，导致治理之初社区氛围只有"理性"，没有"感性"。

二、案例过程

（一）技术助推，多元参与

1. 从"管"到"治"，率先推进治理体制改革

2014年，武侯区积极践行群众路线，努力解决基层社区和广大群众意见比较集中的社区行政化和服务不专业等问题，创新改革社会治理机制，搭建四级网络平台实现数据共享；发展多元主体参治，推动社会治理能力提升；大力发展社会化服务，满足群众个性化、多元化需求。

2. 实施"三社联动"新机制，社区服务迈进社会化新常态

2015年，武侯区开始积极探索政府购买服务、采取各种措施激励社会组织参与治理，并且发布了《关于进一步明确社区两委职责依法推进社区治理创新的通知》。这些措施划清了政府行政权力和居民自治权利之间的界限，使政府与社区权责的边界变得更加清晰明了，并且改变了政府对自治组织行政干预或者行政命令的传统做法，以社区为平台、以社会组织为支撑、以专业社工服务为提升的"三社联动"治理新机制发展为社区治理的新常态。

3. 探索"三转双向两护"，网络综合治理初见成效

在2017年全国"社会治理创新最佳案例"大赛中，成都市武侯区因《探索"三转

双向两护"基层网络空间综合治理的"武侯样本"典型案例》获奖（见图 2.2）。武侯区创新改革社区治理机制，颁布了《加强全区属地网站服务管理试行办法》等制度文件，通过建立网络空间治理联席会议制度和协同共治机制，开展"诚信网络""绿色网络"专项行动，增强了各部门联合治理网络空间的能力。同时，武侯区积极总结原来的社区治理经验，在多元协同治理方面进行探索。"三转"是指转变网络监管思维，强调网络治理的责任；转变统计方式，使得相关信息渠道通畅；转变治理方式，多个部门协同共治。"双向"是指探索互联网企业与政府部门之间的双向互动，双方互相促进、互利共赢。"两护"是指通过自查自纠、督查督办，对网络安全进行两层防护。

图 2.2　区委常委、宣传部部长张天劲接受颁奖

（资料来源：武侯发布）

（二）实际治理，新的挑战

1. 政府主导多，社会参与少

"虽然鼓励按照'政府主导、行业引导、企业和社会共同参与'来运作，但由于缺少社会参与机制、参与面窄、运转效率偏低、成本偏高，影响了企业投入的积极性，这在一定程度上也制约了智能社区的发展。"（访谈记录，许书记，2022-04-25）

2. 现有管理体制制约社区治理

"社区现有很多业务垂直系统，由于缺乏统一领导、协调，形成了一个个孤立、分散的'信息孤岛'。社区工作'行政化'倾向严重，很难做到资源共享。"（访谈记录，许书记，2022-04-25）

3. 标准不一，盲目浪费

"各社区形成条件不同，有的是因城市发展新建的社区，有的是拆迁形成的社区，有的社区外来人口多，各个社区也因为基础条件不一、标准不一，存在重复建设和盲目建设的问题。"（访谈记录，许书记，2022-04-25）

（三）建设坝上生活场景，拓展智慧社区治理

智慧社区治理谋求多元主体的合作与互动，并在治理过程中实现行动交换、数据开放、信息共享、价值共创等。在党建引领下，政府优化政社互动机制，吸纳多元社会主体参与，鼓励社区居民广泛参与社区公共事务，不断提高服务效能，满足社区居民的多元化要求，扎实推动共同富裕。

1. 凝聚共治合力，探索集成化管理模式

数字工具使用、技术获取和信息共享等能力不足以及数字化应用程序运用不熟练等限制了智慧治理的进一步发展，为此，武侯区还需要探索集成化的管理模式，凝聚各方力量参与治理，建成统一治理平台，以共治共建助推共同富裕。

（1）在管理模式上求"简"。由于老年群体运用智能技术较困难，武侯区以社区居民关注最多的微信公众号或小程序为依托，将多种服务平台整合，以最大限度避免碎片化现象，让数据多跑路，让居民少跑腿（见图2.3）。

"现在办理相关证件不像从前，来来回回补资料要跑很多趟，又耽误时间又累人。"（访谈记录，王大爷，2022-04-26）

图2.3　管理求简

（资料来源：作者自制）

（2）在资源整合上求"通"。武侯区充分整合辖区各类资源，通过党建项目认领等方式，引导驻区单位、政务部门等各类主体参与智慧小区打造，如联通公司认领了林荫街9号"社区小脑"平台开发项目，交警一分局对公众号平台开放违停举报端口，解决了林荫街9号消防通道经常被占用问题；成都奥北认领了智能垃圾分类项目，引导居民进行"线下回收，线上收益"互动式垃圾管理（见图2.4）。

（3）在维护模式上求"活"。武侯区探索"公益化+市场化+长效化"运营模式，引导居民委员会、社会资本、社区居民等多元主体按照市场规则共同参与，将智慧电子屏、智慧充电桩收益的一部分注入院落公益金，用于设备后期的运营保养，通过自我反哺的形式实现设备长效化维护（见图2.5）。

交警一分局 — "违章举报"　　奥北环保科技 — "垃圾银行"

图 2.4　资源求通

（资料来源：作者根据 APP 内容整理）

公益化　　＋　　市场化　　＋　　长效化

图 2.5　维护求活

（资料来源：作者自制）

2. 突出智慧管理，打造精细化信息平台

（1）创建小区智慧党建平台。武侯区打造集线上组织生活、党费收缴、党员互动等功能为一体的智慧党建功能模块，常态化开展线上"三会一课"、线上党建项目认领和线下固定党日双平台活动；建立小区网络议事会，形成"线上议事、线下服务"模式，引导党员群众主动参与到小区治理中来（见图 2.6）。

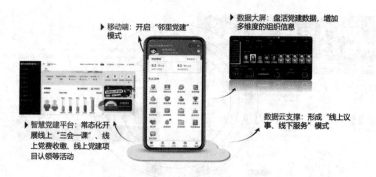

图2.6　创建小区智慧党建平台

（资料来源：作者根据 APP 内容整理）

（2）创建小区平安治理平台。武侯区通过描绘小区人、房、车辆动态全景图，依托平台入住审核、租客管理、人脸识别、全景抓拍等功能，对小区访客、租客赋予访问时限、权限，建立小区住户与外来人员进出动态台账，建设实时保障的安全小区（见图2.7、图2.8）。

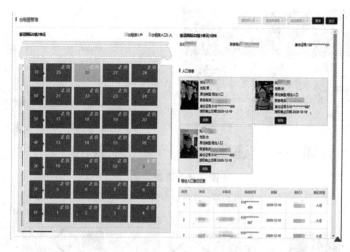

图2.7　租住人员全量信息管理

（资料来源：作者根据 APP 内容整理）

图2.8　人脸识别和远程授权访客

（资料来源：作者根据 APP 内容整理）

（3）创建小区人文关怀平台。武侯区将社区邻里互助、居家养老和健康关怀相结合，建立空巢老人等关怀人员台账，通过"社区小脑"，开发一键报警、关怀人员短信等功能，充分联动网格员、楼栋长等骨干力量参与邻里互助服务，为关怀人员提供暖心贴心服务（见图2.9）；发动院落居民通过主动上报情况参与院落自治，一方面，大家通过事件上报功能，群策群力反映院落存在问题，另一方面，根据问题的分级处置意见，号召大家尽己所能，主动去解决一些自己能解决的问题。

"现在我们享受着更加温馨、更接地气的服务，再也不会觉得街道办事处只是一个办事的'衙门'了。"（访谈记录，李大爷，2022-04-26）

图 2.9 网格人员接收关怀任务→及时上门关怀→终端反馈上门情况

（资料来源：作者根据 APP 内容整理）

3. 做优多元供给，提供精准化特色服务

推进共同富裕，就是要使人民拥有更幸福安康美好的生活，心想群众之所想、急群众之所急、解群众之所忧。要满足人民群众日益增加的多样化诉求需要政府、市场、社会组织以及群众联合起来，发挥各自优势，利用有效资源，做优多元供给，为社区居民提供精准化的特色服务。

（1）突出市场主体的参与性。武侯区按需整合民营企业资源，为小区设立"便民终端"，探索"智能充电桩"等智慧服务进小区；将周边餐饮、理发、文印等资源进行线上盘活，以丰富"家门口"的服务，助力15分钟智能社区便民生活圈建设（见图2.10）。

图 2.10 便民生活服务圈

（资料来源：作者根据 APP 内容整理）

（2）突出驻区单位的联动性。武侯区吸纳辖区法律、医疗等专业人才，为居民提供线上咨询服务；聚焦"智慧交通"，由交警分局提供数据支撑，互联网企业提供技术支持，设置小区智能监控，打造畅行街区；聚焦绿色生态，探索智慧"垃圾银行"，开展"最美阳台"评比，形成院落绿色循环机制，打造10分钟智慧街区便利生活服务圈。

（3）突出居民群众的能动性。武侯区挖掘院落能人，将周边从事缝纫、家电维修、钥匙配制等的小摊贩集中，组建线上"便民工匠坊"；将居民闲置的电钻、手钳等常用工具进行线上发布，定期更新清单，组建"线上百宝箱"，营造充满人情味的邻里关系，构建5分钟智慧小区便捷生活服务圈（见图2.11）。

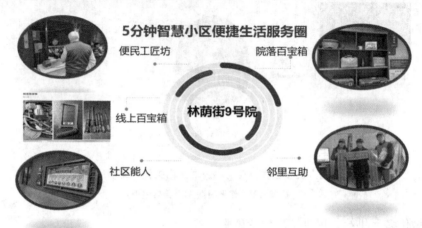

图 2.11　5 分钟智慧小区便捷生活服务圈
（资料来源：作者根据 APP 内容整理）

（四）新的机遇，新的治理

1. "武侯样本"入选"国家队"：科技沃土孕育智慧之花

由于社区所具有的相对适中的空间尺度，及其在城市生活和社会管理中的重要作用，智慧社区已成为当前推进智慧城市试点及应用的热点领域，也成为未来城市社区发展和建设的重要方向。构建居民导向的智慧型社区需要深入推进其以精细化、科学化为特征，以兼顾治理过程的工具理性与价值理性为精神内核，以综合居民个体数据的数据中心为基础，涵盖智慧化管理、信息化管理、个性化服务、社会交往几方面应用，强调政府（特别是基层政府）、党建、相关市场、社会组织与居民的互联与协作，通过创新的手段提高居民的生活质量，"武侯样本"实践迈出关键一步！

2021 年 9 月 7 日，武侯区凭借厚实的经济发展基础、深厚的基层治理底蕴、显著的智能建设成效、雄厚的科研创新实力，入选国家智能社会治理实验基地名单（见表 2.1）。

表 2.1　国家智能社会治理实验基地（社区治理）名单

	特色基地（社区治理）	
1	河南省许昌市魏都区	区人民政府
2	湖南省衡阳市	市人民政府、湖南农业大学
3	辽宁省大连市	大连理工大学、市民政局
4	浙江省衢州市常山县	县人民政府
5	四川省成都市武侯区	区人民政府
6	广东省深圳市宝安区	区人民政府
7	内蒙古自治区鄂尔多斯市康巴什区	区人民政府
8	江苏省南京市栖霞区	区民政局
9	安徽省合肥市	市民政局
10	广东省佛山市禅城区	区人民政府

资料来源：作者自制。

2. 乘胜追击，超前探索"1+2+5+N"新模式

武侯区构建"1+2+5+N"智能社区治理模式，利用信息科技重塑社区治理体制，开创"互联网+社区"治理新格局。该智能社区治理模式，可以从以下四个维度解释其含义和功能：

（1）建立 1 个大数据治理中心，作为整个智能治理体系的中心枢纽，用于实现数据交换、资源整合，便于各部门交换、获得数据资源。

（2）整合 1 个移动服务端及 1 个管理端。在居民服务端，实现一个移动端统一各类社区服务场景，实现居民身份信息、社区服务标准的统一管理。在管理端，凭借"区—街道—社区—小区"四级智能治理体系，打造大数据智能治理平台，管理端与"武侯区城市大脑"进行数据交换，有助于实现社区资源的快速整合，达到及时处理民生问题、高效解决社区政务的目的。

（3）健全"区—街道—社区—网络—小区"五级联动体系，整合武侯市民云等功能，实现社区治理智能化、精细化。居民诉求、突发风险皆可通过五级联动体系传导至各相关部门，各相关部门即可利用大数据快速分析并作出治理决策，实现社区治理高效化。

（4）打造智慧物业、智慧政务等 N 个智慧治理服务应用场景，提升社区资源整合能力并实现精准服务群众目标。

武侯区在此模式之下，不断探索、开拓新道路，以满足社区治理需求、攻克基层治理痛难点，并促使信息技术在社区治理过程中发挥更大效用，缔造出开放化、精细化、智能化、共享化的社区治理生态，为实现共同富裕贡献武侯力量（见图 2.12）。

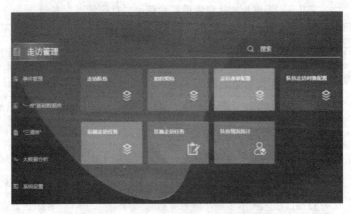

图2.12 武侯区社区智慧治理指挥调度平台

（资料来源：成都社治）

（五）跬步千里，展望未来

1. 武侯"智治"：积跬步，至千里

武侯区社治委工作人员介绍，遵循2018年区委、区政府办公室印发的《武侯区新型智慧社区体系建设方案》的工作安排，武侯区致力于智能社区治理模式的探索与创新，如火如荼地开展智能社区体系的建设工作，在互联网思维导向下，一步步发展、完善开放共享、多元协同的新型智能社区治理模式，居民们的生活逐渐"智能化"，武侯"智治"成效显著、前途大好。

"武侯政务云"等在线平台已在武侯区推广运用，基本上打通了数据共享、居民共治通道，居民可以通过各类平台实现跨层级反映自己的诉求，相关部门也可第一时间得到民意信息并及时处理，解决了因问题上报程序繁琐，导致问题处理不及时等难题。现如今，武侯区在智能治理体系的助力下有效解决了社区治理中因信息不对称或信息传递不及时而导致的问题，活力与秩序统一的社区治理生态已成形。信息技术赋能社区治理，有效提高了武侯区基层治理能力的现代化水平，在数字经济的时代浪潮之下，武侯区智能社区建设正一步一脚印地走向康庄大道。

2. 崭新风向：未来之路任重道远

智能社区建设，技术是支撑，服务是基础，最根本的是让生活在社区的人们能感受到善治社区的便捷与温暖，这也是推进共同富裕漫长经历中所需一直秉持的信念。

武侯区智能社区样本建设任重道远，其宏伟的愿景是力争到2025年，国家智能社会治理实验基地基本建成，社区服务、宜居、安全等智能应用场景基本覆盖。要实现该目标，需在推进智能社区建设中稳扎稳打，在探索中总结经验，及时顺势调整相应政策，使社区治理体制与智能技术逐步适配、高效整合资源、精准服务群众，以达到治理与"智"理贯通的目的，使智能社区成为推动城市高质量发展、满足人民美好生活需求、促进基层治理体系与治理能力现代化的基础力量，为实现共同富裕打下坚实的基础。

三、结束语

武侯区作为成都市基层社区治理改革的典型，致力于实现精细化、高效化、智能化的治理目标，打造出便捷、高效的善治社区，使居民的获得感、幸福感、满足感显著提升，使社区向着共同富裕迈出坚实的一步，使"武侯样本"得以入选国家智能社会治理实验基地名单。武侯区在治理组织构建方面，开创了"党建引领+多元协同"的总体框架，协调政府与社会、行政与市场、专业与群众三大关系，推动了政务服务在社区的深化，同时借力人工智能技术赋能社区治理以完善社区治理体系，并依托智能治理体系对可能出现的社区风险进行了有效防治。最终武侯区以该模式为实现共同富裕提供了多要素、多资源、多渠道的全方位制度、技术、人才等支撑，并深耕一切为了人民的服务宗旨，切实做到了实现共同富裕的本质要求，优化了社区治理结构，逐渐提升了应变能力，为持续推进国家治理体系和治理能力现代化做出了有益贡献，为完善共同富裕指标体系提供了丰厚的物质财富和坚实的精神基础。此外，武侯区智慧社区建设经验具有科学性和实践价值，可为其他地区的智能治理提供建设性思路。

本研究总结出武侯区"党建引领+技术助推+多元协同"的智能治理体系，促进了智能社区治理模式的完善和发展。在数字经济时代背景下，"武侯样本"经验有望助力国家治理体系和治理能力现代化进程，响应国家"十四五"规划号召，依托信息科技的治理应用，深刻贯彻善治治理理念，实现国家治理效能的新提升。

教学研讨的参考性问题

（1）在武侯区智能社区建设过程中，如何更好地实现"技"与"治"的融合？

（2）武侯区智能社区建设主要遇到了哪些问题？又是如何解决的呢？

（3）武侯区智能社区建设成就能够给我国智能社会实验工作带来什么价值？

教学指导手册

一、教学目标

（一）教学用途

社区是城市的细胞和基石，社区治理能力的提升对于推进国家治理体系和治理能力现代化至关重要。2012 年，住房和城乡建设部办公厅发布《关于开展国家智慧城市试点工作的通知》，决定开展国家智慧城市试点工作，明确指出智能社区是其典型应用，由此全国各地开始积极探索智能社区建设。通过对本案例的学习与讨论，学生应达到下列要求：

第一，提高学生分析社区治理面临问题与困境的能力。社区作为基层治理的"微政府"，社区治理在很大程度上反映了社会治理的成效。通过了解武侯区智能社区在建设过程中遇到的问题，能够以小见大，对国家治理工作面临的难点、堵点形成更加深入的认识。

第二，分析武侯区智能社区建设历程，学生能对其实践经验进行总结升华。通过案例的学习讨论，学生能在总结武侯区智能社区建设的创新思路和实践经验的基础上，分析其科学逻辑及其对其他地区智能社区建设的借鉴价值。

第三，鼓励学生对现状进行思考，提出意见建议。实践适应时代的变化在不断发展，学习武侯区智能社区建设的典型案例、成熟做法，既是为了使学生明了该领域的成果，亦是为了得到学生的反馈，鼓励其积极主动地提出意见建议。通过本案例学习，希望学生能对多主体参与、应对困难与挑战的举措等现实问题形成个人见解，达到思辨的目标。

（二）授课对象

本案例的学习需要学生具备一定的基础知识，对公共管理的理论有一定的接触与理解。教师可根据课程安排及学生情况，开展教学工作。

（三）适用课程

本案例适用于公共管理类、公共政策类相关课程教学。

二、启发思考题

（1）武侯区智能社区建设主要遇到了哪些问题？又是如何解决的呢？

（2）在武侯区智能社区建设过程中，如何更好地实现"技"与"治"的融合？

（3）武侯区的智能社区建设成就能够给我国智能社会实验工作带来什么价值？

三、分析思路

社区作为基层治理的"微政府"，当"微治理"遇上新兴技术被装上"智慧大脑",智能社区的建设如何让居民的生活更加美好智能?数字信息时代,人工智能技术赋能社区治理,为破解一系列社区治理难题做出重大贡献。由于社区具有的相对适中的空间尺度,及其在城市生活和社会管理中的重要作用,智慧社区已成为当前推进智慧城市试点及应用的热点领域,也成为未来城市社区发展和建设的重要方向。

本案例将对武侯区智能社区建设历程进行梳理,从技术治理和协同治理两个角度对武侯区入选国家智能社会治理实验基地名单的原因和路径进行分析。武侯区智能社区的建设契合了技术治理中软层次的技术治理和硬层次的技术治理两种治理路径,治理实践中治理主体契合了协同治理中多元主体的参与性。本案例总结出武侯区"党建引领+技术助推+多元协同"的智能治理体系,促进了智能社区治理模式的完善和发展。在数字经济时代背景下,"武侯样本"经验有望助力国家治理体系和治理能力现代化进程,响应国家"十四五"规划号召,依托信息科技的治理应用,深刻贯彻善治治理理念,实现国家治理效能的新提升。

四、案例分析

(一)问题的提出

科技进步推动现代信息网络发展日益成熟,大数据技术在各领域都取得了斐然成果。数字时代,在国家推行治理体系和治理能力现代化的政策背景下,国家治理不断创新。四川省成都市深厚的治理底蕴及其对新技术的运用,使其成为新经济企业技术试点落地的最佳空间,为新技术应用场景提供了试验田。武侯区智能社区发展总体经历了从自下而上到自上而下的推进,即从侧面推进到正面出击、从单一政策到复合拳政策、从直接利益相关者的运作到机会之窗的开启,层层递进、逐步深入,最终取得了卓越的社区智治成就,在高效能的社会治理中不断推进共同富裕。

中国情境下的公共管理案例研究,就是要扎根中国,从我国党和政府治国理政的伟大实践中,挖掘那些能够滋养理论、发展理论、构建理论的经典案例①。在《关于国家智能社会治理实验基地入选名单的公示》中,10个特色基地(社区治理)各具特色。本团队根据大量网络资料整理总结,得到表2.1中10个特色基地(社区治理)入选前后的治理方法(见表2.2),各地注重因地制宜,打造属于自己的特色样本。武侯区面对基层体量过大、社区异质化程度加剧、居民参与度不高、数据采集难等传统社区治理难题,如何运用"武侯智慧"解除困境并促进智能社区治理模式的完善,推动社区治理高质量发展?"武侯模式"是否能够成为全国标杆,为国家智能实验工作贡献经验?带着以上问题,我们将对案例进行理论分析,试图扎根中国治理,提供中国方案。

---

① 侯志阳,张翔. 作为方法的"中国":构建中国情境的公共管理案例研究 [J]. 公共管理学报,2021 (4):1.

表 2.2　国家智能社会治理实验基地入选名单中 10 个特色基地（社区治理）入选前后的治理概况

特色基地 （社区治理） 注：按评选得分排序	入选前的治理模式	入选后的计划
河南省许昌市 魏都区	构建各类社会组织五级联动机制，构建全闭环的数字化治理模式，实现全区范围"一网通办"，实现区域内的治理"可感、可视、可控、可治"	大力推进"一网通办""一网统管"，全面推进数字治理系统变革和整理重塑，积极借鉴、总结其他试点经验做法，不断完善智慧社区治理
湖南省衡阳市	把握硬件和平台建设，充分利用企业运营模式，突出管理服务系统亮点，利用新兴技术推动"互联网+社区"治理模式的升级，提升社区治理效率	分为石鼓区、衡阳国家高新区两个组分别进行示范建设，探索打造智慧城市管理的"雁城模式"
辽宁省大连市	大连理工大学持续服务东北全面全方位振兴的国家战略需求，积极启动交叉学科平台建设，主动引导和促进跨学科和交叉学科资源整合，潜心培育一批包括人工智能在内的新兴交叉学科方向	将继续传承学校"由党创办、为党服务"红色基因，秉持"大交叉、重问题、强方法"发展理念，持续深入开展人工智能社会实验工作，超前探索智能社会的运行模式、法律法规、标准规范、政策体系、体制机制等
浙江省衢州市 常山县	全市域"县乡一体、条抓块统"改革先行先试，推进"152"体系与"141"体系贯通，形成了具有普遍意义的集成创新成果和制度重塑成果，初步形成基层治理现代化的衢州模式	以建优建强县社会治理中心为牵引，依托镇街治理四平台和社区网格，通过党建统领社区治理、社会组织协同、智治常山支撑，谋划平安小区法治建设、流动人口管理服务等一件事多跨场景，真正实现常山社区治理共建共治共享
四川省成都市 武侯区	构建了党建引领共建共治共享的治理格局，作为我国"行政审批局+政务中心"模式的开创者，构建了"武侯政务云"体系，打造了"全数字化"审批流程，创新探索"网购式"审批服务模式；建成区、街道、社区三级智能治理平台，推进智能小区、智能社区试点，加快构建"区-街道-社区-小区"四级智能治理体系；积极推进科学化施策、创新化供给、智慧化管理、精准化监管，以满足日益多元化、多层次的社会个体需求	将以 11 个街道、72 个社区及其 120 余万常住人口为应用主体，搭建武侯区智能社区信义治理平台，构建"1+2+5+N"智能社区（社区治理）模式；针对基层社区治理的需求和短板，开发公开透明、开放参与、信义为本的智能社区信义治理平台，拓展"信义+智能"社区治理模式和应用场景，研究规范智能社会（社区）治理标准体系、政策机制，推动智能技术更安全、更规范地服务民生需求，推动信义治理理念更广泛、更深入地服务基层治理，不断提升基层治理体系和治理能力现代化水平
广东省深圳市 宝安区	充分整合数据资源和应用接口，并建立相关配套机制；按照"区、街、社、格"四级联动的模式，统筹安排，分步实施；以社区为实验主体，以"1+1+N"为建设框架，打造智慧社区，实现社区概况一网统观、社区党建一网统领、社区治理一网统管、公共服务一网统合	联合深圳市腾讯计算机系统有限公司等技术公司，依托中国科学院深圳先进技术研究院等专业机构，进一步研究总结国家智能社会治理实验基地（社区治理）的建设理论

特色基地 （社区治理） 注：按评选得分排序	入选前的治理模式	入选后的计划
内蒙古自治区 鄂尔多斯市 康巴什区	坚持以人民为中心，以党建为引领，加强智慧社区建设，搭建基层党组织、政府、社会组织等多元协同工作的智治平台，探索实施城市管理积分奖励，引导居民参与社区治理，努力提升社区管理与服务科学化、智能化、精细化	全区上下积极推广"多多评·码上生活"社区智能综合服务平台，以便民服务为宗旨，探索拓展应用场景，打造"一户一码"，实现全民参与，构建全民共治、智慧高效的现代化基层治理新模式
江苏省南京市 栖霞区	本土培育"掌上云社区"，建立微信群1 349个，形成社区"智治＋自治"模式的常态化，促进智慧社区治理水平迈向了新台阶，探索出城市治理的新模式，实现共建共治共享的新格局	根据全区建设国家智能社会治理实验基地的五年实施方案，坚持党建引领，立足栖霞本土培育的"掌上云社区"平台，利用各类应用场景，继续深化探索智能社会治理的标准规范和体制机制建设，同时注重百姓的体验感以及多元主体协同治理
安徽省合肥市	创新提出构建"一体智能基础设施、一套数据资源体系、一个智慧社区融合平台、四类智慧社区应用、三大支撑体系"的"11143"总体架构	构建智慧社区"11143"建设体系，搭建智能社区治理应用场景，总结形成社区治理经验规律和理论，制定社区治理系列政策标准，建立并完善适应社区治理的管理机制
广东省佛山市 禅城区	坚持"党建引领、效率优先、实用至上"的原则，建设"一体指挥"等"五个一"体系，打造了禅城区社会治理中心，推出各类信息服务；同时，面向大数据企业开展"揭榜挂帅"活动，构建了覆盖全域的城市"智能体"	努力实现"要省人力、省成本和提质量、提效率，不断推动精品城区治理科学化、精细化、智能化"的治理目标

资料来源：作者自制。

（二）理论基础及分析框架

对于武侯区入选国家智能社会治理实验基地名单的原因和路径，我们主要从技术治理和协同治理两个角度进行分析。社区治理智能化是数字技术与社区治理的结合体，是现代数字技术在社区治理中的延展性应用，是共同富裕背景下共建共治共享社会治理体系的必然要求，是武侯区坚持构建"党建-市场-基层政府-社会组织-居民"多方参与的社区治理格局。武侯区智能社区的建设契合了技术治理中软层次的技术治理和硬层次的技术治理两种治理路径，治理实践中治理主体契合了协同治理中多元主体的参与性。

1. 技术治理理论

技术治理源于西方早期社会，西方对技术治理的讨论最早可回溯至培根。随着科技的发展，技术专家的影响力与地位逐步提升，圣西门主张由实业家与科学家组成的"牛顿议会"掌握国家统治权。20世纪初，大萧条下低效的美国社会运转效率催生了由霍华德·斯科特和凡勃仑等人领导的北美技术治理运动，该运动首次将技术治理思想转化为实践，强调由技术专家与工程师组成的联盟对社会进行高效、理性化的管理。

国内学者对技术治理理论的研究和应用在近年来开始兴起，其研究主要包括政治学领域、公共管理领域和反思技术发展带来的风险。而所谓的智慧社区治理，即运用人工智能、区块链、大数据等新兴技术对社区的基础设施建设及治理体系进行智慧化重塑，构造"技术+治理"的综合服务平台，搭建各类智慧应用场景。由于基层治理现状日益严峻复杂，居民对社区服务的需求也日益多元化，且在新阶段实现共同富裕的目标也对社区这个"微型社会"的治理提出了新要求，因此，基层社区正在呼吁符合当前环境的有效治理，这关系着共同富裕的实现。而依托数字经济时代背景下信息科技的治理应用，衍生出的"技术治理"正推动我国基层的治理进行变革，其能在更大程度上解决社区问题，缓和基层治理中的矛盾和冲突，实现人们对美好生活的向往。

技术治理的内涵可以分为硬层面和软层面，而由两重内涵可以延伸出两条路径：其一是软层面，软层面是指技术治理中的治理思维路径，该路径以科学理性的思维进行治理，是治理过程中体制机制的科学化设计；其二是硬层面，硬层面指的是治理过程中运用到的先进科学的工具路径，该路径在治理手段中融入了先进的科技要素，是治理能力的拓展[1]。

2. 协同治理理论

协同治理理论是协同学和治理理论的结合，是一门新型的交叉学科。协同学是一门研究普遍规律支配下的有序的、自组织的集体行为的科学[2]。而治理一词原本指与国家公共事务相关的管理活动或者政治活动，原意是控制、操纵和引导。协同治理，简单来讲，就是在开放系统中寻找有效治理结构的过程，而协同治理理论就是在开放系统中寻找有效治理结构形成的研究范式。换一个角度看，协同治理理论就是用协同论的知识基础和方法论来重新检视治理理论[3]，所以本文在分析武侯区治理路径时运用到的协同治理理论对基层社区治理实现善治目标有重要参考价值。

协同治理有助于形成对社会系统复杂性、多样性和动态性的认知。社会系统的复杂性指的是社会中各个子系统的复杂性；多样性指的是社会系统内部越来越分化、专门化和多样化，由此导致的目标、计划和权利的多样性；动态性指的是各个子系统之间的相互关系，这个关系包括竞争和协作。从智慧社区的治理路径中可以看到，对于基层社会治理多元主体构建的各个子系统之间的复杂关系，在党建的引领下找到了共同协作的目标，形成了基层社会治理多元共治的合力，全面激发了基层社会治理活力，这为基层治理实现善治贡献了力量，同时也为建成共建共治共享的基层社会治理格局贡献了力量，最终为实现共同富裕注入了强劲动力。

3. 理论分析框架

本案例依据技术治理理论和协同治理理论构建了武侯区智能社区治理理论分析框架（见图2.13）。对于技术治理理论，本案例从软技术和硬技术两个维度进行了分析：软技术为硬技术的实现提供结构基础，硬技术为软技术提供科技赋能；对于协同治理

① 韩志明. 治理技术及其运作逻辑：理解国家治理的技术维度［J］. 社会科学，2020（10）：32-42.
② 李汉卿. 协同治理理论探析［J］. 理论月刊，2014（1）：138-142.
③ 吴旭红. 智慧社区建设何以可能：基于整合性行动框架的分析［J］. 公共管理学报，2020（4）：110-125，173.

理论，本案例总结了政府、企业、社会组织和居民这四个主体，通过与技术不同的相互关系，共同作用于技术治理，从而更好地提供服务。同时由于新兴技术及决策失误等方面会产生各种各样的治理风险，因此，该分析框架加入风险控制环节，解决多元主体协同治理和技术参与治理出现的问题，并且及时通过技术手段将风险防控的经验和教训反馈到相关部门，进一步反作用于智慧社区治理的革新和升级，最终实现善治目标。

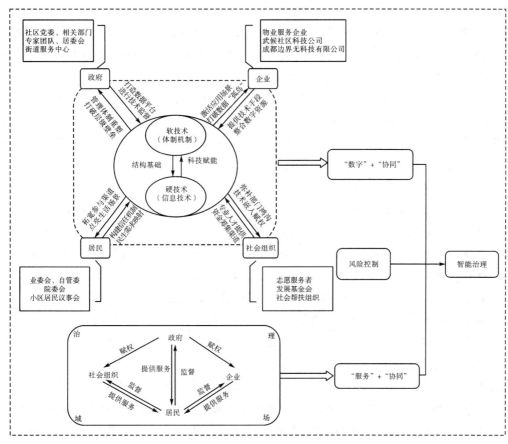

图 2.13　理论分析框架

（资料来源：作者自制）

（三）理论分析

1. "技"与"治"的融合——构建软硬技术结合的体系

（1）硬技术提高治理效率。硬技术治理主要指的是治理手段与科学技术要素的融合①。利用硬技术，武侯区"城市大脑"得以建成运行、武侯区"互联网+政务服务"得以实现。武侯区构建了"武侯政务云"体系、全数字化审批流程、"网购式"审批服务等，还充分利用新兴技术，搭建了智能党建、智能政务等智能治理应用场景，实现了让数据多跑路、让群众少跑腿。武侯区在收集上传数据的体系基础上构建了大数据治理运用体系，实现了自下而上与自上而下相结合，高效地解决了社区工作服务人

① 陈福平. 智慧社区建设的"社区性"：基于技术与治理的双重视角〔J〕. 社会科学，2022（3）：64-73.

员重复上访、居民抱怨的现状，节省了人力资源成本，降低了社区治理负担。

成都市武侯区政务中心某分中心主任倪先生介绍："我们智慧治理中心目前的大数据中心存储了 97 000 条居民的信息，依附这些信息我们建立了民生档案、就业档案，并按照各种信息的分类，对居民进行了统一的信息档案建设。"利用技术可快速整合、分类居民信息，对工作人员的需求减少，分工协作更加明晰，社区在短时间内运用少量的工作人员完成了曾经难以完成的繁重工作，改善了分工协作过程。数据显示，自2020 年年末 C 街道智能治理中心上线以来，已完成人口、商业和行政数据库三大数据库的构建。截至 2021 年 11 月底，人口数据库已录入 9.81 万条居民基础信息，处理街道各类事件 6 万余件，居民满意度超过了 85%，社区和街道事务处理效率从原先的两三天到后期的一天左右，大幅度提升了社区处理事件的效率。

由此可见，技术作为社区治理的工具，体现了治理手段与科学技术的深度融合发展，使得智能社区不断智化。互联网、云计算、大数据等新兴信息技术为技术治理提供了手段支持，使社区治理有技术、有效率，在很大程度上缓解了政府部门基层治理的压力，也使得居民的生活更加智慧便捷。

（2）软技术构建治理体系。软技术治理主要指的是国家治理策略的科学化、规范化，主要表现为体制、机制层面的科学化设计。武侯区利用软技术，通过规则设计、制度设计、体制设计打造智能社区技术治理的框架外壳，为多元治理主体参与技术治理提供框架支持。对于规则、制度、体制设计即技术治理的"制度结构"，其在智能社区的建设过程中发挥着引领方向与界定行为边界的关键作用。

武侯区推行小区党组织与业委会相互合作制度，健全完善社区党组织、居委会、业主委员会和企业之间的联动协调机制。武侯区积极响应国家政策，出台了相关实施意见，在全国率先开始构建"网格立体化、主体多元化、服务社会化"的社区治理新体制机制。武侯区搭建了"区级—街道—社区—网络—小区"五级智能治理体系，同时利用法律规范了社区治理各主体之间的权利义务。权责的清晰界定使各治理主体提供更具有针对性和差异性的服务，最大程度地满足了社会和居民多元化和个性化的需求。同时武侯区也建立了相应的组织制度，其主要体现为"条块关系"，使技术得以嵌入社区治理并发挥技术本身效能。

由此可见，政策规划、法律规范、组织制度等规则制度的设计使得各治理主体得以有权利、有根据、有边界参与智能社区治理，社区治理不断趋向科学化、规范化。

（3）软硬技术体系提升治理效率。软层次的技术治理强调有效推进技术治理嵌入社区的科学化和规范化，设计建立相关的规则制度，让技术能够更好地发挥硬技术治理的优势。明确的权责界定也能使治理主体更好地利用技术提高治理效能。相应体制机制的创新与技术的结合推动了治理者与居民共治思想的形成，提升了武侯区居民反馈与社区治理的速度。可见，通过软硬技术的结合，使"技"与"治"在社区交融、相辅相成，多元主体协同参与共治有了平台基础，社会参与范畴得以扩大，社会共识和社会效应得以增强，在此之中也逐渐增强了合作治理效应。

在新发展阶段，治理工具要走向现代智能，治理结构要走向合作共治，各类规则制度应为其保驾护航。武侯区在智能社区治理中，在软技术提供的结构基础上，利用武侯区特有的硬技术治理优势来赋能治理、提高效率，同时通过体制机制创新来适应硬技术的运用，使软硬技术同步作用于社区治理，形成完备的智能治理体系。

2. 推动多元共治——构建协同治理参与体系

协同治理能够运用到武侯区智慧社区治理中有以下几个原因：首先是当下成都市各类社会力量的成熟与壮大为其提供了社会基础，尤其是近年来社会性力量如企业和社会组织的自主性不断增强，均在公共事务的治理方面产生了重要影响。其次是互联网技术的迅猛发展与广泛应用为协同治理的实现提供了技术支撑，武侯区智慧社区的智能建设利用互联网、大数据、人工智能、区块链等新一代信息技术为协同治理理论的应用打下基础。总之，以多元主体参与协同治理是以人民为中心。通过合作共治有机结合"条条"的专业和技术优势以及"块块"的统筹和属地优势，才能更好地促进创造性转化和创新性发展，健全条块协作互嵌的治理模式①，为人们生产生活中的多元化利益诉求和价值观念提供社会基础、制度保障和技术支持，同时其也符合新时代共同富裕背景下共建共治共享的基层社会治理格局，即在这样的新模式中实质性地持续推进共同富裕。

（1）社会组织参与——"百花开"。在智慧社区的建设和治理过程中，武侯区政府积极拓宽多元主体进入社区治理的方式，树立多元主体共建共治共享观念。武侯区改变了过去传统治理中政府"大包大揽"的"泛行政化"治理模式，武侯区政府部门找准自身定位进行科学的顶层设计，建立好多元主体协同治理的平台后引导社会力量加入。这集中体现在武侯区始终坚持构建"党建—市场—基层政府—社会组织—居民"多方参与的社区治理格局，加强党组织建设，由党建引领推行小区党组织与业委会双向培养与进入制度。此外，武侯区与四川智能信息处理技术研究中心、武侯社区科技公司、华中科技大学等市场组织进行深度合作，再加上在武侯区构建的共建共治共享体系里，社区基金会等社会组织有着独一无二的优势，推动治理模式从"政府单一"向"社区多元"转变，促成形成社会参与"百花齐放"的治理局面。

在党建方面，武侯区实施了"标杆引领"计划，建立了"红领空间"、武侯区逢缘"初心亭"等党建示范点，组织开展了党员志愿服务活动和"我为群众办实事"活动，积极推动了社区治理的完善。此外，武侯区成立了武侯社区发展基金会。作为武侯重要的链接资源平台，基金会致力于拓宽社会资金引入渠道，助力构建武侯区的社区公益生态圈，拓宽社会企业进入武侯区社区治理体系的通道。社会企业是兼具治理目标和经济目标的治理主体，它的经济行为既可直接解决社会问题，又可在解决问题的过程中实现自身盈利目标，并可在解决问题的同时助力拉动武侯区经济发展，社会企业是社区治理体系中不可或缺的治理主体。

（2）风险响应与反馈——"及时雨"。武侯区委社区发展治理委员会的相关负责人强调要运用多种方式核对信息，强化过程管理，保持街道社区基层常态沟通，确保数据安全，增强保密意识，由此控制信息技术运用带来的风险。

通过"天府市民云""社智在线""武侯政务云"等在线平台的推广运用，武侯区

---

① 刘琼莲. 中国社会治理共同体建设与扎实推动共同富裕 [J]. 改革，2022（8）：87-97.

实现隐患上报、需求收集、数据汇总，为风险治理提供技术支撑。此外，武侯区成立武侯社区发展基金会。武侯区在加强顶层设计的同时支持企业成为拥有创新性和规范性的治理主体，企业本身"经济人"的思想特点可以让他们在社区治理当中成为提供风险监测和防控机制的重要主体，对风险的防控机制可及时制止风险的发生，成为风险响应与反馈的"及时雨"。

（四）经验总结

武侯区智慧社区治理以"党建引领+多主体协同"为组织架构，以智慧赋能激活社区发展活力，推动智能社区治理体系构建，坚持因地制宜、服务导向落实社区精细化治理的人文底蕴，通过事前事后双位考量化解智能社区治理发展过程中的重大风险。武侯区通过"组织构建—体系完善—精准服务—风险化解"的全过程、多维度治理，走向社区"善治"，打造"高技术高效率"型社区示范样本。

1. 构建"党建引领+多主体协同"的组织框架

我国学者在社会治理路径研究中提出，在我国完善共建共治共享社会治理制度的改革进程中，党建引领已成为推动多方主体协同共治和提升基层治理体系整体治理能力的重要制度安排。而在党建引领制度发展的不同阶段，激励驱动机制是党组织推动多方主体协同共治的重要方法①。

第一，武侯区在治理过程中加强党组织建设，推进小区党组织与业委会的双向关系，以紧密连接的党组织引领人文情怀的社区治理。为了打通我国城市治理的"最后一公里"，积极推进社区治理畅通无阻，其积极推动党组织深入基层，健全基层党组织工作体系，不断夯实基层治理的根基。

第二，在智慧社区的建设和治理过程中，武侯区政府积极拓宽多元主体进入社区治理的渠道，建立多元主体协作的观念，在建立多元主体协同治理的平台后引导社会力量加入。武侯区整合政府党组织、基层社区组织、居民及社会团体等各类力量，创新性地组建了三支基层走访队伍，全面深入小区、街道，并不断协调政府与社会、行政与市场、专业与群众三大关系。

2. 坚持服务导向，深化因地制宜的精细化治理

2021年8月，习近平总书记在中央财经委员会第十次会议上强调，"共同富裕是社会主义的本质要求，是中国式现代化的重要特征，要坚持以人民为中心的发展思想，在高质量发展中促进共同富裕"。此外，党中央也已明确提出到2050年"全体人民共同富裕基本实现，我国人民将享有更加幸福安康的生活"。这表明在推进共同富裕的进程中，要更好地满足人们对美好生活的需要，一切工作始终以人民为中心，特别是在基层社区治理过程中更要不断改革创新，完善基层治理体制和模式，加强社区服务能力建设，更好地为社区群众提供精准化服务。

第一，面对不同老旧社区面临的治理困境，武侯区坚持因地制宜，实现中国语境下社区治理的本土化发展。面对治理主体不健全，小区、院落物业管理覆盖率不高，业委会、院委会、自管委等组建率较低等问题，武侯区构建"社区党总支+小区党支部+

---

① 李汉卿. 协同治理理论探析［J］. 理论月刊，2014（1）：138-142.

楼栋（院落）党小组"的社区组织链条，实现"支部建在小区、组织覆盖楼栋、党员联系家庭"。针对"外来人口多""老龄人口基数大"等难题，武侯区利用社区公益特色，从建设智慧生活场景入手，拓展社区智慧治理、智慧服务。

第二，武侯区智能社区公共服务实现线上聚合，并积极建成成都市社区公共服务综合信息平台，实现了对政府各相关部门多达 171 项社区公共服务事项"三级联审、一网通办"。"天府市民云"等应用软件使用线上服务渠道，已建成政务、公共、利民、服务等各类项目 230 余项，注册用户近 1 000 万人，覆盖市民全生命周期的服务需求，从而做到了市民服务无死角。在此基础之上，武侯区积极搭建智能党建心愿墙、智能物品共享等 N 个智能治理应用场景，从而提升社区治理效能，推动社区治理走向精细化"善治"。

3."事前+事后"双重防范，构建智能社区治理的重大风险防范体系

一方面，面对传统社区治理的痛点、难点，武侯区坚持问题导向，一一对应提出具体解决措施，敏锐纠错、防微杜渐，从网格化治理的运用与实施到三社联动模式的转换与实现，解放了政府部门，提高了社治效率，减轻了社区的负担，调动了社会组织等多元主体的参与积极性，明确划分了社区和小区的权责，将基层治理的治理重心下沉至小区，从而形成了"矛盾在城市最末端解决、共识在社会最基层凝聚"的基层治理格局。

另一方面，武侯区在实现从智慧社区基础建设阶段转向智慧化治理体系构建阶段的过程中，致力于提升专业人工智能技术人员、社会风险分析专家、社会危机管理专家在社区风险治理决策机制中的地位。此类工作人员在应对复杂的、突发的社会风险时可进行专业的、灵活的决策，以此赋予智慧社区治理体系更大的灵活性和适应性。此外，武侯区着力推动适应治理生态圈建设，创新相关企业成长扶持机制，探索融合发展，助力社会企业成为创新力、治理力、规范性并存的治理主体。

（五）政策建议

前文我们探索了成都市武侯区社区治理的发展历程，并对成都市武侯区智能社区治理经验进行了归纳总结。由此，本文总结出我国智能社区治理出现的主要问题，包括重硬件设施建设，轻服务理念转变问题频现；专业性人才队伍短缺；智能社区建设成本高，经费来源单一。

结合案例文本分析，我们对我国智能社区建设提出以下几点政策性建议。

第一，出台相关政策，使硬件设施建设与制度理念转型并行。武侯区在从智能社区基础设施建设转向智慧治理体系构建的过程中，转变服务理念较为成功，有效防治了因信息科技更新迭代速度超过社区治理体系革新速度所可能带来的一系列治理问题，对全国智能社区建设有重要的政策性借鉴意义。

第二，加强智能社区配套人才队伍建设。首先，提升政府相关部门技术人才的专业技术，不断强化其专业性知识，提高工作人员的信息化水平，努力培养一批集技术、服务和行政能力于一身的复合型人才，推动智能社区建设人力资源的升级完善。其次，利用好高校学者智库，鼓励专家学者积极建言献策，加强智能社区建设的理论分析与可行性探索。最后，强化智能社区建设中社会组织的作用，培养专业性志愿服务工作

者，用社会力量激活社区治理活力。

第三，针对智能社区建设成本过高的问题，需做好技术的运用与筛选。智能治理体系的构建要注意，新技术的引入要慎重，且要更深层次地开发已有技术的治理力，要着重注意信息科技的应用是服务于治理体系的完善和治理效能的深化。另外，要在国家加大对智能社区资金投入的基础上，积极引入社会基金会参与治理全过程，拓宽资金渠道，保障智能社区建设的资金来源与组织投入。

五、课程计划

（一）时间规划

本案例可供案例教学课专门使用。以下是按照时间进度提供的课堂计划建议，可安排如下几个环节组织教学（见表2.3），仅供参考。

表2.3　教学计划安排

案例教学计划		内容	目标	时间
课前计划	预备与预习	①教师提前告知学生案例教学安排，并将案例文件及相关资料进行发放； ②学生们自行组队，以5~8人为宜； ③学生课前自行阅读、熟悉案例；各小组查阅案例的其他资料对政策内容、实践措施、现有困难及挑战等加以补充，形成基本理解	使学生对案例内容有初步了解	课程前一周
课中计划	学习与讨论	①请同学们按小组形式坐在一起； ②教师首先用30~40分钟的时间简要介绍案例内容，从武侯区过往的治理困境、智能社区建设的探索实践、未来发展方向等方面加以介绍； ③教师根据案例实际情况为小组分配角色，以小组为单位进行案例及思考成果的呈现。案例主要涉及治理技术和治理主体两方面，可将角色分为硬技术和软技术，政府、企业、社会组织和居民，对各方发挥的不同作用及未来展望进行呈现，每组展示时间为10分钟； ④每组展示过后，教师展示思考题，各小组进行组内讨论、组间讨论，时间为10~15分钟。思考题根据实际工作中的现实问题来进行设置，可从如何更好地实现"技"与"治"的融合切入； ⑤展示及讨论结束后，教师用15~20分钟对本次的案例讨论进行点评与总结归纳，对学生理解不透彻之处进行答疑，并布置课后分析报告作业及小组成员贡献度调查，汇总各小组的思考成果及学生的参与情况	以教师讲解与学生讨论相结合加深理解	3课时，每课时45分钟
课后计划	思考与反馈	①学生在课后以小组为单位提交案例分析报告，对武侯区智能社区建设过程中的问题以及如何解决等问题进行回答，交回教师处； ②学生进行组内成员贡献度互评； ③教师结合小组课堂展示、讨论发言、案例分析报告等综合考虑，对各小组进行评分； ④教师结合课堂发言情况及贡献度对学生个人进行评分	对本次案例教学形成反馈，促进学生深入思考	课程后两周内

资料来源：作者自制。

（二）课前准备及启发思考问题

在教师介绍部分，教师针对学生课前对成都市武侯区的了解，并结合数字时代下国家治理不断创新的大背景，介绍武侯区智能社区的建设历程。

（1）武侯区智慧社区建设过程中主要遇到了哪些问题？又是如何解决的呢？

（2）在武侯区智能社区建设过程中如何更好地实现"技"与"治"的融合？

（3）武侯区的智能社区建设成就能够给我国智能社会实验工作带来什么价值？

（三）课堂安排逻辑

让学生了解武侯区智能社区在建设发展中遇到的问题，教师通过提出问题（1），引导学生对武侯区建设智能社区的背景和历程有更深入的认知。这一部分的目的在于既带领学生再次熟悉案例，又引出武侯区的社区"智治"，为后面开展案例分析做铺垫。

案例引入完成后，需要对本案例的重点内容进行分析。武侯区智能社区的建设契合了技术治理中软层次的技术治理和硬层次的技术治理两种治理路径，治理实践中治理主体契合了协同治理中多元主体的参与性。因此，教师通过提出问题（2），引导学生去探索武侯区智能社区建设的具体过程，增强学生对数字技术在社区治理中的应用的了解。

本案例分析完成后，要将武侯区智能社区治理体系的实践经验推广至全国，为我国智能社区建设提供创新思路并注入新活力，为推动我国基层治理体系和治理能力现代化水平的不断提高注入新活力。因此，教师提出问题（3），引导学生对案例进行总结并对治理经验提炼升华，分析智能社区建设对其他地方的适用性。

（四）课堂板书设计

课堂板书设计如图 2.14 所示。

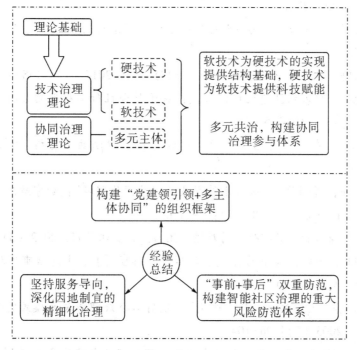

图 2.14　课堂板书设计

（资料来源：作者自制）

（五）课堂总结

教师结合同学们自由发言过程中的亮点，对本堂案例课的知识点进行总结，并对其中的重点部分进行强调，提醒学生在其他的案例分析中可以积极运用以上分析方法和要点。

六、要点汇总

综上所述，本案例对武侯区智能社区建设历程进行梳理，并以技术治理理论与协同治理理论为理论基础，分析武侯"智治"何以攻克以往社区治理中存在的治理工作繁重、治理效率低下、治理主体难以实现多元化等治理难题，及如何凭借人工智能技术有效防治治理风险。此外，本案例在总结武侯区智能社区建设的创新思路和实践经验的基础上，分析其科学逻辑及其对于其他地区智能社区建设的借鉴价值。

本研究总结出武侯区"党建引领+技术助推+多元协同"的智能治理体系，促进智能社区治理模式的完善和发展。在数字经济时代背景下，"武侯样本"经验有望助力国家治理体系和治理能力现代化进程，响应国家"十四五"规划号召，依托信息科技的治理应用，深刻贯彻善治治理理念，实现国家治理效能的新提升。

七、参考资料

[1] 陈福平. 智慧社区建设的"社区性"：基于技术与治理的双重视角 [J]. 社会科学，2022 (3)：64-73.

[2] 侯志阳，张翔. 作为方法的"中国"：构建中国情境的公共管理案例研究 [J]. 公共管理学报，2021 (4)：1.

[3] 韩志明. 治理技术及其运作逻辑：理解国家治理的技术维度 [J]. 社会科学，2020 (10)：32-42.

[4] 李汉卿. 协同治理理论探析 [J]. 理论月刊，2014 (1)：138-142.

[5] 吴旭红. 智慧社区建设何以可能：基于整合性行动框架的分析 [J]. 公共管理学报，2020 (4)：110-125，173.

[6] 刘琼莲. 中国社会治理共同体建设与扎实推动共同富裕 [J]. 改革，2022 (8)：87-97.

[7] 葛天任，溥雨欣. 新兴技术能否破解"共同体困境"：数字政府、智慧社区与敏捷治理 [J]. 社会治理，2020 (2)：49-56.

[8] 管兵，梁江禄. 数字赋权的层级效用 [J]. 浙江学刊，2022 (3)：14-24，2.

[9] 何艳玲. 治理框架下的公民参与和发展路径 [J]. 上海城市管理职业技术学院学报，2009 (4)：17-20.

[10] 何艳玲. 从"管制"到"平衡"：政府与公众理想关系模式的构建及其制度化 [J]. 学海，2003 (5)：96-104.

[11] 钱坤. 社区治理中的智慧技术应用：理论建构与实践分析 [J]. 当代经济管理，2020 (4)：64-70.

［12］钱天国. 数字赋能全链集成创新：整体智治政府的建设路径［J］. 浙江学刊，2022（3）：35-42.

［13］邱栋，陈明礼. 数字平台生态系统驱动区域韧性发展的机理研究［J］. 自然辩证法研究，2020（10）：37-41.

［14］沈莉，吴玮莹. 数据赋能视角下"智慧社区"建设的瓶颈与出路：以H社区为例［J］. 公共治理研究，2022（2）：53-60.

［15］汪仲启，赵二毛. 夹缝中运作与非线性演进：城市社区中的技术治理生成机制研究：基于对S市L街道"社区智慧大脑"的历时性分析［J］. 电子政务，2022（1）：98-113.

［16］周济南. 数字技术赋能城市社区合作治理：逻辑、困境及纾解路径［J］. 理论月刊，2021（11）：50-60.

［17］林仁镇，唐煜金，文宏. 新时代基层社会治理：使命与趋势：2021广东社会科学学术年会分会综述［J］. 华南理工大学学报（社会科学版），2022，24（2）：114-119.

附录：智能社区建设调研问题提纲

（一）针对簇桥街道锦城社区

Q1：可以具体介绍一下贵社区智慧社区的整个建设历程吗？

Q2：对于武侯区入围"国家智能社会治理实验基地"有什么看法吗？

Q3：对于武侯区智能社区建设提出的"1+2+5+N"智能社会（社区治理）模式以及"区—街道—社区—小区"四级智慧治理平台的治理机制，贵社区的智慧社区建设有什么规划吗？那么这些规划是怎样制定出来的呢？参与规划制定的主体有哪些？

Q4：对于智能社区的建立，智能技术处于什么样的地位呢？

Q5：在智慧社区的建设过程中，如何调动各级管理部门、居民等主体的参与积极性？如何协调这些主体参与建设呢？

Q6：新平台、新设备的投入使用，对老年人等特殊群体会有哪些特殊照顾吗？

Q7：居民纠纷是如何通过跨平台、跨层级的流转处置被解决的？

Q8：智慧社区建设取得了哪些成效？是否有居民体验搭建的平台并进行反馈？是否有监督管理机制？

Q9：锦城社区作为2014年才建立的"年轻社区"，在智慧社区的建设过程中，有什么特别之处吗？与武侯区其他社区相比，贵社区的智慧社区建设有什么优势？智慧社区建设取得显著成效，有什么成功的秘诀吗？

Q10：2021年5月，武侯区锦城社区获评成都市"2020年智慧应用场景示范社区"，其智慧应用场景覆盖了哪些领域？究竟"智慧"在哪儿？

Q11：智慧社区建设及智慧应用场景搭建的资金来源主要有哪些渠道呢？

Q12：锦城社区通过建设"锦城云数据库"，搭建智慧社区商业平台和社区共享服务平台，形成社区、社会组织、商家联盟"三位一体"的便民服务新格局，能否详细地介绍一下"三位一体"的运作方式及目的呢？

Q13：与老旧社区相比，您认为智能社区的建设突破了什么天然壁垒？

Q14："三支队伍"（三支基层走访队伍）在智慧社区建设过程中发挥了什么样的作用？

Q15：在智慧社区建设过程中遇到了哪些挑战与困难？现在是否得以解决？是通过什么方法解决的呢？

Q16：智慧社区的发展是否有从其他地方"取经"学习？

Q17：未来智能社区建设将主要围绕什么方向进行？

（二）针对玉林街道南虹村社区

Q1：可以具体介绍一下贵社区智慧社区的整个建设历程吗？

Q2：对于武侯区入围"国家智能社会治理实验基地"有什么看法吗？

Q3：对于武侯区智能社区建设提出的"1+2+5+N"智能社会（社区治理）模式以及"区—街道—社区—小区"四级智慧治理平台的治理机制，贵社区的智慧社区建设有什么规划吗？那么这些规划是怎样制定出来的呢？参与规划制定的主体有哪些？

Q4：对于智能社区的建立，智能技术处于什么样的地位呢？

Q5：在智慧社区的建设过程中，如何调动各级管理部门、居民等主体的参与积极性？如何协调这些主体参与建设呢？

Q6：新平台、新设备的投入使用，对老年人等特殊群体会有哪些特殊照顾吗？

Q7：智慧社区建设取得了哪些成效？有什么成功的秘诀吗？是否有居民体验搭建的平台并进行反馈？是否有监督管理机制？

Q8：2012年5月，武侯区南虹村社区获评成都市"2020年智慧应用场景示范社区"，其智慧应用场景覆盖了哪些领域？究竟"智慧"在哪儿？

Q9：在建设社区智慧应用场景的过程中，南虹村社区具体做了什么统筹规划？

Q10：智慧社区建设及智慧应用场景搭建的资金来源主要有哪些渠道呢？

Q11："虹公益"微信公众号对智慧社区的建设有何影响？它有什么特别之处吗？

Q12："全域小区，全域服务"的智能服务模式是如何搭建的？对社区治理的积极作用体现在哪些方面？

Q13：2001年成立的南虹村社区存在"外来人口多""老龄人口基数大""出租户占比高""服务资源匮乏"等问题，对智慧社区的建立有何影响？

Q14：与老旧社区相比，您认为智能社区的建设突破了什么天然壁垒？

Q15：在智慧社区建设过程中遇到了哪些挑战与困难？现在是否得以解决？是通过什么方法解决的呢？

Q16：智慧社区的发展是否有从其他地方"取经"学习？

Q17：未来智能社区建设将主要围绕什么方向进行？

（三）针对浆洗街街道蜀汉街社区

Q1：可以具体介绍一下贵社区智慧社区的整个建设历程吗？

Q2：对于武侯区入围"国家智能社会治理实验基地"有什么看法呢？

Q3：对于武侯区智能社区建设提出的"1+2+5+N"智能社会（社区治理）模式以及"区—街道—社区—小区"四级智慧治理平台的治理机制，贵社区的智慧社区建设有什么规划吗？那么这些规划是怎样制定出来的呢？参与规划制定的主体有哪些？

Q4：对于智能社区的建立，智能技术处于什么样的地位呢？

Q5：在智慧社区的建设过程中，如何调动各级管理部门、居民等主体的参与积极性？如何协调这些主体参与建设呢？

Q6：新平台、新设备的投入使用，对老年人等特殊群体会有哪些特殊照顾吗？

Q7：地处蜀汉核心文化圈的蜀汉街社区的智能社区建设，是如何与地域文化结合的？有什么自己的特别之处吗？

Q8：浆洗街街道蜀汉街社区天府智慧小区试点和"天府市民云"智慧应用场景建

设工作是如何开展的？有何新颖之处？智慧应用场景涵盖了哪些领域？

Q9：蜀汉街智慧社区平台开设的人大代表、政协委员会板块给社区治理带来了哪些好处？

Q10：智慧社区建设取得了哪些成效？有什么成功的秘诀吗？是否有居民体验搭建的平台并进行反馈？是否有监督管理机制？

Q11：智慧社区建设及智慧应用场景搭建的资金来源主要有哪些渠道呢？

Q12：与老旧社区相比，您认为智能社区的建设突破了什么天然壁垒？

Q13：在智慧社区建设过程中遇到了哪些挑战与困难？现在是否得以解决？是通过什么方法解决的呢？

Q14：智慧社区的发展是否有从其他地方"取经"学习？

Q15：未来智能社区建设将主要围绕什么方向进行？

［案例三］"棘手"变"顺手"：新型数字技术如何破除乡村治理的"天花板效应"

——基于成都陶坝村的经验证据①

摘要： 共同富裕是人民对美好生活的向往，基层社会治理是推进共同富裕进程中的重要组成部分，应始终坚持让人民享有更加幸福安康的生活。目前，我国城乡差距依然较大，为实现共同富裕，如何加强乡村治理成为国家亟待解决的难题。新世纪以来，数字化技术的快速发展和迭代为乡村治理注入了"最强大脑"，亦提供了新的发展方向。为充分利用"互联网+"模式助力精准扶贫，推动基层党建、社会治理与乡村振兴，腾讯公司专门推出"腾讯为村"（以下简称"为村"）智慧乡村信息服务平台助推乡村振兴。陶坝村成为四川省首批"为村"上线村庄，率先推出线上"议事厅"等功能模块，构建出颇具特色的"两轨四为"治理新模式，使得乡村治理这一"棘手问题"变为"顺手问题"。然而，陶坝村在运用数字化技术治理的过程中并非一帆风顺，而是一波三折。那么，陶坝村是如何抓住数字化发展机遇？如何将数字化技术运用于乡村治理？又是如何大破大立，清除数字屏障，破除乡村治理的"天花板效应"，实现共同富裕？本案例结合田野调查的一手资料和权威的二手资料，深入剖析陶坝村借助数字化技术，从困难重重的经济贫困山村到诗情画意的桃园仙境的曲折转变历程，充分展现村党委、村委会、村民和企业等多元主体在乡村治理中的互动过程，深刻诠释出一幅中国式现代化治理和共同富裕的美好画卷，同时也为持续推进共同富裕提供有力支撑，使共同富裕取得实质性进展。

关键词： 共同富裕；乡村治理；数字化；乡村振兴；"两轨四为"

---

① 本文的调研资料截至 2023 年年底。

共同富裕是关乎国家稳定和全体人民幸福的重大议题，要以基层社会治理来推进共同富裕①。党的十九届四中全会提出要推进国家治理体系和治理能力现代化，坚持和完善共建共治共享的社会治理制度，建设人人有责、人人尽责、人人享有的社会治理共同体。乡村治理是国家治理的有机组成部分，关系到国家治理体系和治理能力现代化目标的实现，关系到乡村振兴战略的深入推进，同样也关系到共同富裕目标的达成。

据国家统计局发布的《中华人民共和国 2021 年国民经济和社会发展统计公报》显示，2021 年，"城乡居民人均可支配收入比值为 2.50，全国居民恩格尔系数为 29.8%，其中城镇为 28.6%，农村为 32.7%"。由此可以看出，在收入消费方面，乡村与城镇还存在较大差距。为实现共同富裕，如何加强乡村治理和实现乡村振兴成为国家亟待解决的难题。数字化技术的快速发展，为我国乡村治理提供了新动能和新方向。近年来，国家陆续出台关于"数字乡村"的政策文件（见图 3.1），持续推进我国乡村数字化治理。

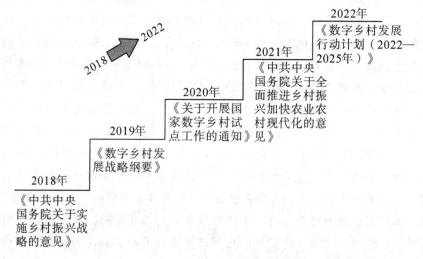

图 3.1　关于"数字乡村"的政策文件梯度图

（资料来源：作者自制）

虽然目前我国乡村数字化治理还处于试点阶段，但是各地的乡村数字化治理都发展迅速，已经形成了大量的治理经验和智慧（见表 3.1）。四川省邛崃市陶坝村是乡村数字化治理的典型代表，它运用数字化技术，成功打破乡村治理的困境，其构建的"两轨四为"治理新模式不断创新和超越，打破了乡村治理的"天花板效应"，成功输出不少经验和做法，受到多家媒体争相报道刊载。

---

① 林仁镇，唐煜金，文宏. 新时代基层社会治理：使命与趋势：2021 广东社会科学学术年会分会综述［J］.华南理工大学学报（社会科学版），2022，24（2）：114-119.

表 3.1　乡村数字化治理的统计（代表性整理）

乡村数字化治理代表地		主要举措	治理成效
重庆市	西阳县 （黑水镇 平地坝村）	数字化技术与乡村治理相结合，搭建以数字为关键生产要素的综合信息展示平台，将村务搬上"云端"	村务办理更加便捷和公开化，促进了村民和干部间的互信关系，形成了群众自治合力
	巫溪县 （通城镇 清泉村）	由中国移动公司打造"5G 数字乡村"平台	全县首个 5G 站点开通，助力当地实现乡村公共安全视频监控覆盖；有效加强村民直接的沟通交流，助力乡风文明建设
陕西省	安康市 （汉阴县）	形成"用数据说话、用数据管理、用数据决策"的乡村治理机制，探索出了从建设、运行到管理、评价一整套可借鉴的基层治理经验	全国乡村治理体系建设首批试点单位、全省首批数字乡村试点地区。"321"基层治理模式大数据平台荣获 2020 年数字陕西建设优秀成果奖
	富县 （羊泉镇 清涧、北道 德乡东村等 六个村）	依托陕西省数字乡村综合服务平台，通过产业培训咨询和销售对接、农业服务对接、劳务用工对接等模块，实现数字乡村"一站式"服务功能	为富县农业大系统、大平台、大数据融合发展奠定了坚实基础
山东省	济宁市 金乡县 兴隆镇	搭建兴隆镇数字乡村信息服务平台	入选山东省工业和信息化厅"2021 年度山东省优秀大数据应用案例"。产业发展、乡村治理、民生服务，数字化运营可见、可管、可控，做到一屏管理全镇经济运行和社会治理实况
	淄博市高新区 四宝山街道	淄博移动助力建成淄博移动"云上四宝山"公共服务平台，整合各类政务要素，融合各类政务服务	打通信息壁垒、服务群众"最后一公里"，推动"传统治理"向"智慧治理"转变，提升基层群众满意度和幸福感，乡村振兴迈向智慧化

资料来源：作者自制。

陶坝村位于四川省邛崃市西部山区大同乡。邛崃市位于成都西南部，有"天府南来第一州"之称，距成都市区约 65 千米，辖区面积 1 377 平方千米，管辖 14 个镇（街道），总人口 66 万。2020 年，邛崃市地区生产总值完成 350.84 亿元。

让人难以想象的是，之前的陶坝村是一个典型的经济较薄弱山村，乡村治理存在诸多难题。第一，交通不便，农产品滞销。村民经济来源为传统农业收入和外出经商收入，农产品无法外销，村民的经济收入就很微薄。2012 年年底，全村人均纯收入6 510 元，低于全乡平均水平。第二，信息传播慢，治理难度大。陶坝村面积 9.13 平方千米，地形狭长，山林阻隔。如果只是通过口耳相传的方式传播信息，需要耗费很长的时间。第三，村民缺乏主动参与治理的渠道。村民想参与乡村治理，但是缺乏参与的渠道，村民的想法和意见自然无法得到反馈，最终使得村民的凝聚力减弱。

2017 年，"为村"平台加入，这种局面被成功扭转，陶坝村顺利走出举步维艰的发展局面。2017 年，陶坝村乘着"为村"这股东风，加入腾讯企业在邛崃市推行的"为村"全域工程，成为邛崃"为村"的第一批试点村庄。陶坝村依托"为村"平台，将乡村治理与数字化技术相结合，创建了线上与线下相结合，为党建、为产业、为治理、为服务相融合的"两轨四为"新模式。但是这个过程并不是一蹴而就的，陶坝村从独自发展到与"为村"相知、相识并携手合作，这一路走来也是困难重重。

一、上篇｜走进陶坝，回首往昔

"土地平旷，屋舍俨然"，"黄发垂髫，并怡然自乐"。翻开古籍，先人笔下的桃源仙境跃然纸上。千年岁月沉淀，百年接续奋斗，一代代华夏儿女为理想中的美丽乡村接续奋斗，更为美好生活感到无比幸福。在共同富裕与乡村振兴战略的引领下，越来越多村子找到了自己的发展方向，扎根实际实现振兴。

本案例将要走进的就是这样一个美丽的村子——四川省邛崃市陶坝村。在这座距离邛崃市 19.5 千米，覆盖面积 9.13 平方千米的村子里，东晋时期文人陶渊明的后人们攻坚克难，借助数字治理平台"为村"，向心中的桃花源步步迈进①。回顾过去，这里也曾面临诸多发展困境。

（一）少人问津桃花境，酒香也怕巷子深

放眼陶坝村，各类历史遗迹无声地呈现着悠久的文化，秀美的山水展现着人与自然的和谐。驿道、祠堂、古树、古井，记录历史风云变幻中人与村的发展变化；耕田、林地绿意盎然，流水潺潺不息，书写绿水青山的故事，可谓一片桃花源。然而，这片桃花源在加入数字治理平台之前，少人问津。

对当地村民来说，加入"为村"之前，农产品的销路是难题。陶坝村村支书孔祥华和"为村"平台管理员郑小琴对此深有体会。据孔祥华回忆，从前，村里要运送佛手瓜，只能通过唯一一条宽仅三米半的马路②，这条路连会车都困难，农产品的运输很不方便。2016 年，郑小琴尝试创业，可面对眼前 400 多亩佛手瓜，她与村民却感受不到丰收的喜悦。由于村子坐落在山里，路远不便，靠人背、靠车拉自然无法高效地解决农产品外销问题，加之信息联络不畅，消费者们也难以得知有关陶坝村佛手瓜的信息，大家最后只能接受这批佛手瓜滞销的结果③。

从前，古人云"酒香不怕巷子深"。这其中蕴含着质量上乘的产品能够吸引和留住消费者的内涵。但现在，乡村发展"酒香也怕巷子深"，没有到位的宣传、得力的推广，即使生产出品相佳、质量好的产品，也难以打开市场。打不开市场，形不成品牌，村民们的劳动难以转换为经济回报，乡村特色产业发展也就成了问题。

---

① 《世外桃源的美丽乡村——陶坝村》，央视网，2020 年 1 月 10 日，http://sannong.cctv.com/2020/01/10/ARTISlS5GF7qhy3e9iCk0rQz200110.shtml.

② 《这个"村"里，住着 250 万村民》，腾讯为村，2019 年 10 月 24 日，https://page.om.qq.com/page/OFM-Wr6F0G9b5T4DiQ2-ZwdvA0.

③ 《腾讯打通乡村最后一公里，邛崃陶坝村入选全国"为村"示范单位》，红星新闻，2018 年 8 月 20 日，https://baijiahao.baidu.com/s? id=1609288606433473310&wfr=spider&for=pc.

（二）通知消息传得慢，村务沟通难上难

事实上，村两委为村里修路付出过努力，也从县里拿到了修路款。但考虑到在没有青苗补偿和土地补偿的情况下，修路会涉及村民的利益，为此，村里在 2018 年年初将是否拓宽村路拿到了"为村"平台"议事厅"进行讨论。身处不同地方的村民隔着屏幕，进行了一场持续七个多小时的在线讨论。从没补偿不愿修，到把路修宽了，瓜好卖了，钱就回来了，大家畅所欲言，分析讨论，最终形成了统一意见——拓宽村路。对此，孔祥华直言"没有'为村'平台是不可想象的"，"得挨家挨户去做工作"，"一拖拖个两三年也是可能的"①。

从学术角度来看，陶坝村这种在"为村"平台上通过谈判、协商来解决村务的形式，属于公共治理范畴。在陶坝村的公共治理中，冲突或多元利益能够相互调适并形成合作，同时运用一定的制度保障治理的秩序，最终达到善治的目的。对当初的陶坝村来说，让基层干部和群众头疼的事，还不只是地里的瓜果卖不出去，还有如孔书记所言的，通知各类消息以及协商村务时低下的效率。

对农村而言，造成这一问题的原因，一方面是务工人口的大量外出，另一方面是各家各户住得较为分散。在陶坝村，最远的村组与村委会之间有着一两个小时的步行路程②。面对这种情况，村干部要通过微信群聊通知、挨家挨户走访，或是口口相传的形式进行村务信息通知，就可能存在通知不及时、不准确的隐患。其一，务工人员难通知。在以陶坝村真人真事为原型创作的微电影《盼归》里，观众能深切感受到当初村干部向外出务工人员传递信息的不便。外出谋生的赵明礼无法参加村民大会，村务信息只能靠留守在家的儿子听广播、代替参会得知并转达，效率很低（访谈资料，20220304，YHE）③。其二，村务通知速度慢。走在村路上，村里的"为村"平台管理员郑小琴还向笔者介绍了以前的情况，发布通知时工作人员"用大喇叭广播，再一家家说"，"如果要开会，就得提前一个星期通知"（访谈资料，20220305，KOK）。面对信息传递和村务协商的不便，干部和群众都期待着能有联通不同地域村民的沟通平台和能够降低村民来回成本的沟通方式。

（三）基层治理望凝聚，群众参与待加强

产业发展难、沟通交流难，都反映了当时陶坝村基层治理亟待解决的问题——基层组织与当地群众的联系还不够强，治理能力还有提升的空间。一方面，正如前文提到的，村民居住和工作分散导致当地党员与党员之间在地理位置上也较为分散，这给组织动员造成了一定程度上的不便。另一方面，群众的凝聚力和主动性还不够强，参与的途径也不够完善，这使得乡村治理的推动工作更多由政府和基层干部开展，广大

---

① 《这个"村"里，住着 250 万村民》，腾讯为村，2019 年 10 月 24 日，https://page.om.qq.com/page/OFM-Wr6F0G9b5T4DiQ2-ZwdvA0。

② 《光头书记和他的"吃瓜"群众》，新浪新闻，2019 年 10 月 29 日，http://k.sina.com.cn/article_5476386628_v1466b074401900pqba.html。

③ 访谈资料代表该原始话语出自笔者与调研对象的访谈，20220304 代表 2022 年 3 月 4 日，YHE 是访谈对象的首字母缩写。该案例后面的一手资料皆按照这样的规则来处理。

群众不知道从什么渠道来参与、在什么方面做贡献，主体作用不明显。"以前的财务公开都是在一个公示栏里，但是一些老年人离村委会比较远的话，可能就看不到财务公开，那么村民之间就会产生流言蜚语。"（访谈资料，20221119，ZXQ）。面对发展过程中遇到的诸多现实问题，陶坝村自 2017 年加入"为村"平台以来，植根自身资源，借助数字平台，打通沟通渠道，凝聚发展动能（见图 3.2）。

图 3.2 "为村"平台界面

（资料来源：平台界面截图）

二、中篇｜数字加持，无微不"智"

陶坝村与"为村"的缘分与邛崃市委组织部 2016 年 9 月到深圳考察学习的经历有关。邛崃市委组织部认为这一嵌入"微信"的互联网平台使用和推广成本都更低，因此对其进行了大力推动。2016 年 11 月，"为村"在邛崃市开始试点。邛崃市合理利用数字治理平台功能，线上线下结合，打造起"为党建、为服务、为治理、为产业"的"两轨四为"模式，为大家带来便利与收获。2017 年 4 月，陶坝村成为市内第一个上线此平台的村庄①。

"为村"能够在陶坝村落地，与基层干部的努力密不可分。刚开始，因为"为村"

---

① 《光头书记和他的"吃瓜"群众》，新浪新闻，2019 年 10 月 29 日，http://k.sina.com.cn/article_5476386628_v1466b074401900pqba.html。

平台注册要绑定银行卡，大家担心受到损害，都不乐意使用。"我拿着手机到村民家里去登记，一些老人不了解'为村'是什么，认为我弄的是传销，直接把我赶走。那段时间，大家都把我看成是瘟神，我的其他工作也很难展开，那段时间还挺难熬的。书记在跟村民推广的过程中，也遭到了很多的谩骂，甚至被泼大粪……"（访谈资料，20221119，ZXQ）

为了让村民们放下防备，大家积极宣传，"我们就做宣传，让老百姓觉得，干部都在这个平台上了，他们也不害怕了。"（焦点小组资料，20221009，KXH）我们首先是为村民连接信息，以前没有网络，信息肯定连接不了，我们就通过电信局使村里的网络普遍运用起来，村民慢慢就接受了。然后再连接情感，每个村都有很多的留守儿童和老人，他们都没有手机，所以我们特意为他们发放手机。有些人觉得如果接受了这部手机，就像是在"绑架"他们，村干部让他们做什么他们就得做什么。对于这一部分不愿意的村民，我们就不发放给他们。有几个90多岁的老党员，考虑到他们年龄的问题，我们就没有给他们发放手机，但是他们自己掏钱买了手机，带到村委会让我们帮他们下载平台，并教他们如何使用。除此之外，还有连接财富，首先我们把土地流转全部完成，然后把土鸡、土鸡蛋、腊肉等村里能卖的东西通过平台卖出去。在卖的过程中，平台收取的手续费由我们来承担，减轻村民的负担。通过连接信息、连接情感、连接财富三个方面，村民逐渐接受了"为村"数字化平台，体会到了平台带来的极大便利。现在村里的老年人，随时都在看手机信息（焦点小组资料，20221119，ZXQ）。

另外，郑小琴还想出了一个好办法——在"为村"上举办"最好人缘"评选活动。说到评选，大家都不陌生，当候选人变成自己身边的乡里乡亲时，大家都想着要投上一票。可是没注册"为村"就没法投票，怎么办？这么一来，大家都主动去找郑小琴，要注册平台。投票从5月开始，才到6月，陶坝村在平台上的村民登记数就突破了1 000①。政府积极推动、基层干部带头倡导、村民热情支持，"为村"就这样一点点地走进了陶坝村村民的日常生活中。

（一）"为党建"：党建作引领，建设网上大课堂

有领导、有核心，陶坝村的村务工作更有动力，村风建设也越来越好。陶坝村在邛崃市的带领下，以党建作引领，发挥数字治理平台的学习提升功能，让"为村"成为村里的精彩大学堂，党员共成长。打开平台，点击"为村学习""党建之家"等按钮，就如同打开了一本动态的党建日记簿。在这本日记簿里，有着党务公开-通知公告、党员教育-党员日记、党务公开-重要制度、党员教育-微党校等多个部分，内容丰富，为组织提供了线上学习这一新手段（见图3.3）。

---

① 《光头书记和他的"吃瓜"群众》，新浪新闻，2019年10月29日，http://k.sina.com.cn/article_5476386628_v1466b074401900pqba.html。

图 3.3 "为村"界面及党务工作界面

（资料来源："为村"界面截图为笔者所截；党务工作界面截图为受访者提供）

在平台上，党员们及时学习党的理论、思想、方针、政策，武装头脑（见图 3.4）。2020 年 12 月，《中央农村工作领导小组办公室秘书局 农业农村部办公厅关于推介第二批全国乡村治理典型案例的通知》显示，邛崃市实施全域"为村"工程，截至当时，已发布学习资源 6.9 万条，党员累计学习 371 万学时。除了学理论，党员们还能通过"为村"平台分享自己对于乡村治理的好想法、好点子。

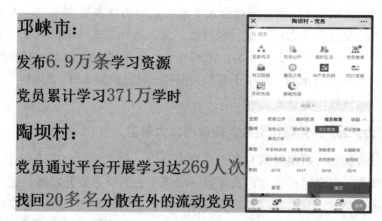

图 3.4 邛崃市及陶坝村通过"为村"平台进行的党建工作

（资料来源：政策文件、媒体报道及受访者供图，其中数据均指报道当时数据）

资料显示，2017 年，陶坝村在"为村"平台上进行学习的党员有 269 人次，找回了 20 多名分散在外的流动党员，党员们能在手机上随时开展党员"三会一课"①。通过平台，党组织搭建起了党员学习教育资源库，及时传达习近平新时代中国特色社会主

① 《邛崃市率先实施全域"为村"实施乡村振兴》，海外网，2017 年 11 月 27 日，http://m.haiwainet.cn/middle/457132/2017/1127/content_31188391_1.html。

义思想、党的会议精神、方针政策、红色文化等内容①，畅通学习渠道，帮助基层党组织在学习中提高自身觉悟和自身能力。陶坝村村支书孔祥华等基层干部，以及数字化治理平台管理员郑小琴、陶旭江等，都会不定期地在平台上推送党的会议精神、政策指引等内容，并加强学习，做好引领（见图3.5）。

图 3.5　陶坝村"推进双强双创"活动记录

（资料来源：平台截图）

说起"为村"平台和村里党员，郑小琴分享了一个故事。最初推行数字化治理平台时，村里为没有智能手机的老人和留守儿童发放手机，解决设备问题。考虑到几位老党员年龄太大，就暂时没有进行发放。然而，这几位年过九十的老党员主动购买了智能手机，并找到他们希望能够加入"为村"平台（访谈资料，20221119，ZXQ）。另外，平台上的"党员日记"还为村委开展党员考核提供了帮助，"就比如（外出务工的）党员，一年半载都不能回村里一次。但是村里每年都有党员考核，在外的党员就可以在平台上写'党员日记'，分享最近的学习心得。"此外，平台"党费交纳"功能也为党组织管理和党员交纳党费提供了便利。（访谈资料，20221119，ZXQ）

陶坝村发挥"互联网+党建"模式的作用（见图3.6），依托数字治理平台，以电子设备为载体，以日益发展的科学技术为帮助，既让党的声音更好地传到基层，也让基层的声音更好地传递，使党员们紧紧团结。

---

① 《四川成都邛崃市：实施全域"为村"聚力乡村振兴 探索"四微"路径 构建新时代党建工作新格局》，中国共产党新闻网，2018年10月15日，http://dangjian.people.com.cn/n1/2018/1015/c420318-30341723.html。

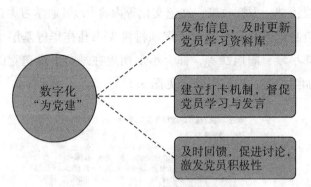

图 3.6　数字化"为党建"举措

（资料来源：作者自制）

（二）"为服务"：云端数据忙，信息沟通网络强

陶坝村发挥数字治理平台的信息展示功能，让"为村"成为村里的政务公告栏，提高通知效率。在村委通知、财务公开等栏目里，村负责人将财务信息、村务会议、换届选举、人员招聘供求信息等一一公布，让村干部不必再去一家一户通知，让村民们手握小小屏幕就知道村里大小事项，足不出户即可了解村务动态、钱款去向、干部行动。

通过数字治理平台的便民窗口，陶坝村引入邛崃市电视台、医院挂号、汽车票务、便民电话、农技咨询、法律援助等服务（见图 3.7），为村民获取信息和服务、学习农业技术提供帮助，同时平台的电子商务功能也为村民创新创业提供了良好的渠道。

图 3.7　平台服务界面

（资料来源：受访者供图）

陶坝村还发挥数字治理平台的民主监督功能，让"为村"成为村里的监督窗，人人能监督，监督有途径，提高治理效果。对于村里的大小事务，村民都可以在数字化治理平台评论区留言，也可以通过"书记信箱"进行反映。这样的"村友圈"，将干部与群众、群众与群众紧密"圈"在一起（见图 3.8）。

图 3.8　陶坝村在"为村"上发布的各类通知与信息回复

（资料来源：受访者供图）

"孔书记，我们陶坝村二组的田怎么好几天还没发租金呢？""孔书记，这都要开学了，我们大三路不能过人，河沟路也是不通，这娃娃不读书啊还是咋整嘛，太恼火了，你给我们一个说法嘛！"（"为村"平台记录）。

"各位放心哈，今天上午一直都在草拟合同，最迟今明两天给大家签合同发放……""娃娃肯定是要读书的，咋可能不读……我们安排车辆接送娃娃……大三路正在做地勘，河沟路今天下午已经动工，预计 10 天能正常通车……"（"为村"平台记录）。

村民有疑问，书记有回答；村民有担忧，书记有回应。在"为村"平台上，村民们与书记公开交流，信息一目了然。村民得到书记的回复，放心了；书记收到村民的认可，开心了。公开透明的信息、畅通便捷的反馈渠道，让民主监督机制更为完善和实在，提高了基层治理效能。此外，群众需求多种多样，数字化治理帮助基层干部与群众之间供需对接，使优质服务精准匹配群众需求。景色美、特产多，村风好、人团结，供需匹配的强大效能为当地发展插上了翅膀，让干部群众的奋斗卓有成效（见图 3.9）。

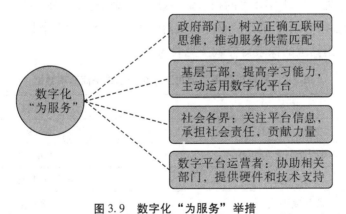

图 3.9　数字化"为服务"举措

（资料来源：作者自制）

（三）"为治理"：众人拾柴忙，美家乡共建共享

利用数字化治理平台，陶坝村在政治、法治、德治、自治、智治等方面下功夫，为当地发展引领方向，提高村民的法律意识，培育文明乡风，激发群众参与治理的内生动力，借助科学技术的力量推动发展稳步向前。

陶坝村以政治引领发展方向，凝人心、聚共识，指导自身发展实践。在"为村"平台上，陶坝村基层干部及时更新理论学习内容，发布图文材料，既推动自身学习内化，也鼓励党员及群众认真学习体会，加深理解。通过对政策的了解与把握，当地干部群众在寻找发展方向的过程中迈出一步又一步。

陶坝村以法治保障社会和谐，提高村民的法律意识。企业与社会各界提供帮助，指导村里的工作人员在"为村"平台上发布法律知识，同时派出专业人士参与开展普法活动，提高村民的法律意识。"我们在平台上发布法律知识，村民就会在下面评论。"学知识、有互动，大家对法律的了解有所加深，在日常生活中也就更能自觉地守法、尊法、用法。

陶坝村以德治教化群众，培育向上向善风气。前文提到的"最好人缘"评选活动，获得了 18 000 余次点击和 700 多条留言[①]，为村民们提供了一个讲述邻里相处感人点滴以及为自己和他人点赞的平台，密切了群众之间的关系，营造了全村的和谐风气。而这只是一系列基于"为村"平台进行的村风建设活动之一。"最好家庭""孝老模范""村务之星""好家训"等精神文明建设活动，也对凝心聚力促发展、团结和谐谋幸福有所助益。

陶坝村以自治强化治理基础，发挥村民的积极主动性。借助腾讯给予的技术支撑，陶坝村在全国率先发起"为村"平台"议事厅"功能，给予村民发表意见的平台，让大家为建设美丽家乡出一份力。这个云端的"议事厅"，为基层干部和身居五湖四海的村民们搭建起"云"上的会议室，帮助当地做到美丽家园共建共享。

当初商量修河沟路时，100 位村民在"为村"上畅所欲言，一个多小时的线上会议，发言量就达到 1 000 余条[②]。最后，经过七小时二十五分钟的线上协商，大家达成了修路的一致意见。2021 年 2 月的报道资料显示，陶坝村在线公示的村（社区）党务、村务、财务信息 4 589 条，通过议事厅议决落实事项 4 个。一个个数据背后，是当地走在数字治理乡村道路上的探索与尝试（见表 3.2）。

表 3.2　陶坝村使用"为村"平台公示或协商事项数据

事项	数量
在线公示信息	4 589 条
议事厅议决落实事项	4 个
防疫动态	121 条
群众提供线索	89 条

资料来源：封面新闻。

---

① 《这个"村"里，住着 250 万村民》，腾讯为村，2019 年 10 月 24 日，https://page.om.qq.com/page/OFM-Wr6F0G9b5T4DiQ2-ZwdvA0。

② 《光头书记和他的"吃瓜"群众》，新浪新闻，2019 年 10 月 29 日，http://k.sina.com.cn/article_5476386628_v1466b074401900pqba.html。

协商的进程变快了，大家的意见统一了，事情办起来也就更顺利了。陶坝村数字治理平台的信息交流与沟通功能，充分体现了数字治理的特征。乡村治理与信息技术配合，政府、基层干部、企业与村民通过平台参与乡村治埋，有效解决了"广大群众不知道从什么渠道来参与乡村治理、在什么方面做贡献"的难题，激发了群众自治的积极性，最终既降低了乡村治理的成本，又提高了公共服务的效率。

五治共行，陶坝村的发展路得到政治引领与法治保障，又因德治教化、自治强基与智治支撑走得更好（见图 3.10）。在这个过程中，陶坝村不仅发挥了自身动力，还收获了来自企业的大量帮助，既在推进自治时，受到"为村"技术支持；又在法治建设中，收获专业人士力量；还在德治活动中，得到奖品，提高村民们参与其中的积极性。通过"为村"平台，陶坝村基层干部、当地群众、科技企业密切联系在一起，共同发挥力量，助力数字乡村治理迈出坚实步伐。

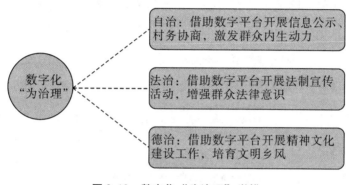

图 3.10　数字化"为治理"举措

（资料来源：作者自制）

（四）"为产业"：美丽村庄靓，网络成为展示窗

为加强内外交流，陶坝村借助数字乡村建设平台，让网络世界的虚拟平台，成为陶坝村展示自身特色的一扇窗。从前，村里的佛手瓜滞销，但自从引进"为村"平台后，村里于 2017 年 6 月开始面向全国直播，佛手瓜引起了大家的关注。"引进'为村'平台之后，佛手瓜一斤能达到 2.5 元，而一个佛手瓜就可以达到两斤；同时通过'为村'平台，我们的路也修好了，使得外面的老板能进来，农产品的销路也就打开了。"（访谈资料，20221119，ZXQ）2017 年 10 月，郑小琴将村里佛手瓜的照片上传到"为村"平台，消息被一位四川绵阳的老板看到，联系她提出了 2 000 斤的购买意向[1]。之后的日子里，佛手瓜让村民的腰包愈发鼓了起来。在佛手瓜价格涨到 2.7 元一斤时，400 亩瓜田让农民们增收了数百万元[2]。

[1]《光头书记和他的"吃瓜"群众》，新浪新闻，2019 年 10 月 29 日，http://k. sina. com. cn/article_5476386628_v1466b074401900pqba.html。

[2]《光头书记和他的"吃瓜"群众》，新浪新闻，2019 年 10 月 29 日，http://k. sina. com. cn/article_5476386628_v1466b074401900pqba.html。

依托平台，陶坝村打造数字化产业路，让瓜田成了致富田，手机成了"联络点"。一方面，超级管理员们化身信息的"搬运工"，让瓜果特产、美丽景色走出小山村，走向更大的舞台；另一方面，超级管理员们化身广播人脉的"孙悟空"，联系各方支持和帮助（见图3.11）。

据郑小琴介绍，"为村"平台入驻后，村里的土地流转工作也做得更好了。近几年，返乡创业的年轻人多了起来，大家回到家乡后既通过流转土地有了承包收入，还能够在家门口从事种植业等工作。"（陶坝村后山）脆红李有900多亩，目前被村里通过'为村'平台招募的企业家承包了800多亩。（这些）企业家来自四川蒲江、江苏等地。承包后，不仅发放了土地流转的资金，也雇用了很多务工的年轻人。"（访谈资料，20221119，ZXQ）就这样，"为村"平台将村民、基层干部、政府、企业以及外界社会紧紧联系在一起，缩短了彼此沟通交流的距离。以上多元主体对乡村进行协同治理，村民的农作物和美景能够满足外界所需，外界的关注和资金又能满足村民所需。在这基础上，多元主体形成一种联动合作机制，乡村治理向协同治理方向转变。

图3.11　"为村"发布的有关陶坝村电子商务产业发展的情况

（资料来源：受访者供图）

2020年春季新型冠状病毒感染疫情期间，村民们无法进行聚集性的农事生产活动，郑小琴在平台发布了一则《农民朋友呼吁科技进农田》的消息（见图3.12），传递民众期盼，让无形的爱通过有形的屏幕汇聚在一起，呼吁农机企业进驻田间地头，缓解村民们的燃眉之急。

郑小琴（陶坝村超级管理员）　　　　　　〔关注〕

2020-02-12 来自 四川省成都市邛崃市大同镇

农民朋友呼吁科技进农田

人误地一时，地误人一年。冬小麦陆续返青起身，果树开始冒出
了新芽。当前新冠肺炎疫情防控正处在关键时期，广大农村打响
了全民抗疫阻击战。人员不聚集、农民少出门，防疫不能松劲，
但是春耕也不能耽搁。

农民朋友呼吁科技进农田，希望广大农业科技公司向广大农村伸
出援手，春防、春耕农用科技机具走进田间地头，不聚集人群的
同时，高效率开展春耕生产。

请联系我们！

联系人：郑女士

联系电话：📞一键拨号

图 3.12　《农民朋友呼吁科技进农田》文章

（资料来源：受访者供图）

拓宽内外界联系，让古村落走向更多人。孔祥华书记在接受采访时表示，"为村"
平台让村里的特产、风土人情得到了很好的展示，让更多人知道了陶坝村（访谈资料，
20221009，KXH）。陶坝村负责人不定时地在"为村"平台上分享田园风光，看着图片
里身着特色服饰、身处大美天地的人们，大家纷纷评论"大美风光"（"为村"平台记
录）（见图 3.13）。这正是陶坝村通过数字平台积极发展旅游服务，用"数字"为村民
收入增长、乡村特色化产业发展助推的写照。

图 3.13　郑小琴在"为村"村友圈晒出的陶坝村风景照

（资料来源：受访者供图）

在陶坝村，美丽村庄不仅体现在风景的美丽、物产的丰富，还体现在村风的积极、
民风的淳朴。这些都与当地利用数字治理平台，推进基层治理、密切多方沟通的努力
密切相关（见图 3.14）。

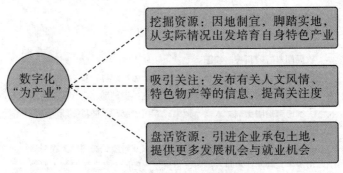

图 3.14　数字化"为产业"举措

（资料来源：作者自制）

（五）数字东风旺，好生活蒸蒸日上

近年来，陶坝村收获了外界的许多荣誉，这些荣誉有的关于基层组织建设，有的关于民众生活建设。从 2015 年邛崃市老年体育工作"先进村社"、2017 年成都市传统村落、2018 年邛崃市文明村等称号里，人们看到了这座富有历史气息的村落焕发着的勃勃生机。在 2013—2014 年"民主法治示范村"、2015 年邛崃市六好基层关工委"先进单位"、2018 年邛崃市先进基层党组织等称号中，人们悟到了基层党组织对促进乡村发展的重要作用。

在"互联网+乡村+产业+党建"的多措并举下，陶坝村正和"为村"平台共同成长，踏数字治理的路，走向振兴的未来。线上线下两轨并行，"为党建、为服务、为治理、为产业"四为共举，"两轨四为"工作模式的加持，推动陶坝村乡村治理更加完善，助力陶坝村乡村振兴的步伐。

对孔祥华书记来说，"为村"平台本身就像一个"耕耘者"，正在不断改进和更新，而他也愿意学习这些新思路、新方法，"加快我们陶坝村的乡村振兴，让老百姓得到收获"（访谈资料，20221009，KXH）我们为陶坝村点赞，为"为村"平台点赞，为乡村振兴点赞！无论是为乡村振兴奔忙、寻找适合当地发展特色道路的工作者，还是不断更新完善、维护数字治理平台运转的工作人员们，还是在田间地头为幸福生活撸起袖子加油干的无数村民群众，大家都是耕耘者，都在向着更美更好的日子努力着。

三、下篇｜成效显著，未来可期

（一）技术加持，乡村治理水到渠成

2021 年 8 月，习近平总书记在中央财经委员会第十次会议上强调，"共同富裕是社会主义的本质要求，是中国式现代化的重要特征，要坚持以人民为中心的发展思想，在高质量发展中促进共同富裕"①。党中央也已明确提出到 2050 年"全体人民共同富裕

---

① 《习近平主持召开中央财经委员会第十次会议》，中国政府网，2021 年 8 月 17 日，https://www.gov.cn/xin-wen/2021-08/17/content_5631780.htm。

基本实现，我国人民将享有更加幸福安康的生活"，这表明了在推进共同富裕的进程中，要更好地满足人们对美好生活的需要，本着一切工作始终以人民为中心。

互联网改变生活，却没有让传统生活面目全非①。陶坝村乡村治理的良好发展，离不开"为村"平台的鼎力相助。在数字技术的支持下，陶坝村"两轨四为"治理新模式顺利建成。数字技术的加持，并未让陶坝村成为信息洪流的被动接受者，也不像很多人担心的"原子化""碎片化"。在互联网浪潮下，陶坝村发展出本地社区文化，营造属于自己的精神生活——党员干部在"为村"平台上及时学习党的知识、理论、政策和方针，不断提高自己的思想觉悟，丰富了党员的精神世界；村内开展的"最好人缘"评选活动，提高了陶坝村的凝聚力，同时也激励了村民自身不断向真善美的方向转变；通过"为村"平台展现的丰富多彩的重阳节活动，促进了中国传统文化的传播与传承（见图 3.15）。

图 3.15 陶坝村丰富的文化生活

（资料来源：受访者供图）

"为村"平台，加强了村民与外界的物质交换和精神交流，有效助力村民增收致富（见图 3.16）。一方面，陶坝村合理运用"为村"平台，拓宽了农作物销售市场，让原本价值较低的农产品提升价值，丰富了群众增收的渠道。另一方面，广大群众通过平台，自发宣传本村地标文旅品牌，将卖故事、卖乡土文化有机融入产业销售链，实现产品销售向产业营销的转变②。陶坝村孔书记表示，"村里的特色山货、风土人情得到了很好的宣传，相当于把我们陶坝村推荐出去了，让大家都知道我们的现状是什么样、老百姓是什么样、特产都有哪些。"（访谈记录，20221009，KXH）据悉，陶坝村的主导

---

① 《陶坝：互联网下沉时代的数字乡村样本》，经济网，2019 年 10 月 17 日，http://www.ceweekly.cn/2019/1017/271041.shtml。

② 《成都邛崃市：创新"两轨四为"工作模式 以党建带发展 助力乡村智慧治理》，人民论坛网，2021 年 12 月 7 日，http://www.rmlt.com.cn/2021/1207/633916.shtml。

产业佛手瓜目前已达到 500 余亩，带动农户 40 余户，产值近 400 万元[1]。

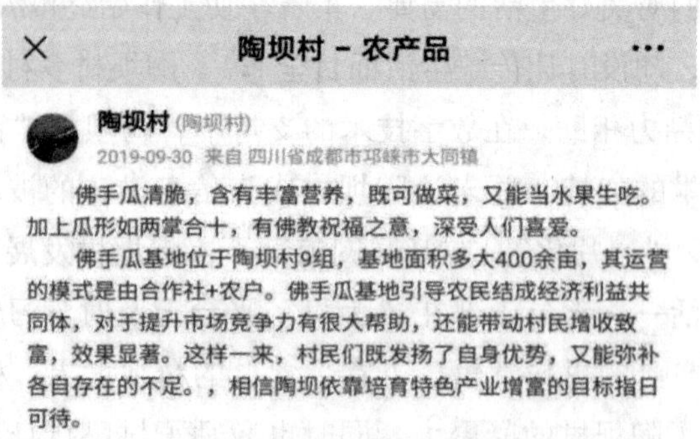

图 3.16　陶坝村农产品的销售

（资料来源：受访者供图）

"两轨四为"新模式，打破了乡村治理的空间壁垒，广泛调动多元主体参与乡村治理。首先，陶坝村着眼推动基层党建传统优势与信息技术高度融合，有效调动了党员参与基层发展治理的积极性、主动性和创造性，有效提升了基层党组织的组织能力。其次，陶坝村构建共建共治共享的基层治理格局，调动了广大群众的参与感，激发了群众参与乡村治理的主人翁意识，鼓励广大农村群众自发参与到乡村治理中。

陶坝村的乡村数字化治理模式充分体现了数字治理理论的特征。政府与村民实现了"双向奔赴"：政府依托企业为村民提供了"为村"平台，而村民能够自主选择和政府互动的方式，线上线下积极参与到乡村治理中来；政府与企业、社会、村民等进行跨界合作，加快了政府职能的转变；陶坝村依靠数字化技术的支持进行乡村治理，有效降低了信息传递的成本，畅通干群情感连接，推进数字政府建设。与此同时，陶坝村的治理模式也与公共治理理论充分融合。这种新型的治理模式充分印证了公共治理是协商式的治理过程，即调动广大村民自主地通过协商的方式参与到村务中来。

（二）荣获赞赏，远赴奔走授人以渔

"陶坝经验"的传播，引起了有关部门的高度关注，并予以充分肯定，如以陶坝村为案例，鼓励革命老区、边疆和少数民族地区支书勇于尝试，用好互联网[2]。陶坝村孔书记表示："组织部、腾讯公司以及部分高校在'陶坝经验'的传播过程中发挥了巨大的作用。"作为全国"为村"助教之一的郑小琴，除主要负责陶坝村数字化平台的管理之外，还负责整个中国西南片区的"为村"平台。她曾到 400 千米之外的凉山彝族自治州传授经验，教会她的"徒弟们"带领当地村民接触互联网，利用互联网加强乡村治理，改善当地村民的生活。

---

[1] 《陶坝村广种"佛手瓜"亩赚 5 000 元》，四川科技报，2019 年 11 月 29 日，http://kjb.sckjw.com.cn/c792db7a12af48648e2d5b9c5649f4e5。

[2] 《陶坝：互联网下沉时代的数字乡村样本》，经济网，2019 年 10 月 17 日，http://www.ceweekly.cn/2019/1017/271041.shtml。

"前三天我只是把管理'为村'平台当作一个任务来完成，但是后来觉得挺有意思，就每天加班加点看这个平台里的内容。"（访谈资料，20210103，KIK）从最初完成任务的心态，到后来主动学习数字治理平台，再到如今到北京、江苏、云南、贵州、湖南、山西、陕西、内蒙古等多地授课，陶坝村经验已经被传播得越来越远，为数字乡村治理提供了值得借鉴的案例。对郑小琴来说，到全国各地讲授数字治理平台运营经验的过程，一方面让她看到了不一样的风土人情，另一方面，大家对数字治理平台的学习热情也让她格外高兴。"我经常会到各地讲课，讲课时让我觉得特别好的一点就是，下面经常会坐着书记、主任等领导，而且特别谦虚，讲完课都还会问我'郑老师，这里怎么做'。"（访谈资料，20210307，KL）政府工作人员作为数字治理的一环，主动学习相关技术，令人印象深刻。

推进共同富裕，就是要使人民拥有更幸福安康美好的生活，心想群众之所想、急群众之所急、解群众之所忧。要满足人民群众日益增加的多样化诉求，需要政府、市场、社会组织以及群众协作联结起来，发挥各自优势作用，利用有效资源，做优多元供给，为群众提供精准化的特色服务。

（三）多方齐发，治理模式未来可期

在国家政策及数字技术的支持下，我国网民规模逐年扩大、互联网普及率逐年上升（见图3.17），这种新型的治理模式未来可期。乡村治理数字化是数字中国的重要组成部分，也是推进乡村振兴的有效途径。至2021年，我国现有行政村已全面实现"村村通"宽带，贫困地区通信难等问题得到历史解决，农村网民规模已达2.84亿，农村地区互联网普及率达57.6%。互联网产业、数字经济、电商平台的快速发展，为乡村数字化治理的推广打下了坚实的基础。

图3.17 2017—2022年网民规模及互联网普及率

（资料来源：团队整理自2017—2022年《中国互联网络发展状况统计报告》）

目前，全国已有将近1.7万个村庄和超过254万名村民，在"为村"平台建立了数字精神家园。除了陶坝村运用"为村"平台在乡村治理数字化领域崭露头角，其他地区也形成了大量可复制、可推广的典型模式。中国电信的"村村享"数字平台，改变了传统的工作方式，为乡村振兴"加速度"。上海市宝山区探索建立了"社区通"网上工作系统，提升了服务群众的有效性、精准性……

陶坝村的乡村数字化治理模式可以为其他发展困难的乡村提供借鉴,但是并不是所有乡村都能立即引入数字化技术来助力乡村治理。陶坝村发展之初,虽然处于一个经济较为薄弱的局面,但是当地有特色农产品——佛手瓜,而且产量较高,影响其经济发展的主要因素只有信息闭塞和交通不便两个因素。因此,"为村"平台的出现,既可以快速解决交通不便的问题,又可以加强陶坝村与外界的交流,农产品的销路也随之打开,从而加快当地产业现代化发展,大力推动乡村经济的发展。由此可以看出,陶坝村乡村数字化治理新模式主要适用于拥有特色产品,但是治理困难重重、发展缓慢的贫困乡村。而对于那些缺乏特色产业的乡村,当务之急是因地制宜,打造特色农产品,并将特色农产品规模化,再引进数字化技术加持乡村治理,实现产业升级。在对它的借鉴中,不可一味地照搬照抄,要结合所在乡村的具体语境来选取不同的功能,还要注重为村民提供主动参与乡村治理的渠道,充分调动广大村民的积极性,打造共建共治共享的乡村治理氛围。相信在不久的未来,乡村数字化治理将不断推广,帮助更多地方实现信息、情感、财富的深入连接。

乡村智慧治理谋求多元主体的合作与互动,在治理过程中实现行动交换、数据开放、信息共享、价值共创等。数字工具的使用和技术获取、信息共享等能力不足以及数字化应用程序运用不熟练等限制了智慧治理的进一步发展,为此,还需要探索集成化的管理模式,凝聚各方力量参与治理,建成统一治理平台,以共治共建助推共同富裕。

四、结语

"为村"平台在陶坝村的成功转型中发挥了至关重要的作用。一方面,陶坝村依托"为村"平台,加强了内部之间的交流,提高了治理效率。同时畅通党员学习渠道,有效加强了党建在乡村治理中的引领作用;打破空间地理上的阻碍,加快政务及消息传播的速度,缩短了基层党组织与村民的距离;提供村民高效协商的渠道,使村民主动参与到乡村治理之中,增强了群众的凝聚力。另一方面,"为村"平台增强了内部与外部的良性互动,加强了陶坝村与外界的物质交换与精神交流,实现了小乡村连接大世界,帮助打造独一无二的地标文旅品牌,有效解决了农产品销路不畅的难题,促进产业增收致富,摆脱贫穷落后的局面。概言之,案例的模式为实现共同富裕提供了多要素、多资源、多渠道的全方位制度、技术、人才等支撑,并深耕一切为了人民的服务宗旨,切实做到了实现共同富裕的本质要求,优化了乡村治理结构,逐渐提升了应变能力,为持续推进国家治理体系和治理能力现代化做出了有益贡献,为完善共同富裕指标体系提供了丰厚的物质财富和坚实的精神基础。

2019 年发布的《数字乡村发展战略纲要》战略目标部分指出,到本世纪中叶,要全面建成数字乡村,助力乡村全面振兴,全面实现农业强、农村美、农民富①。坚信在

---

① 《中共中央办公厅 国务院办公厅印发〈数字乡村发展战略纲要〉》,中国政府网,2019 年 5 月 16 日,https://www.gov.cn/zhengce/2019-05/16/content_5392269.htm。

数字技术和国家政策的大力支持下，我国乡村数字化治理模式会在不久的将来被广泛运用，助力乡村振兴事业如期完成，同时也为我国共同富裕目标的实现奠定更坚实的基础。将智慧融入社会治理能破解传统治理方式存在的诸多难点，特别是作为基层社会治理核心的城乡社区已经成为多元主体的博弈点、错综利益的交汇点和复杂矛盾的多发点，更亟须这样一种共建共治共享的"智治"方式来解决多元主体间的问题和矛盾，达成多元主体合作共识，提升政府、企业、社会组织和民众共同参与合作的治理效能，增强社会资源集聚和共享综合效应，更好地扩大群众的受益覆盖面，全面提升治理效能，为持续推动共同富裕提供不竭动力，为实现共同富裕打下坚实的基础。总之，社会治理现代化是实现经济社会高质量发展的重要抓手，也是推进共同富裕的重要载体，"智治"通过完善的共建共治共享制度，在多元主体的协同参与过程中不断提高治理能力，将政府、社会组织、市场和人民群众更好地联结起来，不断推动共同富裕取得实质性进展。

习近平总书记曾做出论述："我们始终坚定人民立场，强调消除贫困、改善民生、实现共同富裕是社会主义的本质要求，是我们党坚持全心全意为人民服务根本宗旨的重要体现，是党和政府的重大责任"①，"党政军民学，东西南北中，党是领导一切的"②。可见，以多元主体参与协同治理是以人民为中心，只有通过合作共治有机结合"条条"的专业和技术优势以及"块块"的统筹和属地优势，才能更好地促进创造性转化和创新性发展，健全条块协作互嵌的治理模式③。为人们生产生活中的多元化利益诉求和价值观念提供社会基础、制度保障和技术支持，同时也符合新时代共同富裕背景下共建共治共享的基层社会治理格局，在这种新模式中实质性地持续推进共同富裕，最终带领全国人民走上共同富裕的康庄大道。

教学研讨的参考性问题

（1）为配合数字治理和乡村振兴，请分析当地政府、村社组织和企业应发挥哪些协调作用？

（2）为更好地促进乡村治理，实现共同富裕，请分析陶坝村乡村振兴的下一步发展思路是什么？

（3）基于已有的资料，请分析陶坝村案例经验可以通过怎样的形式在全国范围内进行推广？

① 《习近平在全国脱贫攻坚总结表彰大会上的讲话》，中国政府网，2021 年 2 月 25 日，https://www.gov.cn/xinwen/2021-02/25/content_5588869.htm。

② 中共中央党史和文献研究院，中央"不忘初心、牢记使命"主题教育领导小组办公室. 习近平关于"不忘初心、牢记使命"重要论述选编 [M]. 北京：中央文献出版社，党建读物出版社，2019.

③ 刘琼莲. 中国社会治理共同体建设与扎实推动共同富裕 [J]. 改革，2022（8）：87-97.

本案例参考政策文件、媒体报导、影视资料等多种材料，并进行实地考察及访谈，本节参考资料如表 3.3 所示。

表 3.3　本节参考资料

资料形式	资料编号	资料主要内容	来源	数量
政策文件	A	①《中共中央　国务院关于实施乡村振兴战略的意见》等有关乡村振兴战略的政策资料； ②《数字乡村发展战略纲要》等有关数字乡村战略的政策资料	政府文件，团队成员进行收集与整理	若干
媒体报道	B	①《这个"村"里，住着 250 万村民》等有关数字治理平台的报道资料； ②《光头书记和他的"吃瓜"群众》等有关陶坝村乡村数字化治理探索实践的报道资料	新闻报道，团队成员进行收集与整理	若干
影视资料	C	从留守儿童视角切入，展现科学技术与数字平台对农村地区发展的重要作用，呈现数字平台在村务协商、信息公开等方面打破时空限制的独特作用	企业拍摄，团队成员进行收集与整理	1 段
图片	D	展示陶坝村借助"为村"平台开展的乡村数字化治理实践，以及当地的土特产、人文风光	媒体报道及受访者提供，团队成员进行收集与整理	若干

资料来源：作者自制。

教学指导手册

一、教学目标

（一）教学用途

近年来，党和国家出台一系列方针政策全面推进乡村振兴，同时，科学技术日益进步。在政策支持、技术加持之下，农村地区走出具有自身特色的数字化道路值得期待。基于此，本案例提出如下目标。

第一，加深学生对政策的理解，丰富其知识体系。在陶坝村案例中，腾讯这一科技企业响应国家号召助力乡村振兴，邛崃市"两轨四为"建设工作对当地数字乡村治理发挥着指导作用，可见政策在乡村振兴中的重要作用。通过学习，本案例希望能够使学生对政策发展过程以及政策内容形成更为深入的了解，帮助学生为以后学习以及未来工作打好基础。

第二，增强学生对乡土的热爱，培植其家国情怀。广袤的乡野沃土生长着蓬勃的希望，为经济社会的发展提供助力，同时我们也呼唤青年关注这片田野、建设这片田野。以陶坝村为例，本案例展示乡村从过去至现在再到将来的发展变化，呈现春机盎然的乡村图景。由此，一方面希望能鼓励青年学生将目光投向乡村，产生研究乡村、发展乡村的热情，将论文写在祖国大地上；另一方面也希望能够与思政课程形成呼应，培植学生对家国、对乡土的深厚感情，未来为乡村振兴、共同富裕贡献自身力量。

第三，鼓励学生对现状进行思考，提出意见建议。逝者如斯，实践不断发展。已有政策与做法要适应时代的发展变化，就需要不断地更新完善。以陶坝村为例，呈现其数字乡村治理的典型案例、成熟做法，既是为了使学生明了该领域的成果，亦是为了得到学生的反馈，鼓励其主动积极地提出意见建议。通过本案例学习，希望学生能对政策制定、多主体参与、应对困难与挑战的举措等现实问题形成个人见解，达到思辨的目标。

（二）授课对象

本案例主要适用对象为公共管理相关专业的学习者。

（三）适应课程

本案例适用于公共管理类、公共政策类相关课程教学。教师可根据课程安排及学生情况，开展教学工作。

二、启发思考题

（1）为配合数字治理和乡村振兴，请分析当地政府、村社组织和企业应发挥哪些协调作用？

（2）为更好地促进乡村治理，实现共同富裕，请分析陶坝村乡村振兴的下一步发展思路是什么？

（3）基于已有的资料，请分析陶坝村案例经验可以通过怎样的形式在全国范围内进行推广？

三、分析思路

以习近平同志为核心的党中央始终把乡村振兴战略作为中华民族伟大复兴的重要任务。进入中国特色社会主义新时代，我国乡村社会建设、治理模式、产业结构等发生新的转变，各类矛盾也不断涌现。而新一代信息技术方兴未艾，正以崭新的形态融入我国社会治理过程，推动国家治理体系和治理能力现代化。陶坝村之前作为典型的经济薄弱山村，面临着治理、产业等多方面的难题，但在大数据时代下，陶坝村短短几年内就发展为"为村"标杆村，这正是因为数字技术的加持，使陶坝能够将互联网技术与产业等其他方面相结合，并广泛调动多元主体力量参与乡村治理，以"互联网+乡村+党建+产业+电商"的创新模式实现了乡村治理的理论创新，促进居民增收致富，推进乡村实现跨越式发展。

本案例立足于大数据新时代数字技术的发展，从公共治理理论出发，结合数字治理理论与协同治理理论，着眼于乡村治理现存问题，挖掘陶坝村创新数字治理解决基层内生动能弱化的内在逻辑，深入分析陶坝村"互联网+党建+乡村+基层+产业"的数字化治理新发展路径，探索党建引领多元主体参与乡村治理的规律。本案例深入探析数字化治理的影响因素以及推动乡村振兴的关键性因素，寻找多元主体共同助力乡村治理体系发展的积极因素与不利因素，同时评析"平台科技"对于乡村治理的影响，最终构建出"大数据技术支持，政府、党建引领多元主体共同治理"的新型乡村治理、发展模式，为其他地方乡村治理提供范本，助力全国乡村治理转型升级与精细化发展，推动乡村振兴。

四、案例分析

2022年是"十四五"时期全面推进乡村振兴、加快农业农村现代化的关键之年。数字乡村的发展更是重中之重，将数字技术应用于乡村振兴的驱动与赋能之中是实现乡村发展的重要路径，例如加快构建数字经济体系、构建适应当前农村发展的数字治理体系、推动"互联网+"与农业农村的深度融合等，不断推动乡村振兴的新进程。团队对近五年国家发布的相关政策进行了整理，从"互联网+"深入乡村到提升乡村治理数字化水平，国家越来越重视乡村数字化治理体系的不断完善。乡村治理是国家治理的基石，乡村治理有效实施是乡村振兴的基础，这对于基层管理的优化、治理手段的创新、农村农业的发展、乡村文化的建设传播、城乡差距的缩小、实现共同富裕等多方面都有积极作用。

以大数据、物联网、人工智能以及区块链等为代表的数字化技术日益成熟，为社会治理转型注入了新动力，为乡村建设的新思路——乡村数字化治理，提供了重要工具。数字技术嵌合、融入经济、政治、文化、社会、生态文明建设各领域和全过程，给我们的生活带来广泛而深刻的影响。"互联网+政务""互联网+产业""互联网+党建"等不断在城乡延伸、实践。例如上海宝山的"社区通"、湖北孝感的"村务云"、中国电信的"村村享"以及腾讯的"为村"等，均借助数字技术深刻地推动社会的全方面发展。陶坝村作为邛崃"为村"第一批试点村庄，借助"为村"这个强大的互联网平台，从经济薄弱、发展落后的小山村变成高度现代化、人人向往的"桃源仙境"，初步实现了村庄借助互联网实现乡村振兴。"互联网+"在陶坝村的成功运用也得到了央级主流网站媒体的报道刊载，向其他乡村传播数字治理经验。陶坝村的成功转变表明数字技术正以一种崭新的、变革性的力量赋能乡村治理，是推动乡村振兴实现的重要手段。乡村治理数字化进程的深入，有效弥合了城乡之间的数字鸿沟，解决了信息孤岛的问题，使得城乡之间积极联通互动，破解了乡村发展的局限，为城乡发展不平衡、农村人口流失以及不平衡不充分发展等多个问题的解决提供了先进有效的路径，这些也都为乡村迈向共同富裕提供着基本支撑。

（一）理论基础

对于陶坝村从无人问津到乡村治理范本的转变过程，本案例主要从公共治理、数字治理以及协同治理三个角度进行分析。陶坝村借助"为村"平台形成"互联网+乡村+党建+产业+电商"的乡村数字化治理机制，构建"党建+市场+政府+社会组织+居民"的多方参与、协同治理格局，打造"为党建、为服务、为治理、为产业"的线上线下"两轨四为"工作模式，推动信息技术与基层党建、便民服务、基层治理、产业发展高度融合，同时激发群众参与乡村治理的主人翁意识，形成"村为人人、人人为村"的良性局面，推动基层治理实现善治。

1. 公共治理理论

治理是一个跨学科的新主题，其背后隐含着复杂的理论体系，公共治理是治理理论研究的一个内容，是指为了达到集体的秩序和共同目标，公共、私人部门和非营利组织共同参与其中，相互之间形成伙伴关系，通过谈判、协商和讨价还价等政策手段供给公共产品与服务、管理公共资源的过程。

公共治理的概念界定一直是学术界公认的难题。Rhodes 认为治理至少有六种用法：最小化政府、私营部门的治理、新公共管理、善治、社会神经系统、自组织网络。其中，除私营部门的治理之外，其余均属于公共治理理论的内容。"公共治理"（public governancd）一词是我国学者引进"治理"概念过程中经常交叉使用的一个概念，是治理体系中的一部分，是公共部门对公共事务的管理过程，是治理理论丛林中关于公共行政方面的一种代表性理论。虽然公共治理的概念界定存在困难，但是仍有诸多学者从不同角度对其进行了定义。麦科迪（McCurdy）曾把公共管理学称之为治理之道，一门致力于寻找管理政府和公共事务之最佳途径的学问。在对公共治理给出的定义中，联合国全球治理委员会的定义比较权威，其认为治理是个人和制度、公共和私营部门管理其共同事务的各种方法的综合。它是一个持续的过程，在其中，冲突或多元利益能够相互调适并采取合作行动。公共治理是协商式的管理过程，具有多元主义的合法性保障，制度保障治理的秩序，网络增强适应性和弹性、打破二元划分并以善治为结果。

随着社会的不断发展，面对信息时代的到来，传统的政府治理模式已然不能很好地解决纷杂的公共事务。在公共治理理论中，治理主体的多元化为政府的治理模式提供了新的思路，即在处理一般性公共事务时，政府与其他主体之间不再是单纯的管理与被管理关系，而是应处于平等的法律地位，通过采取承包、谈判以及协作等方式，共同完成对公共事务的治理。尤其是近几年的乡村治理面临着极大难题，仅仅依靠乡村政府的力量全然不能够达到乡村的有效治理，乡村治理需要借助数字技术的东风，引入社会组织和第三方机构，领导村两委和村民实现乡村的有效治理，实现善治、智治。

　　而公共治理理论正是为解决这一难题提供了思考方向。该理论强调公共治理不是政府统治，在公共治理过程中政府、市场、民众等多主体都应当有参与、有贡献，并且多主体共同参与是为了最终实现公共利益最大化。着眼陶坝村案例，邛崃市政府出台相关政策为当地开展数字化治理实践提供指导；村两委工作人员奔走宣传数字治理平台，吸引群众感受数字治理魅力；企业承包土地、雇佣当地劳动力，带动产业发展和村民增收；村民们从最初的抵触变为接纳乃至悦纳，主动在数字平台上建言献策、监督工作……多个主体齐发力，为的是同一个目标——打造幸福的、富裕的新生活。政府引导、群众参与、社会共治，不是政府包办一切，而是想办法让人民群众的积极性被激发出来。陶坝村的治理实践体现了公共治理的思想。基于此，本案例选取公共治理理论作为理论基础之一，以期从多元主体治理、提高公共利益等角度为分析提供参考和借鉴。

　　2. 数字治理理论

　　数字治理是当代主流治理理论之一，是数字化技术与治理理论的融合，它在新公共管理理论出现治理困境以及信息时代来临的背景下应运而生[①]。数字治理实现了体系和结构的重组、治理功能的重塑，充分融合了现有资源，利用技术手段，形成了既具有整体性又兼具智慧性的治理模式。

　　数字治理理论最早是由曼纽尔·卡斯特在《网络社会的崛起》中提出的，他认为数字治理是信息时代背景下的新型公共治理体系[②]。这一理论的代表人物是英国学者帕却克·邓利维，他认为数字治理具有重新整合、重塑整体、数字化过程的三重内涵，是包括组织、政治、文化变革在内的"一个社会整体上的数字时代的运动"，其主张信息技术和信息系统在公共部门扁平化的管理机制，促进权力运行的共享，逐步实现还权于社会、还权于民的善治过程。国内自21世纪初期引入数字治理理论以来，主要以以帕却克·邓利维为代表的学者文献为主，探讨数字治理理论的应用部分，随后逐步转入理论译介和理论与应用同步研究阶段，同时对于数字治理理论研究的理性回归也进一步推动其发展[③]。

　　在数字时代的背景下，学者们也将研究视角逐渐转向乡村治理数字化。数字赋能技术驱动，不断为乡村发展挖掘内生动力、提供发展势能，数字化转型已然成为治理

---

① 肖若晨. 大数据助推乡村振兴的内在机理与实践策略 [J]. 中州学刊, 2019 (12)：48-53.
② 魏崇辉. 公共治理理论中国适用性：批判的理路与话语的构建 [J]. 行政论坛, 2018, 25 (5)：81-85.
③ 韩兆柱, 马文娟. 数字治理理论研究综述 [J]. 甘肃行政学院学报, 2016, 113 (1)：23-35.

能力提升的必然要求。乡村治理数字化是指乡村借助大数据、互联网、区块链等数字化工具优化治理机制、健全治理体系、完善治理方式。作为一种先进的治理模式，陶坝村在乡村治理数字化过程中实现了数字治理理念与乡村治理实践的有效结合，通过数字技术构建网格化管理、精细化服务、信息化支撑、开放共享、自治法治德治相结合的乡村治理平台，使得村务管理、乡村产业、乡村文化实现不断地发展与优化，激发农业农村高质量发展的活力，带动乡村公共产品与服务水平的不断提高，使得乡村不断实现现代化，形成高效、科学、民主的乡村治理新格局，保障乡村治理的创新发展，推动数字治理在乡村振兴的深度延伸。

在数字化浪潮中，经济社会不断发展，寻求突破。在这个过程中，乡村也不应当被忽视。广袤的农村大地，也可以生长数字化希望，陶坝村就是一个典型的例子。该村借助腾讯"为村"这一数字化平台，实现了基层治理的创新、乡村产业的发展。同时，笔者也发现该村在应用数字技术进行治理时也曾面临问题与困境，而其他地区在实践时也可能会遇到这些问题。基于此，本案例选取数字治理理论，结合陶坝村线上、线下"两轨"，为党建、为治理、为服务、为产业"四为"的实践做法，回顾陶坝村一路走来的探索历程、遇到的困难和挑战及所获成就，探究数字化为何、如何赋能乡村治理，治理人员又应当如何应用好数字化技术和工具，如何帮助工作人员和群众树立数字化意识、掌握数字化能力等问题，以期总结出陶坝经验，并为其他地区提供参考。

3. 协同治理理论

协同治理理论是由作为自然科学的协同论和作为社会科学的治理理论交叉发展而形成的一种新兴理论，在西方被广泛应用于政治学、经济学、管理学和社会学等诸多研究领域，成为经济社会系统协同发展的一种重要分析工具和框架。

在国内，党的十八届三中全会提出的"实现国家治理体系和治理能力现代化"的总目标极大地推动了协同治理研究热潮，使得协同治理理论在我国学术界得到了发展。郑巧与肖文涛认为协同治理是指在公共生活过程中，政府、非政府组织、企业、公民个人等子系统构成开放的整体系统，借助系统中诸要素或子系统间非线性的相互协调、共同作用，调整系统有序、可持续运作所处的战略语境和结构，使整个系统在维持高级序参量的基础上共同治理社会公共事务，最终达到最大限度地维护和增进公共利益之目的[1]。再如刘伟忠借用了联合国全球治理委员会给出的定义，即协同治理是个人、各种公共或私人机构管理其共同事务的诸多方式的总和[2]。它是使相互冲突的不同利益主体得以调和并且采取联合行动的持续的过程，其中既包括具有法律约束力的正式制度和规则，也包括各种促成协商与和解的非正式的制度安排。李辉和任晓春也认为联合国全球治理委员会所给出的这一概念的被认可度比较高[3]。

① 郑巧，肖文涛. 协同治理：服务型政府的治道逻辑 [J]. 中国行政管理，2008，277 (7)：48-53.
② 刘伟忠. 协同治理的价值及其挑战 [J]. 江苏行政学院学报，2012，65 (5)：113-117.
③ 李辉，任晓春. 善治视野下的协同治理研究 [J]. 科学与管理，2010，30 (6)：55-58.

自乡村振兴战略提出以来，基于政府、企业、非政府组织和公民社会协同视角的乡村振兴研究日益丰富，并提供了一定的系统认识和研究基础①。同时在基层治理方面，学术界也聚焦我国城乡基层社会的协同治理问题，理顺政府、市场和社会的关系，培育新型城乡的社会力量，将协同治理作为城乡基层治理改革的主要模式②，强调政府不再是唯一的行动者，政府与社会相互依赖支持，明确各主体权力边界、机制制定与安排，实现社会的有效治理。从协同治理的视角解析陶坝村乡村数字化治理，其主体即乡村治理的对象，包括乡镇政府、社会组织、村两委以及村民共同构成的多元协同治理的治理主体，同时数字化技术的应用为协同治理提供了技术支持，保障了多元主体在治理过程中的协同性。乡村数字化治理的客体是指治理所涉及的范围与内容，主要包括乡村经济高质量发展、民主政治建设、乡村公共产品与服务、农业的发展等。从乡村数字化治理的路径中可以看到，乡村治理多元主体构建的协同治理平台，在党建的引领下向共同协作的方向努力，为乡村治理实现善治贡献力量。

陶坝村的数字化治理实践与产业发展道路离不开政府、企业、群众等多主体的共同参与，多主体的共同参与为陶坝村的新生活添砖加瓦。在整个过程中，政府发挥指导作用打好政策基础，基层工作人员努力付出促进数字治理手段推广传播，企业的大力支持为当地发展提供技术能量和资金帮助，群众的共同奋斗使幸福生活变得真实可及……一座村，一群人，验证了众人拾柴火焰高的道理，引发了对多元主体协同治理的思考。基于此，本案例选取协同治理理论，与公共治理理论、数字治理理论等共同构成理论基础。如何让各个主体在治理过程中有参与、有作为？如何协调各方力量，达到一加一不止等于二的效果？政府和社会力量如何相互协同，形成有益补充？本案例选取该理论，希望总结陶坝村多元主体共建共治共享的经验，对以上问题做出回应，从治理主体方面为各地实践提供有益借鉴。

（二）构建环境

1. 政策背景：国家勾画乡村振兴与数字乡村治理蓝图

以习近平同志为核心的党中央始终把农业、农村、农民问题作为全党工作的重中之重。自党的十九大报告明确提出乡村振兴战略以来，我国出台了一系列政策提供保障与助益，提出新要求和新目标（见表3.4）。"十三五"以来，随着我国全面建成小康社会，脱贫攻坚任务如期完成，乡村振兴实现良好开局。接下来，要乘势而上，将乡村振兴深入推进。

表3.4　关于乡村振兴相关重要政策汇总

时间	发布机关	重要政策	相关内容
2017 年	中央委员会	党的十九大报告	必须始终把解决好"三农"问题作为全党工作重中之重，实施乡村振兴战略

---

① 李晓燕. 产业扶贫何以更好：一个均衡协同治理框架 [J]. 公共管理与政策评论, 2021, 10 (4)：61-71.
② 黄思棉，张燕华. 国内协同治理理论文献综述 [J]. 武汉冶金管理干部学院学报, 2015, 25 (3)：3-6.

表3.4(续)

时间	发布机关	重要政策	相关内容
2018年	中共中央、国务院	《中共中央 国务院关于实施乡村振兴战略的意见》	制定乡村振兴三个阶段的目标任务
	国务院	《政府工作报告》	大力实施乡村振兴战略,依靠改革创新壮大乡村发展新动能
	中央农村工作领导小组办公室	《乡村振兴战略规划(2018—2022年)》	到2035年,乡村振兴取得决定性进展,农业农村现代化基本实现。到2050年,乡村全面振兴,农业强、农村美、农民富全面实现
2021年	中共中央、国务院	《中共中央 国务院关于全面推进乡村振兴加快农业农村现代化的意见》	把乡村建设摆在社会主义现代化建设的重要位置,全面推进乡村产业、人才、文化、生态、组织振兴
	中共中央、国务院	《中共中央 国务院关于实现巩固拓展脱贫攻坚成果同乡村振兴有效衔接的意见》	支持脱贫地区乡村特色产业发展壮大;进一步提升脱贫地区公共服务水平;做好人才智力支持政策衔接
2022年	中共中央、国务院	《中共中央 国务院关于做好2022年全面推进乡村振兴重点工作的意见》	扎实稳妥推进乡村建设;突出实效改进乡村治理
	国务院	《政府工作报告》	大力抓好农业生产,促进乡村全面振兴
	中共中央、国务院	《乡村建设行动实施方案》	加强乡村规划建设管理;实施村级综合服务设施提升工程;加强农村基层组织建设

资料来源:作者自制。

此外,党在2017年便做出了建设数字中国的战略决策。2019年,中共中央办公厅、国务院办公厅印发《数字乡村发展战略纲要》,指出"数字乡村是伴随网络化、信息化和数字化在农业农村经济社会发展中的应用,以及农民现代信息技能的提高而内生的农业农村现代化发展和转型进程,既是乡村振兴的战略方向,也是建设数字中国的重要内容"。2021年11月12日发布的《国务院关于印发"十四五"推进农业农村现代化规划的通知》将推进乡村管理服务数字化列为加快数字乡村建设的措施之一,文件要求"推进'互联网+政务服务'向农村基层延伸,构建线上线下相结合的乡村数字惠民便民服务体系"。党和国家对数字技术赋能乡村治理格外重视,启发社会各界关注该问题,为数字与乡村的良好结合提供帮助。方针政策的不断完善亦为基层提高治理效率、优化治理效能提供参考,指引前进的方向。

2. 社会环境:城乡发展不平衡、农村空心化严重使乡村每况愈下

党的十九大报告指出:"中国特色社会主义进入新时代,我国社会主要矛盾已经转化为人民日益增长的美好生活需要和不平衡不充分的发展之间的矛盾。"在新时代社会主要矛盾转变的宏观背景下,城乡不平衡发展引人关注。另外,农村空心化、农地弃耕、宅基地无序规划、农村劳动人口大规模向城市转移、农村家庭结构和治理功能不

全、农村产业缺失等问题也是农村地区发展的阻碍。

乡村振兴的高质量发展，体现在顺应社会主要矛盾的变化，突出抓重点、补短板、强弱项的要求。受二元经济结构、城乡产业特性等因素的影响，城乡发展不平衡不充分仍是我国经济生活中的突出矛盾之一，由此可能引发一系列严重问题：地区间产业结构的趋同加剧、对国民经济的持续健康发展造成不利影响、给落后地区和广大农村造成严重损害、可能引发政治和社会问题等。同时在二元经济结构影响下，大量农村人口进行非农化迁移，从2011年起，我国城市化率超过50%。到2018年，我国城市化率已经达到59.6%。农村人口衰减，人口质量下降，进而衍生出土地空心化、产业空心化等问题。一方面，怎样留住人才建设美丽家乡；另一方面，怎样吸引城市或异地人才带动城市或异地资源、要素参与乡村振兴，这些问题的重要性和紧迫性日益加强。

要实现城乡融合发展，"互联网+乡村+党建+产业+电商"的数字化治理新发展路径打开了一条新道路，以信息化、现代化、城镇化为发展注入新活力，带动乡村发展升级，催生新产业、新业态、新景象。将目光投向陶坝村。对陶坝村而言，城乡发展不平衡、农村空心化也是其发展过程中遇到的问题。对此，该村积极响应"十四五"规划和2035年远景目标纲要的要求，利用互联网优势创新村级管理，以"线上线下"两轨与"为党建、为服务、为治理、为产业"四为工作模式，塑造"互联网+基层"的新型治理架构，实现乡村高质量发展。基层党组织作引领，乡村产业跨步发展，科学技术夯实前行道路，推动乡村治理转型升级与精细化发展。陶坝村的实践与经验，为解决人口空心化、小农经济分散与封闭、城乡发展不平衡不充分等乡村发展与治理的现实问题提供思路，为全面推进乡村治理高质量发展给出"智治"方案。

3. 技术背景：数字技术飞速发展助推乡村振兴

在当前的城乡发展中，乡村治理仍处于相对落后的状态，成为阻碍国家治理体系和治理能力现代化的短板。面对这一问题，2017年12月在中央政治局集中学习时，习近平总书记指出"要运用大数据提升国家治理现代化水平。要建立健全大数据辅助科学决策和社会治理的机制，推进政府管理和社会治理模式创新，实现政府决策科学化、社会治理精准化、公共服务高效化。"

当今是大数据时代，大数据的应用早已渗透到人们生活的方方面面。以互联网、大数据、人工智能等新一代信息技术为代表的数字化浪潮正在席卷全球，数字化、信息化、网络化、智能化已成为信息社会或信息时代全球发展的主要方向。大数据所收集到的信息涵括多个领域，包括公共服务领域。因此可以通过数据分析进一步推动公共服务的提升，通过数据挖掘实现公共行政的前瞻性、预测性和有效性，为创新乡村治理带来活力，运用开放共享的思维助力乡村多元协同治理。

大数据的技术特征及其在治理领域的应用已经成为驱动乡村治理创新的核心动力。在大数据背景下，基于传统治理技术的乡村治理特征已经发生了转变，国家与乡村社会的关系面临转型。面对大数据对乡村社会的冲击和乡村振兴战略的时代背景，新时代乡村治理的内涵和要求也随之发生转变。近年来，乡村的人口、人力资源不断流失，同时治理资源也处于缺失状态，基层政府组织的治理能力、权力不断弱化。但是，大数据技术的应用能够帮助国家与基层乡村突破各种层级障碍，使得多元主体协同合作、共同致力于乡村治理。此外，大数据的应用势必需要数据进行整合共享。由此，便可以打破乡村治理当中的"信息孤岛"困境，在各层级各部门之间构建起数据共享平台，厘清政府各部门之间的权责界限，避免职能重复和工作重叠，从而实现整体性治理，提高政府的治理效率，实现多元主体的有效协作，有效发挥各治理主体在乡村治理中的优势，激发乡村活力，提升各主体的治理能力和整体的治理效能，打造共建共治的乡村治理格局。

面对大数据时代下各类纷杂的公共事务以及信息经济的飞速发展等，借助数字技术实现治理模式的创新是乡村治理的必然趋势。当前一些发达国家在数字化治理方面已取得显著成效，同时我国也在多地不断开展数字乡村试点，如福建厦门的"农事通"、上海宝山的"社区通"、山东淄博"云上四宝山"等，均打造出"数字+乡村"的成功治理模板，而且我国的阿里巴巴、腾讯、百度等互联网巨头也相继打造出各类数字平台，助力数字时代的社会发展。国外经验与国内技术的成熟不仅为国内乡村治理数字化奠定了坚实的基础，同时也不断倒逼乡村治理模式的转型、提高自身的治理能力，转变发展方式、提升内在发展动力，进行数字化改革，在整体上提升经济、政治、文化、产业等多方面的高效发展。

自20世纪90年代以来，互联网技术崛起，对人工智能、云计算、物联网、区块链等新技术的广泛应用，促进了大数据时代的来临。陶坝村也正是在这样的历史契机下，抓住时代机遇，通过"互联网+"的治理模式，带动自身发展，实现重大跨越。大数据时代，传统乡村社会迎来了变革的重要契机，通过不断催生新技术、新产品、新模式，促进乡村振兴发展。中国乡村在大数据时代潮流中，应当走中国特色社会主义数字乡村的振兴发展道路，构建数字化党建政务体系、产业发展体系、多元协同治理体系，以推进乡村数字化建设，实现数字化美好生活的乡村治理新景象。

（三）分析框架

公共治理理论强调国家、市场、社会治理的有机统一，强调服务而非统治，主张分权导向、重构政府与市场关系，不再以政府为单一的权力主体，而是让各组织、部门以及公民个人都参与到公共治理当中，各主体之间平等协商、良性互动、各司其职、各尽其能。同以善治为最终目标的协同治理除了强调政府、企业、公民等治理主体的多元参与之外，还涵摄了政府治理改革、非政府组织建设、公民社会发展等政治生活中的重大议题。多中心主体采用协同合作方式参与治理活动正是协同治理的内涵所在。同时，当前以互联网为代表的信息革命，向生产生活领域和政务领域深度渗透，带动了信息技术产业的发展，构成了国家治理、社会治理的基础环境和一个重要工具，其不仅能够提供海量的信息与便捷的服务，而且赋权于公众让其参与到治理当中，将多元主体更加紧密地联系在一起，体现出协同整体的治理新局面。通过上述分析，本文构建出陶坝村乡村治理新路径的分析框架（见图3.18）。

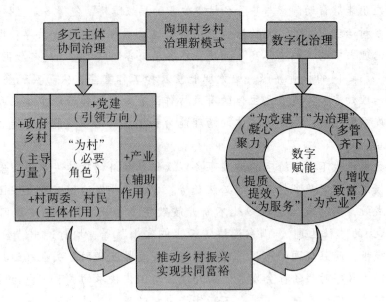

图 3.18　陶坝村乡村治理新模式

（资料来源：作者自制）

陶坝村"互联网+党建+乡村+产业+电商"的新型治理模式与公共治理理论、数字治理理论以及协同治理理论的思路不谋而合。本案例着重从乡村治理的理论入手，首先在数字治理理论之下分析"两轨四为"新模式为乡村治理做出的诸多贡献；其次在公共治理理论以及协同治理理论之下分析多元主体在陶坝村的数字化治理中扮演的角色。本案例深入探索数字化治理中企业及村民如何树立正确的网络思维、政府如何创新服务方式、党组织如何加强领导和基层建设等问题，这对我国新型乡村的治理及高质量发展具有重要意义。

（四）实证分析

目前，我国的乡村治理已进入历史新方位，传统乡村治理已无法解决现阶段乡村治理的各种疑难杂症。然而，传统乡村治理与数字化技术及多元主体协同治理新思路的相互融合，激发了乡村治理的新形态。在数字化治理新模式之下，陶坝村树立起正确的互联网思维。依托于现代化的信息与数字技术、多元主体协同治理体系，陶坝村的乡村数字化治理模式得以成功实施。"互联网+"将大数据技术运用到乡村发展中去，实现乡村治理的精准化、现代化，有效解决了乡村"数字鸿沟"的部分问题，让乡村治理方式能够逐渐向"主体多元化、结构网络化、过程互动化和方式协调化"发展。借助腾讯"为村"平台的技术支持，陶坝村加强基层建设，强化政府领导，激励公众参与，形成新的执行治理体系，注重治理协同，助力乡村自身的治理转型升级与精细化发展，针对人口空心化、小农经济分散与封闭、城乡发展不平衡不充分等乡村治理痛点提出新的解决方案，打造出数字化时代的新型"桃花源"。

1. 数字化"为党建"：党建引领，凝心聚力向未来

打开"为村"平台，党员们既可以在首页的"小组学习""党建之家""乡村振兴"等板块进行学习、发布心得感悟，也可以在"热门话题"里的"基层党员的一

天"与"基层干部的一天"等话题中，书写自己的所见所闻所感。同时，读者还可以在评论区进行点赞、评论等互动。这样的数字化学习、交流平台，为党员们提供了线上的学习大课堂，即使足不出户也能及时学习新思想、新政策，在理论、政策的学习过程中夯实自身，为更好地服务人民、建设家乡打下基础。"互联网+党建"强化了党组织的领导，建设了完善的基层党建平台，优化了党员干部接受教育、发挥作用的方式。乡村振兴离不开党建引领，党建引领指导乡村振兴。基层党组织应当从实际出发，发挥数字平台的积极作用，加强基层党组织建设，为乡村振兴指引方向。

2. 数字化"为服务"：提质提效，多元共治促发展

采访中，陶坝村孔祥华书记特别提到了"为村"平台上的"书记信箱"功能，认为通过"书记信箱"，老百姓向他反映问题方便了，同时他的回答也能被全村人看到。这是数字化平台在服务方面的益处之一，即群众关心的问题可以得到更快的回应，解决问题的效率也更高。除此之外，数字化平台还能促进多元参与，使各类服务与群众需求有效对接。在新型冠状病毒感染疫情期间，陶坝村"为村"平台的超级管理员郑小琴在平台上发布了科技助农的呼吁信息，得到了企业的回应，为农民开展农事活动提供了帮助。由此可见，乡村振兴离不开政府、基层干部和群众的努力，也离不开企业等社会力量的助力，同时数字化平台能够推动不同主体力量的汇聚。"互联网+基层"对政府的服务、领导方式有所创新，提高了政府治理能力，畅通了社情民意，精准服务了群众，提升了服务效能，为民众参与治理提供了更为广泛的机会、更便捷的路径，推动公众参与落到实处，大力激活了民众的社会创造力。

3. 数字化"为治理"：多管齐下，向上向善更幸福

陶坝村依托腾讯"为村"这一数字化平台，开展网上村务公开、线上村务协商等活动，提高通知和协商效率；进行法治宣传活动，向村民普及法律知识，提高群众的法律意识；推动精神文明建设，进行"最好人缘""最好家庭""孝老模范""村务之星""好家训"等多项评比活动，培育文明乡风。不难看出，数字化平台在陶坝村的治理实践中发挥着作用。这种作用一方面体现在网上村务公开带来的监督便利、线上村务协商带来的沟通便利等结果上，另一方面也体现在各类德治活动对营造积极向善的村风的作用上。习近平总书记在党的十九大报告中首次提出，要坚持农业农村优先发展，因为工农城乡发展不平衡是当前我国发展不平衡不充分最突出的表现之一。"互联网+乡村"大力推动乡村的公共服务建设和管理的信息化，同时让乡村生活、传统文化与时代融合，提高乡村人民的文化素养，培育出独特的乡村文化魅力，实现各类资源的互通，丰富乡村的精神文化生活，激发乡村的新活力。

4. 数字化"为产业"：产业升级，增收致富造品牌

在农村农业发展方面，陶坝村更是"一战成名"，"为村"平台作为陶坝村与外界的联络点，成功地加强了陶坝村与外界的物质交换与精神交流。一方面，陶坝村借助互联网通过"为村一起卖"解决了原来产品售价低、滞销等问题。当地干部及群众在"为村"平台上展示陶坝村的特色农产品，扩宽了陶坝村特色农产品的销售渠道，有效促进了当地农产品变现，实现产业现代化发展，带动增收致富，使陶坝村摆脱贫穷落后的局面。另一方面，陶坝村的村民将本村的美丽风景发布在"为村"平台上，展现

陶坝村独特的风土人情，有效打造陶坝村独一无二的地标文旅品牌，加强陶坝村与外界的交流，同时助推当地旅游业的良性发展，而旅游业的发展最终又回到经济发展的主线上来，助力当地经济更上一层楼。"互联网+产业"推动农业产业升级，助推农业生产智能化、销售网络化、管理高效化、信息便捷化，加速传统农业向现代农业的转变进程，为乡村振兴的实施提供了全方位的大力支持。

（五）总结

陶坝村在邛崃市的指导帮助以及腾讯"为村"平台的支撑下，借助大数据平台开展数字化乡村治理，以"线上+线下"两轨共进、"为党建、为服务、为治理、为产业"四为并举的模式，凝聚起基层党组织、基层干部、群众、企业等多方力量，为当地发展提供有益助推。

回望陶坝村的数字化乡村治理历程，"互联网+党建"将党的思想、政策、方针及时传达，为党员建言献策提供渠道，使党的声音、党员的声音及时交流，凝聚共识。"互联网+服务"让基层干部与群众之间通过"书记信箱"等方式随时沟通，各类服务与群众需求对接，多元力量助力乡村治理。"互联网+治理"即自治、法治、德治多管齐下，激发村民治理家乡的积极性，培育向上向善村风。"互联网+产业"助力特色农产品、美丽家乡景被更多人看到，科技助农活动也帮助群众更好地走上致富路。以陶坝村为例，其他农村地区可以依据当地实际，参考这样的数字化乡村治理模式，学习经验，完善不足。

1. 数字治理路径分析

互联网、大数据、云计算、5G技术等新型数字技术赋能新时代的乡村治理，为乡村治理提供了新的发展思路、新的技术支持。数字化技术与治理的融合，使得乡村治理效率大幅提升、人民生活更加美好。借助数字化技术可以实现治理方式、制度体系、流程机制的重整与优化，构建精细服务、开放共享、自治法治德治相结合的乡村治理平台，激发农业农村高质量发展的活力，带动乡村公共产品与服务水平的不断提高，使得乡村不断实现现代化。同时，在价值取向方面，数字治理也包含还权于社会、还权于公众的治理取向，这使得乡村在不断实现现代化的进程中也能逐步实现善治。

陶坝村乘着"为村"这股东风，加入腾讯企业在邛崃市推行的"为村"全域工程，成为"邛崃为村"的第一批试点村庄。依托"为村"平台，陶坝村将乡村治理与数字化技术相结合，创建了线上与线下相结合，"为党建、为产业、为治理、为服务"相融合的"两轨四为"新模式，同时也为各地乡村提供了可参考借鉴的成功经验与模板。在数字化发展新浪潮中，陶坝村通过"为村"建立网上课堂，拓展基层党员教育路径，拓宽党员互动交流途径，强化党组织的领导作用，实现"为党建"。同时，陶坝村还在"为村"上开通多种沟通渠道，同时积极动员机关与企事业单位、社会组织等多元社会力量入驻"为村"，切实推动供需精准衔接、高效服务群众，实现"为服务"。在乡村建设上，陶坝村也是邛崃市新乡村发展中的一张响亮亮的名片。乡风文明建设也是乡村振兴的重要推动力量，是乡村振兴软实力的体现。在数字化治理过程中，陶坝村以自治为基础，激发内生动力；以法治为根本，强化治理保障；以德治为引领，培育文明乡风，由此实现"为治理"。在农业农村发展方面，陶坝村通过互联网搭建起

"为村"智库，整合农技站、农业社会化服务组织等资源，多方面推动乡村产业的振兴，将乡村与外界紧密联系起来，实现"为产业"。数字技术的东风为陶坝村带来了新治理、新服务、新乡村、新产业与新发展。

2. 多元主体协同治理路径分析

在数字技术赋能乡村治理过程中，也离不开政府、企业、乡村等多元主体的协同治理。当今时代，单一的主体治理已不能满足社会经济发展的要求，同时各类社会力量的成熟与壮大也为多元主体协同治理提供了坚实的社会基础。尤其是近年来社会性力量如企业和社会组织的自主性不断增强，均在公共事务的治理方面产生了重要影响，乡村的治理主体从单一行政主体向多元主体转变。多主体通过运用多样的治理方式、手段、机制，建立和谐的多元主体治理体系，以期最终达到善治。

在陶坝村的治理过程中发挥主体作用的是"为村"平台、村委村民，党建主要发挥引领作用，政府作为主导力量，调控乡村整体发展，乡村产业作为辅助角色，配合乡村发展，不参与到决策中。在现代化的发展过程中，陶坝村一直坚持着"互联网+党建+乡村+基层+产业"的数字化治理新发展路径。"为村"平台的使用让村民拥有一个便捷的村务通知窗口、监督平台、反馈协商通道、素养提升路径，让村民在为建设美丽家乡出一份力的同时，大幅度提高基层治理效能，打造积极向善、丰富多彩的新乡村。在治理过程中，党建一直引领多元主体参与乡村治理。学习、传播渠道的畅通，使得党建与乡村能够紧密联系在一起，更好地发挥引领作用。陶坝村村支书孔祥华等基层干部，以及数字治理平台管理员郑小琴、陶旭江等，都会不定期地在平台上推送党的会议精神、政策指引等内容，让习近平新时代中国特色社会主义思想、党的会议精神、方针政策等内容渗透到乡村发展中去、深入到大家的心里。邛崃市委组织部在陶坝村进行考察的过程中积极推动微信平台的使用，陶坝村的基层干部带头倡导、村民们热情支持，也正因如此"为村"才进入到陶坝村。同时，邛崃市全域实施"为村"工程、创新"两轨四为"工作模式推动数字乡村治理也为陶坝村的发展指明方向、做好整体调控。从已有的数字乡村相关政策来看，农业现代化、智能化仍被重点关注。陶坝村通过互联网解决农产品滞销问题，搭建"为村"智库，整合农技站、农业社会化服务组织等资源，将乡村与外界紧密联系起来，传统农业在数字技术的加持下加速转变，不仅为乡村自身带来经济发展动力，也为乡村振兴的实施提供了全方位的大力支持。陶坝村的乡村治理新模式使得多元主体在大数据技术支撑下参与治理、提高乡村治理效能、推动乡村在共建共治共享方向发展。

3. 经验总结

对陶坝村乡村治理新模式的分析有多方面的积极意义。在理论层面，陶坝村的成功案例为数字治理理论的研究与实践发展提供有效的材料，推动公共治理理论、数字治理理论以及协同治理理论在乡村振兴等领域深度延伸。在治理实践层面，陶坝村的数字化治理经验可以向外传播至其他乡村，供其学习、借鉴，带动其他各地乡村的数字化发展，助力乡村振兴。陶坝村的乡村数字化治理有效应对快速发展的时代与不断变迁的社会，实现有效公共治理，有效地维护自身稳定、推动自身的发展与进步，开拓出信息化、现代化、城镇化的乡村发展新道路，加速乡村产业与治理发展，带动乡村发展升级，打造出新产业、新业态、新的乡村景象，逐步形成共建共治共享的治理格局，创造先进经验，推动中国本土的治理进步，凝练中国特色的治理话语。

在"互联网+党建"方面，各个村庄在引入数字化平台时，应利用好数字化平台方便快捷、信息量大、沟通及时等优势，加强党组织建设，做好乡村振兴工作中的方向引领。其一，要将党的最新理论成果、最新思想动态、最新政策方针等及时发布，为党员学习提供资料。其二，要设计打卡或发言方式，建立起学习的相关机制，督促党员用好数字化平台、学好理论知识、做好理论与实践相结合的工作。其三，要对党员在数字化平台上的发言讨论做出及时的评价与回应，一方面，营造数字化平台上的讨论氛围，促进党员之间的沟通，建立密切联系；另一方面，可在会议上对有价值的观点进一步讨论，根据实际情况落地，激发党员建言献策的积极性。

在"互联网+基层"方面，各地应当形成健康的互联网思维，利用好互联网在信息共享方面的强大功能，推动政府服务与群众需求、社会力量与群众需求的供需匹配，赋能自身发展。这就要求当地政府部门在数字化平台上提供更全面的便民服务，以数据的奔忙换来群众的便利，提高为民服务的效率和质量；基层干部要提高自身学习能力，主动使用数字化平台收集群众意见、回应群众关切、对接服务供需；社会各界则要关注数字化平台的信息，承担社会责任，贡献力量；数字化平台运营者要与相关部门一道，努力做好基础设施建设，为数字化平台更好发挥作用提供硬件支持。

在"互联网+乡村"方面，各地应当借助数字化平台，促进当地群众自治、乡村法治、德治建设。其一，当地要借助数字化平台开展线上信息公示、线上村务协商等活动，为身处不同地区的村民提供便捷的监督和协商渠道，提高办事效率，推动美丽家乡的共建共治共享。其二，要做好法治宣传教育，借助数字化平台的信息共享功能，开展法治宣传，提高村民的法律意识。其三，要重视德治在乡村振兴中的作用，从自身特色出发，举办多样化、特色化的精神文明建设活动，丰富群众的文化生活，培育文明乡风。

在"互联网+产业"方面，各地都应首先注重自身特色产业的形成，"为村"数字化平台，在一定程度上只是一个畅通销路的手段。如果没有特色产业为基础，那么数字化技术平台的加入对乡村的发展收效甚微。各地可根据当地的土壤条件、气候条件等，因地制宜，培养当地的特色农产品。其次，村民在数字化平台上发布作品时，要注重作品的质量。发布作品的质量关系到外界对乡村的持续关注度，若发布的作品新颖且引人入胜，则网上用户对乡村的关注将会持续下去。所以村民在制作作品时，要注重当地特色的展示，同时展示还要切合乡村实际，不可为了博人眼球而脱离实际。此外可以从受众的角度出发，认真分析网络用户的需求，根据用户的需求来制作作品。

在新时代发展潮流中，我国的整体治理也在不断向智慧治理、多元治理方向发展进步，但是目前部分乡村仍存在治理模式单一、治理效率低下、治理成本过高等不同的治理困境。为了更好地推进农业农村现代化的发展进程、更好地提高乡村治理能力，我国应遵循多元与协同的治理新理念、改进完善乡村治理新体系、系统构建乡村治理新模式。乡村也应跟随社会与国家发展的脚步，不断吐故纳新，打造以党建为引领主体、以政府机构为主导力量、以村民为乡村治理的行动主体、以民间组织等作为乡村治理的社会主体、以农业产业为辅助的乡村治理新体系，吸引更多力量助力建设现代化乡村，借助新技术与多方力量共同建设好新时代的美丽新乡村，齐心协力实现共同富裕。

（六）启示与未来展望

陶坝村的治理实践不仅是陶坝村发展过程中的宝贵经验积累，也是可以向其他乡村推广的治理经验，同时也具有极高的学术价值。本案例主要依托公共治理理论、数字治理理论、协同治理理论，深入分析陶坝村由贫穷落后的小山村到令人向往的桃源仙境的转变过程，为理论的发展提供一定的帮助。与此同时，陶坝村的治理实践启示着各个乡村有哪些需要注意之处。走在乡村振兴的道路上，各个乡村都可以学习陶坝村数字治理的经验，结合当地实际情况，打造符合自身特色的数字化乡村治理方案，为乡村治理添砖加瓦。

1. 回应理论，丰富理论内容

从陶坝村"两轨四为"治理模式的分析中可以看出，数字技术在乡村治理中有极强的可塑性，并且多元主体协同治理为乡村治理注入了新的活力。在互联网高度普及的今天，数字技术已经成为人们生产生活的一部分。随着互联网与乡村治理的进一步融合，运用数字技术进行乡村治理将不再是新鲜事物。陶坝村的治理新模式不仅促进了自身的发展，也为其他地区的乡村治理提供了借鉴。

陶坝村的数字化治理不仅反映着公共治理理论的内容，还对这一理论的进一步完善提供补充。其一，公共治理理论研究了协商、协作在管理中的重要性，而陶坝村通过"云"上议事厅提高村务协商效率、通过数字治理平台引入多元主体便是很好的回应。其二，这样的做法也值得研究者进一步讨论，例如，如何使基层干部、当地群众在使用线上协商平台时敢发言、发好言，保证发言的质量，以及政府如何与社会各界形成切实有效联动，都是有待思考的内容。

与此同时，陶坝村的数字治理新模式也与数字治理理论的内容相呼应，为数字治理理论的研究提供了可拓展的方向。其一，数字治理理论认为信息技术能帮助政府治理，而陶坝村依托数字治理平台开展的一系列党建、村务、村风、产业工作是对这一内容的实践证明。其二，基层干部反映的最初推行数字治理平台时遇到的困难可以成为研究者未来研究的方向，陶坝村以"情感、财富、信息"为连接点，基层干部深入群众，挨家挨户做工作、每时每刻做引导，不分白昼、不论回报，一心一意为村民、为乡村的坚定信念与实际行动都是十分值得称赞与学习的。如何走好新时代网络群众路线？如何激发乡村民众对新技术新平台的认可和支持？陶坝村对这些问题给出了实质性的回答，但未来仍需以实践为指导，不断丰富理论内容，为理论的发展与落地形成助力。

另外，陶坝村的治理实践还与协同治理理论紧密相关，并且能帮助协同治理理论继续发展。其一，协同治理启发我们要推动政府、群众、社会等多方共同投入到治理当中，陶坝村的治理反映出的正是此种协作的效果。其二，怎么能够更好地培育基层群众参与治理的内生动力，怎样吸引社会力量关注和支持基层治理等问题，还有待探索。由于党组织的特殊性，在多元主体参与乡村治理的过程中，如何在党政统合下实现多元力量整合，用数字平台驱动乡村治理也是未来的研究方向。

综上所述，陶坝村的数字乡村治理实践既是对学术理论的回应，也从实践的角度为研究的进步提出了方向。未来，研究者可从激发治理主体积极性、平衡多主体之间关系等多方面完善相关理论研究，拓宽理论应用范围与边界。

2. 响应政策，提供政策参考

陶坝村的乡村治理案例不仅丰富了乡村治理理论的发展，还积极响应乡村振兴与数字治理的政策，为我国的政策发展提供了参考。加入腾讯"为村"平台后，陶坝村线上、线下两轨并行，在"为党建、为服务、为治理、为产业"四为共举的模式下，焕发出勃勃生机。这座古朴的村落依托数字化平台实现"为党建"——将基层党员紧密团结在一起；"为服务"——提高村务通知和村务协商效率，促进基层干部与村民的精准对接；实现"为治理"——调动村民在乡村治理中的主动性，营造共建共治共享的治理格局；实现"为产业"——畅通销售渠道，打造地标文旅品牌，促进产业增收致富。

首先，乡村治理在政策制定中要重视治理理念和行为的引导与转化。只有建立起现代化的思想、数字化的理念，乡村治理的新模式才能真正地落地实施，未来的现代化发展与共同富裕才能有坚实的基础。如果没有正确的发展理念、正确的行动思想，再好的发展模式、再先进的数字技术、再大力的政策扶持也终究都是水中之月，无法得到长久的发展。所以在乡村发展道路上，要注重思想的传播与发展，搭建好精神桥梁，助力更多的发展体系、技术融入农业农村中去，从而更好地推进新时代的乡村发展。

其次，乡村治理还要充分考虑大数据的运用。在大数据背景下，基于传统治理技术的乡村治理特征已经发生了转变，国家与乡村社会的治理模式也面临着转型。近年来，乡村的人口不断流失，同时治理资源也处于缺失状态，基层政府组织的治理能力、权力不断弱化。大数据技术的应用能够帮助国家与基层乡村突破各种层级障碍，使得多元主体协同合作、共同致力于乡村治理。此外，大数据的应用势必需要数据进行整合共享，由此，便可以打破乡村治理当中的"信息孤岛"困境，在各层级各部门之间构建数据共享平台，厘清政府各部门之间的权责界限，避免职能重复和工作重叠，从而实现整体性治理，提高政府的治理效率，实现多元主体的有效协作，有效发挥各治理主体在乡村治理中的优势，激发乡村活力，提升各主体的治理能力和整体的治理效能，打造共建共治的乡村治理格局。

同时，在乡村治理实践过程中起到关键作用的是政府、乡村与社会三大部门，所以需要更加注重新时代治理模式中多元主体的协同关系。政府作为现代化治理的主导力量，不再是治理过程中的垄断权力主体，而是转向为人民服务的管理者与监督者的角色。乡村作为治理的行动主体，基层党组织要发挥好引领作用，明确方向；基层干部要积极作为，推进实施；要激发村民的治理积极性；引入社会力量提供支持，推动发展。社会的灵活性、多面性等对于公共服务、乡村发展等都具有独特的支持与推动作用，充分发挥社会在乡村治理中的作用，可以更好地提高乡村的治理能力、推动发展进程。同时也需要更重视三部门之间的协同关系，重视这种互利、互补、互赖的多元关系。

为成功实现我国乡村振兴及数字治理目标，国家应该从乡村发展的难题及需求出发，出台相关的政策及制度，为目标的成功实现保驾护航。我们坚信，在国家的政策支持及多元主体的共同参与、协同治理下，我国乡村数字化治理将焕发生机，在全国范围内进行普及，我国的乡村振兴事业也将蒸蒸日上。

五、课程计划

（一）时间规划

本案例可供案例教学课专门使用。教师行课前需做的准备、课上教学讨论各环节以及课后反馈内容可按下表参考内容进行（见表3.5），也可根据实际情况调整补充。

表3.5　教学计划安排

教学计划		内容	目标	时间
课前准备	预备与预习	①教师提前告知学生案例教学安排，并将案例文件及相关资料进行发放； ②学生课前自行阅读，熟悉案例；并查阅其他资料对政策内容、实践措施、成功案例、现有困难及挑战等加以补充，形成基本理解	使学生对案例内容有初步了解	行课前一周
正式上课	学习与讨论	①教师使用40~50分钟对案例进行呈现，从陶坝村过往困境、数字化乡村治理探索实践、未来发展方向等加以介绍； ②教师根据实际情况对学生进行分组，以小组为单位进行案例及思考成果的呈现。分组时可参照"两轨四为"模式，将学生按线上+线下、为党建、为服务、为治理、为产业分为五组，对各方发挥的不同作用及未来展望进行呈现，每组展示时间为10分钟； ③每组展示过后，教师展示思考题，各小组进行组内讨论、组间讨论，时间为20~30分钟。思考题根据实际工作中的现实问题来进行设置，可从如何培养基层干部群众互联网思维、如何更好地吸引社会力量投入乡村数字化治理实践等方面切入； ④展示及讨论结束后，教师用15~20分钟进行点评与总结，并布置课后分析报告作业及小组成员贡献度调查，汇总各小组的思考成果及学生的参与情况	以教师讲解与学生讨论相结合加深理解	3课时，每课时45分钟
课后	思考与反馈	①学生在课后以小组为单位提交案例分析报告，对政策演变、陶坝村成功原因、未来发展方向等问题进行回答，交回教师处； ②学生进行组内成员贡献度互评； ③教师结合小组课堂展示、讨论发言、案例分析报告等综合考虑，对不同组别进行评分； ④教师结合课堂发言情况及贡献度对学生个人进行评分	对本次案例教学形成反馈，促进学生深入思考	课后两周内

资料来源：作者自制。

（二）课前准备及思考问题

在教师介绍部分，教师针对学生课前对邛崃市陶坝村的了解，并结合陶坝村的历史、乡村数字化治理的大背景，介绍陶坝村转型发展经历的阶段。

（1）陶坝村乡村治理的新路径、新工作模式"新"在哪里？成效如何？

（2）为何数字化治理能够帮助古村落"旧貌换新颜"？受哪些因素的影响？

（3）通过本案例的分析，将数字化治理模式推广至社会，如何"内外合力"推动乡村振兴？

（三）课堂安排逻辑

首先从陶坝村乡村治理的特别之处入手，教师通过提出问题（1），引导学生对本案例进行梳理和整合，并请学生回答陶坝村的治理成效如何。这一部分的目的在于既带领学生再次熟悉案例，又引出陶坝村的数字化治理模式，为后面开展案例分析做铺垫。

案例引入完成后，就需要对案例的具体内容进行分析。教师通过提出问题（2），引导学生去探索陶坝村的转型过程，探索陶坝村发展的困难以及如何运用数字化技术来解决问题，进一步增强学生对数字化技术与乡村治理的了解。

本案例分析完成后，要将数字化治理模式推广至社会，帮助社会更多地方受益，助力乡村振兴。因此，教师提出问题（3），引导学生对案例进行总结并对治理经验提炼升华，分析数字化治理模式对其他地方的适用性。

（四）课堂板书设计

1. 板书设计

板书设计如图3.19所示。

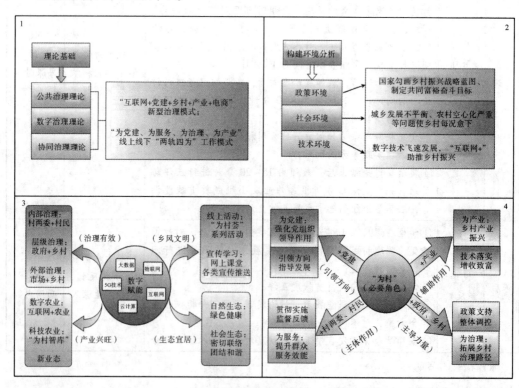

图3.19 板书设计

（资料来源：作者自制）

2. 线上线下混合式教学

线上线下混合式教学设计如图 3.20 所示。

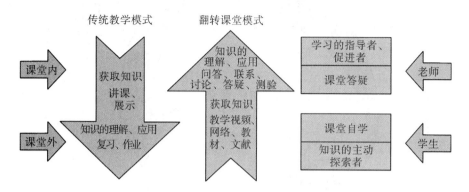

图 3.20　翻转课堂设计

（资料来源：作者自制）

3. 翻转课堂基本教学模式

翻转课堂基本教学模式如图 3.21 所示。

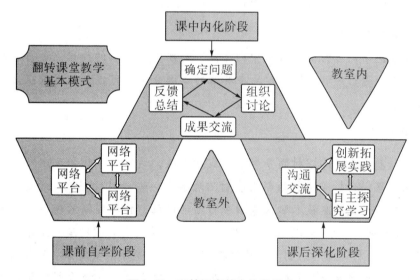

图 3.21　翻转课堂基本教学模式

（资料来源：作者自制）

4. "271" 课堂安排模式

"271" 课堂安排模式如图 3.22 所示。

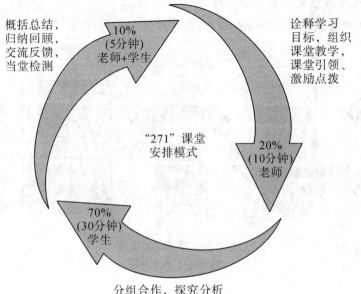

概括总结，
归纳回顾，
交流反馈，
当堂检测

10%
(5分钟)
老师+学生

诠释学习
目标，组织
课堂教学，
课堂引领、
激励点拨

"271"课堂
安排模式

20%
(10分钟)
老师

70%
(30分钟)
学生

分组合作，探究分析
展示点评，质疑拓展

图3.22 "271"课堂安排模式

（资料来源：作者自制）

（五）课堂总结

教师结合同学们自由发言过程中的亮点，对本堂案例课的知识点进行总结，并对其中的重点部分进行强调，提醒学生在其他的案例分析中可以积极运用以上分析方法和理论要点。

六、要点汇总

本案例借助邛崃市陶坝村的乡村治理成功模板，通过数字化治理以及多元主体协同治理两条新路径分析陶坝村的新型乡村治理模式。陶坝村数字赋能党建、治理、服务、产业，将新一代信息技术融入我国乡村治理过程，推动国家治理体系和治理能力现代化。"互联网+乡村+党建+产业+电商"的创新模式广泛调动多元主体力量参与乡村发展治理，"为村"平台、村委村民发挥主体作用，党建主要发挥引领作用，政府作为主导力量，调控乡村整体发展，乡村产业作为辅助角色，配合乡村发展，多元主体共同促进居民增收致富，推进乡村实现跨越式发展。随着数字化技术的快速发展，乡村治理问题不断出现，通过对陶坝村数字治理新模式内在逻辑的挖掘、党建引领多元主体共同参与乡村治理规律的探索、推动乡村振兴关键性因素的深入探究、数字技术助力乡村治理的分析，构建出"大数据技术支持、党建引领多元主体共同治理"的新型乡村治理模式。陶坝村的成功转变为其他地方乡村治理提供范本，助力全国乡村治理转型升级与精细化发展，推动数字技术更好地融入乡村、服务乡村，吸引多方力量共同实现乡村振兴，为我国实现共同富裕的奋斗目标打下坚实基础。

七、参考资料

[1] 丁波. 数字赋能还是数字负担：数字乡村治理的实践逻辑及治理反思 [J]. 电子政务, 2022 (8)：32-40.

[2] 沈费伟, 叶温馨. 基层政府数字治理的运作逻辑、现实困境与优化策略：基于 "农事通""社区通""龙游通" 数字治理平台的考察 [J]. 管理学刊, 2020, 33 (6)：26-35.

[3] 邓念国. 整体智治：城市基层数字治理的理论逻辑与运行机制：基于杭州市 S 镇的考察 [J]. 理论与改革, 2021 (4)：58-69, 155-156.

[4] 沈费伟, 叶温馨. 政府赋能与数据约束：基层政府数字治理的实践逻辑与路径建构：基于 "龙游通" 数字治理的案例考察 [J]. 河南社会科学, 2019, 29 (4)：86-93.

[5] 孟鲁平. 协同治理视角下的 "放服管" 的改革推进 [J]. 武陵学刊, 2021, 46 (4)：64-71.

[6] 李晓燕. 产业扶贫何以更好：一个均衡协同治理框架 [J]. 公共管理与政策评论, 2021, 10 (4)：61-71.

[7] 习近平. 决胜全面建成小康社会, 夺取新时代中国特色社会主义伟大胜利：在中国共产党第十九次全国代表大会上的报告 [J]. 理论学习, 2017 (12)：4-25.

[8] 杨春华, 姚逸苇. 何谓 "农村空心化"：一个结构化的概念分析视角 [J]. 农村经济, 2021 (7)：79-86.

[9] 姜长云. 科学理解推进乡村振兴的重大战略导向 [J]. 管理世界, 2018, 34 (4)：17-24.

[10] 秦中春. 乡村振兴背景下乡村治理的目标与实现途径 [J]. 管理世界, 2020, 36 (2)：1-6, 16, 213.

[11] 姜长云. 科学理解推进乡村振兴的重大战略导向 [J]. 管理世界, 2018, 34 (4)：17-24.

[12] 刘俊祥, 曾森. 中国乡村数字治理的智理属性、顶层设计与探索实践 [J]. 兰州大学学报 (社会科学版), 2020, 48 (1)：64-71.

[13] 张春华. 大数据时代的乡村治理审视与现代化转型 [J]. 探索, 2016 (6)：130-135.

[14] 王欣亮, 魏露静, 刘飞. 大数据驱动新时代乡村治理的路径建构 [J]. 中国行政管理, 2018 (11)：50-55.

[15] 沈费伟, 袁欢. 大数据时代的数字乡村治理：实践逻辑与优化策略 [J]. 农业经济问题, 2020 (10)：80-88.

[16] 陈庆云, 鄞益奋, 曾军荣, 等. 公共管理理念的跨越：从政府本位到社会本位 [J]. 中国行政管理, 2005 (4)：86-93.

[17] 孙萍, 闫亭豫. 我国协同治理理论研究述评 [J]. 理论月刊, 2013 (3)：107-112.

［18］杨国栋，吴江. 电子治理的概念特征、价值定位与发展趋向［J］. 上海行政学院学报，2017，18（3）：64-70.

［19］刘叶婷，唐斯斯. 大数据对政府治理的影响及挑战［J］. 电子政务，2014（6）：20-29.

［20］姜长云. 科学理解推进乡村振兴的重大战略导向［J］. 管理世界，2018，34（4）：17-24.

［21］肖若晨. 大数据助推乡村振兴的内在机理与实践策略［J］. 中州学刊，2019（12）：48-53.

［22］林仁镇，唐煜金，文宏. 新时代基层社会治理：使命与趋势：2021广东社会科学学术年会分会综述［J］. 华南理工大学学报（社会科学版），2022，24（2）：114-119.

［23］魏崇辉. 公共治理理论中国适用性：批判的理路与话语的构建［J］. 行政论坛，2018，25（5）：81-85.

［案例四］"尖刀"促扶贫，"柔治"共富裕

——基于湖北省宣恩县易地扶贫搬迁的观察①

摘要：易地扶贫搬迁是实施精准扶贫、精准脱贫的重要途径。农村地区搬迁工作任务艰巨，资金缺口大，群众动员工作难，总体政策执行难度大。基层干部为应对上述困境，因地制宜，制定出了一系列具体的、人格化的、情感化的政策执行策略。本案例基于湖北省宣恩县易地扶贫搬迁安置区的案例，探讨基层书记、扶贫工作组与村干部构成的基层干部是如何将国家层面的扶贫搬迁政策落地，他们在具体场景下为推动易地扶贫搬迁工作采取了什么样的行动策略。

本案例基于街头官僚理论与柔性治理的分析框架，从自由裁量权行使主体、客体、具体情境等维度出发，构建基于身份、空间及互动关系的街头官僚理论分析框架，以此阐明当精准扶贫和脱贫攻坚的贫困治理工作方略传达到农村地区之后基层干部的具体行动情境。在此情境之下，传统行政权威式政策执行手段效果甚微，基层干部只得运用自由裁量权，采取一种类似柔性治理的行动策略去推进易地扶贫搬迁工作，进而完成搬迁任务、达成减贫目标，走上共同富裕的乡村振兴道路。

关键词：精准扶贫；易地扶贫搬迁；基层干部；尖刀班；柔性治理；共同富裕

---

① 本案例一手资料源于 2021 年 6-7 月在湖北省宣恩县的实地调研；二手资料来源包括宣恩县人民政府网站、宣恩新闻网、恩施州综合门户网站等。

引言

2013 年 11 月 3 日，习近平总书记在湖南省湘西州花垣县十八洞村考察时首次作出"实事求是、因地制宜、分类指导、精准扶贫"的重要指示。2016 年，《"十三五"脱贫攻坚规划》将精准扶贫、精准脱贫作为脱贫攻坚的基本方略。精准扶贫就是要做到"六个精准"，实施"五个一批"，解决"四个问题"，即做到扶持对象精准、项目安排精准、资金使用精准、措施到户精准、因村派人精准、脱贫成效精准"六个精准"，这是精准扶贫的基本要求；发展生产脱贫一批、易地搬迁脱贫一批、生态补偿脱贫一批、发展教育脱贫一批、社会保障兜底一批"五个一批"，这是精准扶贫的实现途径；解决好扶持谁、谁来扶、怎么扶、如何退"四个问题"，这是精准扶贫的关键环节。

回顾我国易地扶贫搬迁政策演进历程，在精准扶贫理念提出之前，易地扶贫搬迁政策大多处于小范围探索、试点实施阶段。2011 年，《中国农村扶贫开发纲要（2011—2020 年）》发布后，易地扶贫搬迁工作进入全面推进阶段，这是易地扶贫搬迁演进过程中的重要节点。2015 年 12 月，国家发展改革委等五部门联合印发了《"十三五"时期易地扶贫搬迁工作方案》，为全国易地扶贫搬迁工作谋篇布局，由此各级政府加大搬迁资金的财政投入力度，出台配套政策，易地扶贫搬迁工作进入脱贫攻坚阶段。在国家政策的推动下，基层政府、基层干部攻坚克难、不懈努力，全国易地扶贫搬迁工作取得重大胜利。"十三五"期间，全国累计投入各类资金约 6 000 亿元，建成集中安置区约 3.5 万个，其中城镇安置区 5 000 多个、农村安置点约 3 万个；建成安置住房 266 万余套，总建筑面积 2.1 亿平方米，户均住房面积 80.6 平方米[1]。2021 年 2 月 25 日，国家脱贫攻坚普查公报数据显示，建档立卡以来，易地扶贫搬迁的建档立卡户达到 207.7 万户[2]。

易地扶贫搬迁，指由政府组织实施，以"政府引导、群众自愿"为原则，将居住在缺乏生存条件和"一方水土养不好一方人"地区的建档立卡人口搬迁安置到其他地区，并通过改善安置区的生产生活条件、调整经济结构和拓展增收渠道，帮助搬迁人口逐步脱贫致富[3]。易地扶贫搬迁是继土地改革和实行家庭联产承包责任制之后，在我国贫困地区农村发生的又一次伟大而深刻的历史性变革，堪称人类迁徙史和世界减贫史上的伟大壮举。易地扶贫搬迁是脱贫攻坚中的一块"硬骨头"，是重中之重、难中之难，主要表现在搬迁的规模前所未有、搬迁对象都是贫中之贫、适宜搬迁安置的空间严重不足、搬迁工作点多面广与工作链条长[4]。

---

① 《国家发展改革委负责同志："十三五"易地扶贫搬迁任务已全面完成》，国家发改委官网，2020 年 12 月 3 日，https://www.ndrc.gov.cn/fzggw/wld/zcx/lddt/202012/t20201203_1252215.html。

② 《国家脱贫攻坚普查公报》，光明网，2021 年 2 月 26 日，https://m.gmw.cn/baijia/2021-02/26/34644533.html。

③ 《国家脱贫攻坚普查公报》，光明网，2021 年 2 月 26 日，https://m.gmw.cn/baijia/2021-02/26/34644533.html。

④ 《国家发展改革委负责同志："十三五"易地扶贫搬迁任务已全面完成》，国家发改委官网，2020 年 12 月 3 日，https://www.ndrc.gov.cn/fzggw/wld/zcx/lddt/202012/t20201203_1252215.html。

这一伟大壮举是如何实现的？基层干部是如何啃下这一块脱贫攻坚中的"硬骨头"的呢？基层干部为应对上述困境，因地制宜，采取了自主性的应对策略。在具体搬迁工作中，基层组织根据实际情况思考政策执行需要调配的资源、采取的应对方法，制定出了一系列具体的、人格化的、情感化的政策执行策略。易地扶贫搬迁工作圆满收官，得益于基层政府及基层干部的贯彻执行。而基层干部位于"行政末梢"，直接影响政策执行的效果。那么，各级书记、扶贫工作组与村干部构成的基层干部是如何将国家层面的易地扶贫搬迁政策落地，他们是如何执行国家的易地扶贫搬迁政策，在具体场景下为推动易地扶贫搬迁工作他们采取了什么样的行动策略？

一、案例背景

（一）宣恩的转变：国家级重点贫困县摘帽了

湖北省恩施州宣恩县是 2014 年国务院确定的 832 个国家级贫困县之一[①]。根据湖北省 2021 年出台的《新时代湖北省推进西部大开发形成新格局实施意见》，恩施州 8 县市全部享受西部大开发政策[②]。

根据 2021 年最新行政区划，宣恩全县下辖 9 个乡镇，其中 5 个镇、4 个乡，共 147 个村和 17 个社区。全县总面积 2 737.17 平方千米，户籍人口 35.71 万人（截至 2023 年 8 月）。宣恩县内有少数民族 14 个，少数民族人口占总人口比例的 65.6%，其中以土家族居多，苗族、侗族次之。宣恩县地处湖北省西南边陲，北纬 30° 黄金分割线穿境而过，其自然资源富集，山水风光秀丽，民族风情浓郁。宣恩县是典型的山区农业县。"八山一水一分田"是对宣恩县地貌的形象写照，其 800 米以上的山地占 70% 以上[③]。得益于地形地貌优势，宣恩县自然资源富集，物产丰富，可开发水能资源量大，种植业发达，主要粮食作物是水稻和玉米，但其山地地形制约了硬化公路等交通基础设施的修建，导致当地交通基础设施薄弱，严重制约了其经济发展。宣恩县贫困人口大都居住在高山地区，务农为生，但高山地区气候寒冷，环境恶劣，耕地面积少且土质较差，面临诸多灾害性天气，农产品收成难以保证，家庭主要经济来源不稳定，贫困程度较深。

2011 年，宣恩县的贫困人口数为 124 054 人，贫困发生率为 39.1%[④]。2016 年，宣恩县的贫困人口数为 37 134 人，贫困发生率为 11.25%[⑤]。2019 年，宣恩县留存贫困户

[①] 《全国 832 个贫困县名单》，国家乡村振兴局官网，2014 年 12 月 23 日，http://nrra.gov.cn/art/2014/12/23/art_343_981.html。

[②] 《恩施州 8 县市全部享受西部大开发政策》，云上恩施，2021 年 7 月 29 日，https://estv.com.cn/tt/2270861.htm。

[③] 根据宣恩县人民政府网页"走进宣恩"的数据整理得出。

[④] 《湖北省贫困人口规模数情况通报新闻发布会》，国务院新闻办公室官网，2012 年 8 月 24 日，http://www.scio.gov.cn/xwfbh/gssxwfbh/xwfbh/hubei/Document/1208741/1208741_1.htm。

[⑤] 《湖北省贫困人口、贫困发生率（基期及 2016 年底）统计表》，湖北省乡村振兴局官网，2017 年 11 月 15 日，http://xczx.hubei.gov.cn/fbjd/xxgkml/sjfb/201809/t20180930_508345.shtml。

15 户 43 人，贫困发生率降至 0.013 6%。2014—2019 年，宣恩县累计脱贫 27 895 户 92 248 人①。

　　2019 年 4 月 29 日，经湖北省政府批准，宣恩县退出贫困县，彻底完成脱贫摘帽任务②。2020 年，宣恩县被湖北省易地扶贫搬迁工作领导小组评为先进集体，被国家发改委作为典型进行表彰。2021 年 1 月，宣恩县松坪易地扶贫搬迁安置社区被确定为首批全国脱贫攻坚考察点③（见图 4.1）。

图 4.1　宣恩县松坪易地扶贫搬迁安置社区航拍图④
（资料来源：中国国际扶贫中心官网）

　　2019 年 1 月 17 日，时任宣恩县委副书记、县长的习覃在湖北省两会第二场新闻发布会的发言中提到，宣恩县坚决贯彻习近平总书记关于"五级书记抓扶贫"的重要指示，建立县领导包片、县直单位和乡镇领导包村、村"尖刀班"和帮扶干部包组包户机制，即县委常委、人大常委会、政协主要领导领衔成立 9 个乡镇前线指挥部，落实包片县领导 34 人；派驻工作队组建村级"尖刀班"279 个（其中，167 名单位"一把手"任"尖刀班"班长），严格实行岗位在村、工作在村、吃住在村；5 656 名结对帮扶干部落实包保户脱贫任务⑤。正是这些扎进大山深处的"尖刀班"攻坚克难，才书写了一部"战贫"传奇。

　　① 《2019 年宣恩县国民经济和社会发展统计公报》，恩施州统计局官网，2020 年 5 月 20 日，http://tjj.enshi. gov.cn/xxgk/gkml/tjxx/tjgb/xsndtjg/202005/t20200520_346500.shtml。
　　② 《省政府批准阳新等 17 个县退出贫困县》，湖北省人民政府官网，2019 年 5 月 1 日，https://www.hubei. gov.cn/zwgk/hbyw/hbywqb/201905/t20190501_1391882.shtml。
　　③ 《全国脱贫攻坚考察点简介：湖北省宣恩县松坪易地扶贫安置点》，中国国际扶贫中心官网，2021 年 2 月 10 日，https://www.iprcc.org.cn/article/41s5ppizg2y。
　　④ 《全国脱贫攻坚考察点简介：湖北省宣恩县松坪易地扶贫安置点》，中国国际扶贫中心官网，2021 年 2 月 10 日，https://www.iprcc.org.cn/article/41s5ppizg2y。
　　⑤ 《习覃：279 个"尖刀班"奋战脱贫主战场》，宣恩县人民政府官网，2019 年 1 月 18 日，http://www.xe. gov.cn/xwdt/xeyw/201907/t20190725_497552.shtml。

（二）宣恩的东风：自上而下的强劲政策

1．国家的顶层设计

易地扶贫搬迁政策是国家精准扶贫的重要方略。2015 年 11 月 29 日，《中共中央 国务院关于打赢脱贫攻坚战的决定》发布，将易地扶贫搬迁作为精准扶贫的重要举措之一重点推进。2016 年，国家发改委出台《全国"十三五"易地扶贫搬迁规划》，整体布局全国易地扶贫搬迁工作，后续国务院各部委纷纷出台政策文件，对易地扶贫搬迁的行动主体、资金来源、原则、对象以及具体的搬迁规模作了宏观部署，充分发挥了国家的社会动员和资源整合能力，建构了国家层面有关易地扶贫搬迁政策执行的实施规则，为全国贫困地区的易地扶贫搬迁工作提供了总体性行动指南。从政策文件梳理中可以看出，易地扶贫搬迁是一项包含征地、住房工程建设、就业、社会保障等的综合性扶贫工程，国家层面的易地扶贫搬迁工作领导小组由国务院扶贫办领导，包含发改委、财政、自然资源、人力资源和社会保障等多个部委，各部委分别在各自的职能领域承担不同的职责（见表 4.1）。

表 4.1　国家层面易地扶贫搬迁政策文件梳理

发文时间	发文单位	文件名称	主要政策内容
2012.07.25	国家发展和改革委员会	《易地扶贫搬迁"十二五"规划》	"十二五"期间，年均 48 万人，共计 240 万人的搬迁目标，并就基本形式、总体思路、建设任务、组织方式、资金筹措、保障措施等作细致阐述
2015.11.29	中共中央委员会、国务院	《中共中央　国务院关于打赢脱贫攻坚战的决定》	部署打赢脱贫攻坚战的总体要求，将易地扶贫搬迁工作作为精准实施精准扶贫方略之一，加强贫困地区基础设施建设，破除发展瓶颈
2016.09.20	国家发展和改革会员会	《全国"十三五"易地扶贫搬迁规划》	计划在未来五年内对近 1 000 万建档立卡贫困人口实施易地扶贫搬迁。明确规定了"十三五"时期推进易地扶贫搬迁的指导思想、目标任务、资金来源、资金运作模式、保障措施等，成为各地推进易地扶贫搬迁工作的行动纲领
2018.11.29	财政部、国家税务总局	《关于易地扶贫搬迁税收优惠政策的通知》	助推易地扶贫搬迁工作，加大易地扶贫搬迁税收优惠
2019.05.23	人力资源社会保障部、国家发展和改革委员会、财政部、国务院扶贫办	《关于做好易地扶贫搬迁就业帮扶工作的通知》	加强易地扶贫搬迁就业帮扶工作的谋划部署，通过摸底调查，促进信息共享，大规模开展职业技能培训，多渠道拓宽就业门路，落实属地就业服务管理，全力做好搬迁群众的就业帮扶工作
2019.06.08	财政部、国家发展和改革委员会	《关于免征易地扶贫搬迁有关政府性基金和行政事业性收费政策的通知》	政府各级部门加大对易地扶贫搬迁工作的支持力度，对于易地扶贫搬迁项目免征有关政府性基金和行政事业性收费

表4.1(续)

发文时间	发文单位	文件名称	主要政策内容
2020.05.18	自然资源部办公厅	《关于做好易地扶贫搬迁安置住房不动产登记工作的通知》	尽快完善易地扶贫搬迁安置住房不动产登记工作审批手续,做到应发尽发;分类办理登记,简化工作流程;建立工作台账,狠抓任务落实
2021.07.08	人力资源社会保障部办公厅、国家发展改革委办公厅、国家乡村振兴局综合司	《关于开展易地扶贫搬迁安置区就业协作帮扶专项活动的通知》	结对帮扶,提升就业培训服务能力;加强对接,推动外出务工规模;拓宽就业渠道,促进就近就业;组织活动,发挥就业服务示范作用

资料来源:作者在政府网站搜集整理形成。

2. 湖北省的细致拆解

湖北省委、省政府积极响应国家政策,出台了各类易地扶贫搬迁相关文件,并结合本省实际,将国家层面的政策目标进行细致拆解,对市级、乡镇等基层地方政府的政策执行具有定步调、树规范的指导意义(见表4.2)。

表4.2　湖北省-省域层面易地扶贫搬迁政策文件梳理

发文时间	发文单位	文件名称	政策主要内容
2016.04.02	湖北省人民政府办公厅	《关于印发湖北省2016年度易地扶贫搬迁实施计划的通知》	按照党中央、国务院关于扶贫开发和脱贫攻坚重大战略决策,统筹制定2016年度易地扶贫搬迁实施计划,下达搬迁户数83 944户共计搬迁人数264 748人的年度搬迁考核任务
2017.03.27	湖北省人民政府办公厅	《关于印发湖北省2017年度易地扶贫搬迁实施计划的通知》	根据全国和湖北省"十三五"易地扶贫搬迁规划和实施方案的要求,2017年度,湖北省计划实施易地扶贫搬迁建档立卡贫困人口152 360户共计405 190人
2017.08.23	湖北省财政厅	《湖北省易地扶贫搬迁资金管理办法》	确立湖北省扶贫投资开发有限公司作为省级易地扶贫搬迁融资平台,易地扶贫搬迁资金筹措渠道为地方政府债券资金、中央安排的基本建设投资、专项建设基金、政策性贷款,并对资金支付、偿还、监管等方式具体规范
2019.05.04	湖北省扶贫攻坚领导小组	《关于进一步加强易地扶贫搬迁后续产业发展和就业工作的指导意见》	扶持特色产业发展,培育壮大新型农业经营主体,以消费扶贫扶持创业就业,创新完善产业帮扶模式,加大劳动技能培训领域资金投入力度,深化改革创新机制,从根本上解决易地扶贫搬迁安置社区产业发展和就业问题,夯实稳定脱贫基础

资料来源:作者在政府网站搜集整理形成。

3. 恩施州与宣恩县的具象落地

恩施州与宣恩县作为基层地方政府,位于国家行政体制末端,承担着国家政策的最终执行工作。将出台的政策文件内容更加细致具象,重点在于对易地扶贫搬迁工作进行全周期管理规划,确保易地扶贫搬迁政策能够最终落地落实。根据搬迁进度整理出台的政策文件，可以看出，2015年12月—2017年年底主要进行搬迁规划制定、安置点工程项目建设工作；2018年主要进行搬迁入住工作，2018年年底达成全县搬迁入住目标；自2019年起，宣恩县易地扶贫搬迁工作重心转向后续产业扶植、就业帮扶以及安置点社区治理。可以说，县域政策文本是农村基层干部政策执行的最终行动指南，体现着国家目标的地方安排（见表4.3）。

表4.3　宣恩县-县域层面易地扶贫搬迁政策文件梳理

发文时间	发文单位	文件名称	主要政策内容
2015年	宣恩县人民政府	《宣恩县易地扶贫搬迁实施方案（试行）》	明确宣恩县易地扶贫搬迁工作严格按照"政府主导、群众自愿、产业支撑、统筹安排、绿色发展"的理念进行落实，根据州定目标，宣恩县2016年需达到搬迁目标2 134户共计7 056人，2017年需完成剩下的7 747户共计23 880人
2018年	宣恩县扶贫办	《宣恩县易地扶贫搬迁安置点"1+6"建设标准》	一个易地扶贫搬迁安置点配套建设一个社区服务中心、一个就业创业空间、一个标准化卫生室、一个文化广场、一个便民超市、一户一块菜地
2019年	宣恩县人力资源社会保障部	《西湖区·宣恩县2019年易迁安置点东西部劳务协作方案》	对全县易安置点有劳动能力和就业愿望且有培训需求的建档立卡贫困人员，进行为期5~7天的就业技能培训，在培训即将结束时，结合所学的专业，有针对性地提供岗位介绍，开展专项招聘会
2020年	宣恩县精准扶贫指挥部办公室	《关于印发宣恩县2020年易地扶贫搬迁巩固提升实施方案的通知》	全面完善配套设施建设、强化产业就业增收、提升长效治理水平、各类问题整改清零

资料来源：作者在政府网站搜集整理形成。

4. "尖刀班"的政策宣讲与推动

有了好的政策，还需要有人去向村民宣讲政策并推动政策的执行，才不至于沦为"纸上谈兵"。"尖刀班"的原意是在军事作战中冲在最前面的小分队，像一把尖刀先期插入敌方阵地。由于"尖刀班"战术行动在最前面，为了保证整个团队的高效灵活与团结协作，每个队员都拥有丰富的作战经验与较高的战斗力、单兵作战能力。将精准扶贫的工作组用"尖刀班"来命名，体现了当地政府啃下脱贫攻坚"硬骨头"的决心。

2018年年初，在脱贫攻坚"滚石上山"的关键时期，恩施州发布脱贫攻坚1号令，统筹州县乡村四级力量，组建脱贫攻坚"尖刀班"，向贫困宣战、向小康进军，开启了"尖刀班"的初步探索。按照"尽锐出战"要求，全州各级机关和企事业单位共选派19 737人到脱贫攻坚一线，组建2 438个脱贫攻坚"尖刀班"。"尖刀班"成员岗位在村、工作在村、吃住在村，按照"六个精准"要求（扶贫对象精准、项目安排精准、资金使用精准、措施到户精准、因村派人精准、脱贫成效精准），深入实施"十看村、十看户"（到村：看路、看电、看网、看卫生室、看学校、看群众活动场所、看产业发展、看村集体经济收入、看易地搬迁安置点、看群众工作；到户：看安全饮水、看安全住房、看产业就业、看教育扶贫、看健康扶贫、看助残政策、看兜底保障、看其他政策、看人居环境、看群众情绪），全力推进脱贫攻坚任务落实落地①。脱贫攻坚"尖刀班"奔赴一线，以村为战场、户为堡垒，进村入户决战贫困。"尖刀班"干部由包村干部、村"两委"干部、驻村干部组成，岗位在村、工作在村、吃住在村，每月在村工作不少于20天，集中精力推进脱贫攻坚各项工作落实。"尖刀班"成员也包括了一批已经离退休的不服老的老干部，他们积极响应单位号召加入了"尖刀班"，号称"60后"的拼命三郎②。"尖刀班"干部生活在村组、工作在村组，召开村民大会、村民代表会、村民小组会，逐户遍访群众，让广大群众全面了解脱贫攻坚政策、标准和具体要求，发动群众帮助查找问题，纠正识别和退出不精准的问题，进一步完善各类人群家庭信息、档案资料和工作中存在的问题，激发贫困群众内生动力，让贫困户自觉、积极、主动投身脱贫攻坚战斗（见图4.2）。

通过"尖刀班"攻坚拔寨，恩施州如期实现109万贫困人口脱贫、729个贫困村出列、8个县（市）脱贫摘帽，绝对贫困和区域性整体贫困得到历史性解决，与全国各族人民一道迈入小康社会。

图4.2 "尖刀班"的干部在贫困户家中走访③
（资料来源：恩施新闻网）

那么，"尖刀班"的干部在入户工作时，是如何将国家层面的易地扶贫搬迁政策带到农村场域并建构出复杂工作情境的？在面对复杂工作情境时，"尖刀班"的干部采取了哪些行动完成了上级下派的搬迁任务、达成了减贫目标？

① 《〈湖北党建〉刊发恩施州基层治理"尖刀班"经验做法》，云上恩施，2022年6月29日，https://estv.com.cn/tt/2463400.htm。

② 《尖刀班有一群60后"拼命三郎"》，新华网，2020年10月28日，http://m.xinhuanet.com/hb/2020-10/28/c_1126661972.htm。

③ 《战"贫"路上，他们书写传奇——湖北恩施州脱贫攻坚"尖刀班"观察》，恩施新闻网，2020年11月11日，http://www.enshi.cn/2020/1111/1041139.shtml？from=singlemessage。

二、案例过程

（一）搬得出：基层干部的柔性治理行动策略

本案例的柔性治理行动策略是指基层干部聚焦易地扶贫搬迁过程中的具体问题，在易地扶贫搬迁工作中依据自身的经验、意志和认知，对具体情况进行判断，对乡村社会的人际交往规则进行调用借鉴，从而将情感、人情、乡贤群体等非正式治理资源进行整合动员，以唤起、改变贫困户对政策的认知，达成搬迁意愿，即通过间接动员、非正式吸纳、情面交换等具体行动达成搬迁动员的政策目标。以上所指的柔性治理行动策略主要有以下三点特征：一是政策动员、纠纷化解的形式具有乡土灵活性，创造性地化解了上级政策指导标准过于细化、刚性，与乡村社会"不适"等问题，具体执行细节虽有所诟病，但在法律、政策允许范围内尚可接受；二是国家行政权威通过间接动员、非正式吸纳以及情面交换的方式在农村场域建立起非正式关系，在具体问题解决以及纠纷化解过程中，乡土社会治理资源与传统行政权威嵌入融合，在整个搬迁过程中进行互动合作，以求顺利推进搬迁进度；三是基层干部在整个搬迁过程中通过情感关怀、亲属劝说等柔性手段征得搬迁对象的完全同意，达到高效推进易地扶贫搬迁工作且过程无暴力冲突、考核评估顺利通过的执行效果，创新性地达成了常规行政执法方式无法达成的任务目标。

1. 规则柔性变通：搬迁资质审查中的多重考量

农村作为国家治理的基层单元，是政策执行的最终落脚单位，也是国家与农民、政府与社会、干部与群众等多重关系互动博弈的空间。在易地扶贫搬迁政策执行过程中，来自国家科层体制的政治权威、压力以及乡土社会文化伦理规范，共同塑造了易地扶贫搬迁政策执行的实践情境。在这一独特的政策执行空间下，基层干部尤其是村干部，兼具村民权益代表和国家行政权威代表的双重身份，在贫困人口识别和易地扶贫搬迁协议签署工作过程中，与村民进行直接接触互动。在整个工作过程中，代表国家技术化治理取向的精准识别政策及其规则建构与农村街头官僚的日常行动模式以及乡土社会的实践逻辑相互碰撞交织[①]。政策文本蕴含的技术治理逻辑试图超越农村场域下的具体治理环境，通过量化数字标准和工具理性去指导贫困人口精准识别工作，但村庄内部的具体治理情境必然影响扶贫政策的地方实践，政策文本与现实情况之间的张力由此而生。

在农村场域中，很多事实是隐秘而晦涩的，很多情况难以用数字化的指标进行量化，因此国家统一的政策执行标准难以适应农村实际，如在易地扶贫搬迁对象名额的确定上，由于贫困线标准与当地经济发展水平挂钩，具有地区差异性，农村家庭收入测定方式难以全部量化，易地扶贫搬迁的国家政策文本的量化难以在以"情面治理"为主的农村场域贯彻实践。当政策文本与农村场域现实冲突产生了一定弹性空间时，

① 刘欣. 国家精准扶贫政策的乡村执行研究 [D]. 武汉：华中师范大学，2017.

基层干部的自由裁量权就会占据主导地位，干部们会充分权衡自身经验、外部环境等各种具体情境因素，将政策文本中的某一条款做出适度改变，从而能够快速、精确识别贫困对象。

"虽说村里只有巴掌大，但有些情况也不是明面上能够看得出来的。村里做事也不能太过分，说不定哪天还要求人办事。尽量往政策上面靠。"（访谈资料，20210627，HQP 村支书）

2. 间接动员：搬迁动员"非强制化"

张大爷原住药铺村，家中三口人，2010 年其妻子重病一场，家庭生活水平也因此直线下降。他们一家人住在偏僻的小山坡上，交通不便，家中只有两间狭窄矮小的木瓦房，张大爷的儿子 28 岁，仍未结婚，这是张大爷夫妻俩心中放心不下的头等大事，张大爷经常请人帮忙给自家儿子介绍合适的姑娘，但因为家境贫寒，多年来一直没能有好结果。

"我没迈过几天学堂门（接受教育较少），也不能完全懂得什么扶贫政策，啥子事情村里干部都是直接和屋里娃儿打电话说的，村干部把娃儿说心动了，但我就不想搬下来，搬下来吃水都要花钱，开销不起，为搬不搬下来这个问题，和屋里娃儿吵了好几次嘴，村里干部怕我们屋里闹矛盾，就又上门劝，一边说政策好，一边又劝我们两个多为娃儿着想，搬下去住，屋里几多亮堂，不耽搁娃儿的婚姻，这么一说，就算我们心里再不情愿，还是答应搬了，也是真的怕耽误娃儿说亲，我们两个老的毕竟要向着娃儿看的嘛，当父母的都这样。"（访谈资料，20210629，松坪安置点居民张大爷）

易地扶贫搬迁对象多为年老体弱贫困户，他们较少接受教育，安土重迁的情结严重，采取直接进行政策宣讲、开动员大会等方式可能无法直接提升贫困户对于国家政策的认知，甚至有可能引起他们的情绪抵触。就政策执行效果来说，为了直接有效地进行搬迁动员，基层干部采取一种更加灵活的柔性行动策略——间接动员，即充分利用贫困户的亲缘力量进行动员。

村干部基于对张大爷家庭情况的了解，充分利用两老"软肋"，另辟蹊径，给张大爷儿子讲政策，做工作，充分争取年轻人对于政策的理解认同，同时也向其阐明其中利害关系，劝说其与父母进行商谈，用父母对子女的牺牲奉献精神和家庭共同体意识中的同进退精神"软化"张大爷夫妻，这样一来，即使家庭谈判过程不顺利，也能"大事化小、小事化了"，这样一种间接动员方式，策略性地消解掉了基层干部的执行阻力，有助于快速达成搬迁意愿。

基层干部的最终目的是顺利动员，达成政策目标，张大爷儿子的最终目的是把握政策机会，而张大爷夫妻是二者共同的目标对象。从国家权力行使角度看，驻村干部代表的国家权力以一种非正式方式深入到基层社会甚至是家庭内部，搬迁过程充分尊重民众意愿，表面看来，政策动员过程的行动者由基层干部转变成贫困家庭的核心成员，国家行政权力隐形退场，基层群众的政治自主权加强。

3. 非正式吸纳：柔化刚性权力结构

当易地扶贫搬迁政策作为外生性资源变量进入农村，可能会改变农村传统的家庭生计模式，也可能对传统人情社会秩序产生破坏，使建立在熟人社会基础上的人际关系网络产生裂缝。我国当代农村以人际关系的差序性为本质特征的"差序格局"依然存在，并且发挥着不容忽视的作用，诸多驻村干部虽然代表着国家行政权威，担负着"政策下乡"的重要使命，承担着帮助他们脱贫致富的职责，但对于内部拥有相对完善的村民组织的贫困村组而言，驻村干部相当于村集体的外部行动者，是"外人"，贫困户对于他们肩负的使命和职责存疑，要想顺利推动工作，驻村干部必须积极融入村支两委及村民小组，在熟人化乡土环境中策略性地黏合碎片化的人情、面子等人际关系资源，实现身份的本土化，缓和因陌生和立场不一带来的紧张关系，建立起信任联结。在彼此联结、非正式吸纳中，国家贫困治理的权力结构得到柔化。

"我们受过培训，晓得易地扶贫搬迁是个好政策，但当你天天和贫困户讲政策的好处，他们也还是不信的时候，只有找他们信得过的人去跟他们讲，他们才觉得不会上当受骗。"（访谈资料，20210628，Y社区支部书记，原"尖刀班"成员）

"红旗坪村就有个犟拐拐（固执的人），跟邻居们也处不好关系，当时我们上门做工作门都不开（村民不接待入户动员的工作人员），我们实在没得办法，听他屋坎下的另一家人说，估计一位老校长的话他有可能听得进，因为他儿子上学时受到了老校长的关照，我们就好说歹说把老校长拉着一起上门做工作，看在老校长的面子上，他才肯把我们请进门。"（访谈资料，20211125，州交通管理局员工，原HQP村驻村干部）

政策执行活动的目标就是通过规划、宣传、协调与控制等多种互动和环节，综合运用各种资源，使政策作用于特定政策对象，实现政策目标。那么，易地扶贫搬迁政策的宣传动员工作也应当充分吸纳多元主体参与，借力乡贤，给予他们一些物质奖励或精神褒奖，使他们愿意充当中介，弥补村民群众对于国家政策的认知鸿沟，推动国家政策在农村地区执行实践。从这个角度来说，易地扶贫搬迁政策执行工作就由基层干部的小群体行动扩充为多元主体的互动合作。

乡贤们与农村场域天然的联系积累了他们独特的个人魅力和社会影响力，使得他们能够在某些关键决策上，充当贫困户的关键意见领袖，为驻村干部开展群众工作积累人脉，为其身份进行背书，促进易地扶贫搬迁政策的宣传。同时，驻村干部可以利用村庄内部老党员政治立场坚定、群众工作经验丰富的优势，在遇到搬迁动员、拆旧复垦这些艰难的谈判工作——被喻为易地扶贫搬迁工作中"难啃的硬骨头"时，充分吸纳"五老"① 乡贤参与，组建政策宣讲团，发挥"五老"乡贤治理余热，以乡贤智慧推动工作进度，有效促进搬迁过程中矛盾纠纷得到及时有效化解，以社会力量增添行政智慧。

4. 情感认同：干群关系的维护

因为扶贫工作需要长期驻村，且主管单位的考勤管理规定和扶贫政策的贯彻落实都必须依靠驻村干部频繁的日常交流和入户工作，所以驻村干部与当地村民建立起了密切联系。驻村"尖刀班"代表国家权力介入农村社会，但在农村场域，科层指令暂时失效，"以情换情""以情感人""人心都是肉长的"等情感化运作方式使得驻村干部与村民在互动交往中建立起相互理解的情感认同。在访谈中，几乎所有基层干部都提

---

① "五老"通常指老干部、老战士、老专家、老教师、老模范。

到了用这种非正式、情感化的工作方法去"软化""钉子户"。基层干部非常重视维系干群关系，小至开车带村民到县城办事，帮他们代写一些书面材料，在村里婚丧嫁娶等仪式上担任管事；大至帮助老百姓一起发展产业，种植药材。

"我们做扶贫工作，接触对象很多都是留守在家的老人，你和他们讲道理，大多数行不通，只能用情感感化他们，轻言细语地跟他们说明来意，真心实意地帮他们做一些力所能及的小事，让老人觉得你这个人并不坏，很多工作才能开展。"（访谈资料，20211125，州交通管理局员工，原 HQP 村驻村干部）

维系干群关系也是宣恩县基层扶贫干部们帮扶工作的重要内容。在日常工作接触中，帮扶干部们通过非正式关系与贫困户建立友谊，像朋友一样经常去农户家串门走动，在吃饭聊天时做思想工作；逢年过节，还会捎上一些礼物去贫困户家中送温暖。也正是通过这些非正式的人际交往，帮扶干部与普通百姓打破了身份壁垒，双方建立起一种亲密平等的友谊关系，对于老百姓来说，驻村扶贫干部的身份不再是国家干部，而转化为自己的朋友，那么，支持他们的工作，就演变成支持朋友的工作，从私人关系上，如果阻碍了他们的工作，伤害的是彼此之间的私人关系，这种做法显然是不符合人际交往中的情理规则。

（二）住得稳：安置社区的贴心用心服务

易地扶贫搬迁旨在帮助深山区、高寒区贫困群众提升居住环境，拓展生计渠道，最终摆脱贫困。自宣恩县易地扶贫搬迁工作启动以来，2016 年通过"回头看"再次精准识别，最终锁定搬迁对象 10 840 户共计 34 623 人。宣恩县因地制宜，采取集中安置策略，集中安置率为 95%，安置点建设则按照"六靠近"原则（靠近县城、集镇、中心村、景区、工业园区、福利院）集中选址建设，交通条件便利，基础设施完善，针对性解决"看病难、就医难、入学难"等问题，有效防止因病、因学、因灾致贫。

宣恩县作为易地扶贫搬迁政策执行责任主体，政策文件主要以湖北省或恩施州政策文件为解释口径和行动指南，在上级政府掌握政策核心要义的基础上进行地方性演化、专项比对拆解，其政策落实主要从基础设施建设、就业帮扶与培训体系建设、社区治理体系建设三大维度展开。

在基础设施建设方面，以电力为例，2018 年国网湖北省电力有限公司宣恩县供电公司年度投资 3 060 万元，共计 29 个大项，81 个单项工程，新建、改造 10 千伏线路 54.044 千米；新建、改造配电变压器 69 台，容量 12 180 千伏安；新建、改造低压线路 97.797 千米，柱上开关 4 台，开关柜 3 台。整体项目完工后，解决了 3 874 户易地扶贫搬迁户安全用电问题[①]。小区依山傍水，楼房宽敞明亮，新居水电已通，每户还分有菜地。宣恩县以政策暖民心，在集中安置点创新"1+6+N"配套建设模式，即每个安置点配套建设社区服务中心、就业创业空间、标准卫生室、文体活动广场、便民超市、一块菜地，同时补充四点半学堂、老年活动中心、爱心澡堂、心理咨询室等配套实施，

---

① 《宣恩 | 易地扶贫搬迁农网改造项目集中开工总投资 3 060 万元》，云上恩施，2018 年 3 月 27 日，https://estv.com.cn/sh/151028.htm。

人性化拓展各项服务。结对干部主动帮忙搬新家，开展一对一入住事项培训，彻底打消搬迁户顾虑。许多易迁群众难舍故土的乡愁被安置小区完善的基础配套设施化解。

在就业帮扶与培训体系建设方面，宣恩县多措并举，在建设安置小区时就提前规划布局农业示范带与工业园区，并积极在省内外招商引资，与东部沿海发达地区合作，一方面进行劳务输出，另一方面引入工业产业，创造就业岗位，增设公益性岗位，吸纳易迁居民就近就业，为当地人提供多种形式的就业机会。同时，宣恩县多次开设扶贫专项招聘会，定向进行就业培训，增强安置点居民就业能力。

在社区治理体系建设方面，宣恩县安置小区的治理工作在充分把握乡土民情的基础上，积极发挥党建引领作用，探索出了因地制宜、规范高效的社区治理模式。在搬迁动员中，宣恩县根据易迁户意愿，就近村镇集中打捆，形成集中安置点。诸多易迁户从分散村落搬进集中安置城镇集中安置点，生活环境面临巨大变化，极易造成生活不适、邻里纠纷。那么，如何妥善进行安置小区社区治理、组织公共服务、协调安置矛盾纠纷，让安置居民快速融入社区环境，提升安置居民在新生活中的幸福感，成为各安置点必须破解的难题之一。

为全面加强党建引领易地扶贫搬迁工作，宣恩县加强易地扶贫搬迁安置社区党组织建设，完善搬出地与搬入地党组织分工协作和沟通机制，采取选派党建指导员、划转下沉党员等方式，成立9个易迁安置社区党组织，派驻优秀党员干部担任安置社区党支部书记，建立健全党领导下的多元主体参与且自治、法治、德治、智治相结合的安置社区基层治理机制。同时，宣恩县全力推进社区居委会建设，充分征求社区居民意见，批复设立9个易地扶贫搬迁安置社区居委会，其工作经费比照城市社区20万元/社区·年标准纳入财政预算；全域健全社区公益性机构，按照楼栋划分网格、推选楼栋长，党组织牵头成立红白理事、助老扶幼等公益性组织，为居民提供精神文明需求服务，形成"社区党组织+社区居委会+网格员+楼栋长+社会组织+易迁居民"的社区组织架构①。

（三）能致富：扶上马再送一程

在2021年2月25日全国脱贫攻坚总结表彰大会上，习近平总书记强调，脱贫摘帽不是终点，而是新生活、新奋斗的起点。解决发展不平衡不充分问题、缩小城乡区域发展差距、实现人的全面发展和全体人民共同富裕，仍然任重道远。我们没有任何理由骄傲自满、松劲歇脚，必须乘势而上、再接再厉、接续奋斗。

宣恩县脱贫之后，"尖刀班"并未完成任务就就地解散，而是在做好巩固拓展脱贫成果的同时，有序推进乡村振兴各项工作，在产业发展、基础设施建设、旅游开发等方面，制定落实乡村振兴和美丽乡村建设的实施方案和规划。"尖刀班"再出发，在路上。

宣恩县高罗镇向家坪村下辖12个村民小组309户1 179人，其中脱贫户245户840

① 《宣恩"1+6+N"赋能易迁社区治理》，宣恩新闻网，2022年4月22日，https://www.xinxe.com/nync/2426272.html。

【案例四】"尖刀"促扶贫，"柔治"共富裕人，2021年人均可支配收入10 280元，曾多次荣获州、县"文明村"荣誉称号。近年来，向家坪村以"一长两短"（一种收益周期长的长效主导产业、两种以上当年可收益的短效产业）农业产业为支撑，借助中国建设银行恩施分行驻村帮扶力量，全面推进"银行+专业合作社+农户"的发展模式，做优做强特色产业。该村抓住中国建设银行恩施分行驻村的有利契机，充分发挥信贷支持的优势，通过银行信贷支持培植市场主体和种养大户，市场主体和种植大户带动村民共同发展产业，探索"银行+专业合作社+农户"的产业振兴新模式，构建稳固可持续的利益联结机制。此外，该村利用州直单位驻村优势，大力开展消费帮扶，动员帮扶单位职工购买村内农副产品，并与大型商超建立联系，助力向家坪村农产品销售。如今，向家坪村产业遍地开花，拥有蜜蜂养殖户100余户、肉牛养殖户30余户、烤烟面积120余亩，发展猕猴桃种植200余亩，全村产业实现了从无到有、从散到整、从弱到强的华丽转变。未来，向家坪村将进一步提档升级特色产业，让广大村民持续增收，不断增强广大村民的获得感、幸福感和安全感，打造富美向家坪①。

三、结束语

在精准扶贫和脱贫攻坚的宏观制度背景之下，国家强力推进易地扶贫搬迁，各级政府详细解读政策文本，颁布专项文件，重塑基层干部复杂的政策执行环境。本案例关注具体情况之下，易地扶贫搬迁政策执行过程中政策执行主体与政策对象的一系列互动行为，重点分析农村基层干部行动策略及其主要表现。

中央政府、基层地方政府及其作为基层行政权力延伸而建制的村支两委，构成了从国家到农村社会的科层制政策文本传递链条，形成了易地扶贫搬迁政策执行的"中央统筹、省负总责、县抓落实"的三级组织责权机制，最终落脚到农村场域。易地扶贫搬迁在国家的强力推动下进入农村场域，迅速演变为基层政府的中心工作。同时，易地扶贫搬迁政策连带的一些国家资源，也将作为独立情景变量影响农村基层组织原有的组织行为逻辑，重塑更为复杂化、动态化的农村场域政策执行环境，而基层干部作为国家易地扶贫搬迁政策在农村村组层面的执行者，实际扮演着政策执行的街头官僚角色，承担着多重压力。在搬迁资质审查、搬迁动员以及脱贫摘帽考核评估工作中，他们基于街头官僚的身份、农村场域具体行动情境，充分发挥自身治理经验，自由裁量，运用了一系列柔性治理的行动策略，这些行动策略，帮助基层干部顺利达成上级政府指定的政策执行目标，成为国家政策在地方层面的实践呈现。

本案例通过叙事性方式呈现作为国家精准扶贫重要方略的易地扶贫搬迁政策在村庄层面落地实践的过程，回答了基层干部采取何种行动达成上级派发的考核目标的核心议题。具体来说，搬迁资质审查规则柔性变通可以理解为国家标准化政策文本与乡土实际难以融合，基层干部为了加速推进搬迁工作进度、维护干群关系而进行的自由

---

① 《探索助农新方式 拓宽乡村振兴路》，恩施州政府官网，2022年10月12日，http://www.enshi.gov.cn/xw/xsdt/202210/t20221012_1359223.shtml。

裁量；"间接动员""非正式吸纳"可以理解为在精准扶贫和脱贫攻坚的实施过程中，"强制命令"方式再无可用空间，而"间接动员""非正式吸纳"等一系列的柔性动员手段更适宜于脱贫攻坚时代的外部制度环境和村庄内部治理格局，所以，基层干部在工作过程中，充分发挥"五老"乡贤余热，通过亲情化的话语表达和多元化的人情处理技术，策略性完成上级单位下达的行政任务并维持自己的行政官僚身份与相关利益。

但是，上述柔性治理的行动策略要防止落入窠臼，仍需依托现代法治精神和协商民主，需要对基层干部的考核标准进行科学合理化的细致思考和制度设计，合理规范其行为边界，基层干部仍然应当秉承"忠实执行，灵活运用"的原则对待政策文本。但是，对于基层干部在政策执行过程中的主观能动性，也应当予以了解、认同，在充分发挥其积极影响的同时，认识、消解与转化其不良影响。此外，应当基于农村振兴和基层治理现代化的长远发展视角，发展农村地区的经济生产，同时适当增加基层干部的福利津贴，对基层干部加强民主法治和职业道德的相关教育培训，鼓励基层干部成为基层治理的推动者而非阻滞者，从而推动基层政策执行的有效性，提高基层政策执行力和基层治理现代化。

在易地扶贫搬迁后续扶持中，基层政府、驻村干部和搬迁居民之间的互动情境和互动方式仍是关注重点，尤其在国家明确提出乡村振兴战略的背景下，巩固易地扶贫搬迁成果，解决农民政治认同以及社区共同体建设等基层治理问题更应该回到这个重点。我国农村是一个充满人情关系的乡土社会，情感、关系是重要的治理资源，即使"数字下乡""资源下乡"加强了农村社会基层治理技术，但情感、乡贤群体等非正式治理资源仍然具备用武之地，不该舍弃。本案例希望通过讨论基层干部在易地扶贫搬迁中的柔性治理行动策略，探析出国家政策在农村场域的落地实践过程，为提升后续其他扶贫政策和具体措施制定的合理性和实操性提供一定的参考建议。

教学研讨的参考性问题

（1）我国精准扶贫、脱贫攻坚、易地扶贫搬迁的相关文件有哪些？三者之间的关系如何？分别经历了怎样的发展历程？

（2）基层干部在执行国家政策时可能会面临哪些挑战？应该如何应对？

（3）请设想一下，如果你是村民，你有多少种不搬家或者搬家的理由？你会如何向执行政策的干部们解释你的理由？

（4）如果你是执行易地扶贫搬迁政策的基层干部，面对村民对政策的不理解、不执行以及多元的诉求，你会采取什么方式应对？

（5）可以结合哪些公共政策评估相关理论对该案例进行分析？

教学指导手册

一、教学目标

（一）教学用途

本案例着重讨论的问题是贫困问题与公共政策的执行，尤其是公共政策执行过程中执行情景复杂性与执行人员的行动策略。本案例在具体的教学过程中要实现的教学目标有：

1. 价值目标

引导学生领会"上下同心、尽锐出战、精准务实、开拓创新、攻坚克难、不负人民"的脱贫攻坚精神，培养学生的家国情怀和使命意识，广泛践行社会主义核心价值观。

2. 知识目标

引导学生了解并熟悉全国精准扶贫与脱贫攻坚的相关条例和重要事件，了解我国公共政策的体系设计与执行的制度环境以及执行的本土特殊性，了解"政策下乡"的中国故事。

3. 能力目标

一是培养学生运用公共政策相关理论发现、分析、解决实际问题的综合能力；二是提升学生团队合作、语言表达和写作等方面的能力；三是提升学生学习和分析案例的能力。

（二）授课对象

本案例主要适用对象为行政管理、社会学、社会工作相关专业本科生、公共管理硕士、社会工作硕士以及对农村扶贫有相关研究的学习者。

（三）适用课程

本案例适用于社会学原理、公共管理理论、公共政策分析、社会政策、地方政府管理等相关课程。

二、启发思考题

（1）我国精准扶贫、脱贫攻坚、易地扶贫搬迁的相关文件有哪些？三者之间的关系如何？分别经历了怎样的发展历程？

（2）基层干部在执行国家政策时可能会面临哪些挑战？应该如何应对？

（3）请设想一下，如果你是村民，你有多少种不搬家或者搬家的理由？你会如何向执行政策的干部们解释你的理由？

（4）如果你是执行易地扶贫搬迁政策的基层干部，面对村民对政策的不理解、不执行以及多元的诉求，你会采取什么方式应对？

（5）可以结合哪些公共政策评估相关理论对该案例进行分析？

三、分析思路

（一）街头官僚理论

街头官僚理论是一个从西方引进的概念，源于美国 20 世纪 60 年代。迈克尔·利普斯基（Michael Lipsky）在其著作《走向街头官僚理论》中首次提出了"街头官僚"的概念，意指"工作中与公民直接互动，并且在工作实施中拥有实质自由裁量权的公共服务工作者"，其本质内涵是直接互动和自由裁量权。利普斯基所指的街头官僚主要包含警察、教师以及其他执法人员，他们具体有以下特征：其一是在日常工作中与公民直接互动；其二是他们在官僚结构中的工作使得他们在工作表现中有很大的自由度；其三是他们的日常工作表现对公民生活的影响是广泛的①。

国内学者关于"街头官僚"的研究始于 2003 年，叶丽娟和马骏认为街头官僚是指工作中直接面对公民的基层政府工作人员，与其他层次的官僚不同，街头官僚在政策执行过程中时常需要做出针对公民个人的决策，并且在做出这些决策时拥有一定的自主抉择权②；韩志明则将街头官僚的概念进行空间化建构，认为街头官僚处于政府金字塔体系的底端，工作中与公民直接接触，在面对面的情境中提供公共服务，呈现出一种鲜明的空间在场关系③。在此基础上，街头官僚概念由西方传统意义上的"行政执法类公务员"泛化为普遍意义上的"基层公务员"或者不局限于公务员队伍之中④。那么，譬如村干部这类"准政府成员"也可被涵括在内，进一步拓展了街头官僚理论的研究对象。有关街头官僚理论的研究始终围绕着两个核心议题：政策执行和自由裁量权。这两个议题密切相关，采用一种自下而上的视角审视公共行政或基层政策执行不当的问题。

（二）柔性治理

政府面临的治理难题，是柔性治理逐步发展的主要原因。柔性治理概念由柔性管理发展而来，是柔性管理与治理理论相结合的产物⑤。在公共管理领域，柔性治理的基本逻辑在于打破传统官僚制单一、强硬的威权治理模式，强调权力的柔性化运作和政社良性互动。乡村柔性治理是指国家权力接入乡村社会时，以软法和软权力为主要治理手段⑥，更多地采用心理疏导、人文关怀等柔性执法手段⑦，通过分散化的集体动员、

---

① LIPSKY M. Street-level bureaucracy and the analysis of urban reform [J]. Urban Affairs Quarterly, 1971, 6 (4)：391-409.

② 叶娟丽，马骏. 公共行政中的街头官僚理论 [J]. 武汉大学学报（哲学社会科学版），2003 (5)：612-618.

③ 韩志明. 街头官僚及其行动的空间辩证法：对街头官僚概念与理论命题的重构 [J]. 经济社会体制比较，2011 (3)：108-115.

④ 董伟玮，李靖. 街头官僚概念的中国适用性：对中国街头官僚概念内涵和外延的探讨 [J]. 云南社会科学，2017 (1)：26-33.

⑤ 胡卫卫，杜焱强，于水. 乡村柔性治理的三重维度：权力、话语与技术 [J]. 学习与实践，2019 (1)：20-28.

⑥ 胡卫卫，于水. 乡村公共话语场的理论逻辑、变迁轨迹与建构路径 [J]. 求实，2019 (5)：100-108.

⑦ 刘祖云，孔德斌. 乡村软治理：一个新的学术命题 [J]. 华中师范大学学报（人文社会科学版），2013，52 (3)：9-18.

亲情化的话语体系、多元化的治理技术提升乡村治理绩效的治理方式①。从这个角度来说，柔性治理是应对刚性治理失灵的一种结果，即通过弱化行政权威，强化乡村内生性资源的运用，其运作的机理在于政社良性互动下的内生培育②，其内在价值的前瞻性在于其能够化解资源型贫困村庄刚性治理失灵，为资源贫困型村庄精准脱贫提供一条新路径③。

四、案例分析

（一）分析框架

本案例中街头官僚理论重点应用其自下而上的研究视角和自由裁量权的概念，即用自下而上的行动主体视角重点关注政策执行主体的具体行动策略④，而自由裁量权又是街头官僚的属性特征；自由裁量权中的"自由"是一个相对层面上的理论概念，是现行法律法规和政策约束下的自由，其具体展现方式受行动主体专业地位的影响⑤。关于自由裁量权，本案例关注的重点是基层干部在易地扶贫搬迁政策的具体执行过程中，基于具体情境，自由裁量而产生的行动策略。

本案例所指的柔性治理并非严格意义上的柔性治理，更多是一种柔性治理策略，是基于实地走访，将宣恩县基层干部在易地扶贫搬迁政策执行过程中采用的一系列柔性化的行动策略概念化为柔性治理。具体来说，本案例所指的柔性治理内涵如下：基于农村社会特性，村庄层面的贫困治理和扶贫政策执行具有非规范化的特征，仅仅依靠政策文本和行政命令难以实现农村场域的政策执行和贫困治理目标。在本案例中，柔性治理仍然表征为国家权力在场（驻村干部下沉农村），但只是权力以一种非正式化的方式运作，例如间接动员，相对于规范化的权力运作而言，是较为灵活的一种治理方式，更适宜农村场域的政策执行。

在本案例中，国家制定的系列扶贫纲要与规划是理想化的政策，其目标是需要采用多种措施进行扶贫的贫困人口，需要以"五级书记"的工作机制调动大量的基层干部组建扶贫"尖刀班"在具体的乡土情境中执行政策，最终在2020年达到全体脱贫的目标。

易地扶贫搬迁是我国扶贫开发的重要举措。在易地扶贫搬迁政策执行过程中，上级政府，包括中央政府、地方政府（省、州、县级政府）在政策行动主体中扮演着政策制定者角色，其中中央政府进行政策文本建构、总体部署；省级政府结合本省实际，将国家层面的政策目标进行细致拆解，将搬迁脱贫目标逐一分配给市（州）级政府；

① 曹召胜. 从"力治"到"柔治"：基于武陵民族地区Y村治理实践的考察 [J]. 湖北民族学院学报（哲学社会科学版），2018，36（5）：113-119.

② 胡卫卫，余超. 乡村柔性治理的发生逻辑、运作机理与应用路径 [J]. 兰州学刊，2021（5）：144-155.

③ 胡卫卫，于水，杨杨. 资源型贫困村庄柔性治理的发生逻辑及实现路径 [J]. 农林经济管理学报，2020，19（3）：371-378.

④ BRODKIN E Z. Reflections on street-level bureaucracy: past, present, and future [J]. Public Administration Review, 2012, 72（6）: 940-949.

⑤ EVANS T. Professionals, managers and discretion: critiquing street-level bureaucracy [J]. The British Journal of Social Work, 2010, 41（2）: 368-386.

基层政府，例如市（州）级政府，承接省级政府任务目标，再度细化，下派给县、乡镇政府；县级政府不再单独出台政策条款，而主要对上级政府的指导文件进行专项拆解，调配人员将上级政府下发的政策文件、政策目标巩固落实；基层干部是最终端政策执行者，自上而下的搬迁目标、搬迁时限以及减贫目标等诸多行政压力最终都会落在他们身上。"5天4夜，吃住在村"的驻村考勤管理使得他们长期工作在村，其政策执行的"街头官僚"身份兼具街头性和官僚性的特性。在农村场域下工作，他们与作为政策目标对象的村民进行直接互动交流，村民向其表达利益诉求，他们针对性地完成诉求整合与回应。

易地扶贫搬迁作为一项综合性扶贫开发工程，携带着诸多附加性政策资源，当其伴随着驻村干部下沉农村时，极大可能重塑村庄原有的利益格局，引起搬迁名额纠纷，即不符合条件的村民争夺搬迁贫困户名额，因此基层干部要谨慎协调人际关系，避免干群矛盾。与此同时，举家搬迁对于一个农村家庭而言又是一项重大决策，足以改变整个家庭的生计模式，安土重迁的保守思想使得众多符合搬迁资质的贫困户不愿搬迁，在"政府主导、群众自愿"的易地扶贫搬迁政策原则指导之下，整个搬迁工作只有在群众自愿的前提下方可展开，基层干部无法强力执行，承受着政策文本与农村场域实际不符的情境压力。那么，如何获取搬迁对象的同意，签署搬迁协议，从而快速完成自身背负的减贫考核指标，这极大考验着基层干部的政策执行智慧。基于以上所有复杂的行动情境，传统的行政指令式手段效果甚微，基层干部反复进行各种权衡，自由裁量，最终选择了一种柔性治理的行动策略。具体来说，其行动策略选择如图4.3所示。

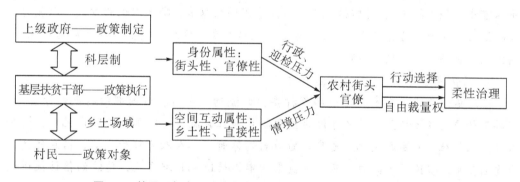

图4.3 基层干部在易地扶贫搬迁政策执行过程中的行动策略选择

（资料来源：作者自制）

（二）柔性治理行动策略何以产生

1. 脱贫攻坚形势下基层干部政策执行的理性选择

国家政策文本必须强力规范，以量化标准衡量政策实施效果，以机构建设和制度规则推动政策执行，但我国幅员辽阔，各地实际情况千差万别，尤其是基层农村，更多的是由人情关系建构起来的乡土社会。作为政策执行者的基层街头官僚必须务实，扎根一线，倾听村民真实的情感表达和利益诉求，只有充分置身于工作一线，才能灵活应对工作中的各种情况。那么，上述策略性行动是基层干部在政策执行过程中应对执行环境的变化而做出的行为选择。对其执行策略的理解既要考量脱贫攻坚背景下扶贫绩效的考核压力，又要考量贫困户作为政策目标群体权益意识的觉醒和谋利倾向。前者对于基层干部而言，一方面，带有相当的制度刚性；另一方面，这些考核压力具有激励效果，可通过扶贫绩效监督考核的科层制运作，给予时常的监督和少量的激励，以保证易地扶贫搬迁政策执行时不走样。后者对于基层干部而言，长期"政策下乡"使得农民的法律意识和权利意识不断觉醒，很多重点工作依靠规范化的行政权威难以运作，甚至是很多常规性的任务也离不开贫困户的支持和配合，但这些任务达成度又直接与基层干部，特别是与驻村干部挂钩，造成基层干部与贫困群众的关系发生倒置，不再是贫困户依赖于干部带来政策福利，而是基层干部更依赖于贫困户给出满意的工作评价。再加上贫困户比较清楚驻村干部的考核标准、底线原则等，基层干部与贫困群众之间的博弈天平发生倾斜，基层干部行为处处受到监督和制约，既要完成刚性考核指标，又没有任何强力手段可用，理性抉择的结果只能是以"柔性策略"去替代"强制动员"，以"柔性治理"代替"行政权威"。

2. 农民生计渠道多元化削弱了村两委治理权威

随着家庭收入渠道逐渐多元化，相较于祖辈，村民对于土地依附程度呈现不断降低的趋势，自然而然，其对于村干部分配公共资源的期盼度也日趋降低。如此，作为村集体管理者的村干部的影响力也必然日渐衰微，因为经济依赖程度很大程度上直接影响村民对待农村公共事务及其管理者的态度与方式。村民对于土地依赖程度降低，民主及法治意识却逐渐强化，与两股觉醒力量对比，村支两委的权威也必然呈现衰弱化趋势，尤其是有"政府主导、群众自愿"的搬迁动员原则指导，传统凭借行政权力命令不再适用于当前的农村社会环境，命令执行式的工作方式失去效力，基层干部几乎不可能"强力执行"，通常情况下，只能采用动之以情、晓之以理的方式，以相对柔和的话语体系进行动员宣传。强制命令农户服从指令的方式不符合"群众自愿"原则，村民们也变得更加"服软不服硬"。

3. 互联网时代拓宽了群众利益表达渠道

经济体制改革加速了社会内部各种要素的流动，农村社会内部结构也趋于复杂，不再是传统的乡土社会。网络时代的横向联系和社会流动不断加强，现代化元素的加入致使农村社会表面离散化。尤其是随着自媒体时代，人人皆可为主播，信息传播渠道逐渐多元，农民对于暴力、不公等现象的申诉渠道也日渐多元，传统的信访渠道演化为"微信转发维权""抖音维权""快手维权"等，发达的网络通信技术使得即使农民在物理距离上远隔千里，却能在网络上"零距离"沟通交流，这极大扩展了农民的社会支持网络和对外联系渠道，帮助农民在自我权益受到侵占时快速有效形成群体力量，极大削弱了"农村官僚"对于信息传播渠道的垄断力量。此外，网络舆情风向和群众上访是科层制维稳取向下的一票否决项，敏感的舆论环境，使得基层干部在与搬迁农民的博弈中处于被动局面。

（三）刚柔相济：提升柔性治理效度

基层扶贫干部运用柔性治理行动策略协调易地扶贫搬迁过程中的矛盾冲突，易地扶贫搬迁工作顺利完成，脱贫效果明显。但还应当深刻探讨柔性治理行动策略的治理效度。

1. 柔性治理效度

驻村干部连同村干部，作为扶贫搬迁政策执行主体，顺利完成了宣恩县易地扶贫搬迁工作。在整个搬迁工作过程中，没有发生群体性事件。整个搬迁过程历时两年多，从调研中对搬迁群众的访谈看来，群众整体满意度较高。宣恩县下属沙道沟镇松坪易迁安置小区成功入选首批全国脱贫攻坚考察点，新闻媒体争相报道，从这个角度来说，易地扶贫搬迁工作顺利完成。宣恩县2019年4月彻底完成脱贫摘帽任务，成为恩施州首批完成脱贫摘帽的县市。因为扶贫工作需要长期驻村，且主管单位的考勤管理规定和扶贫政策的贯彻落实都必须依靠驻村干部频繁的日常交流和入户工作，所以驻村干部与当地村民建立起了密切联系。扶贫干部的很多行为，不仅仅是为了工作顺利开展，同时也是一种情感性的沟通交流。基层干部在搬迁过程中展现的柔性治理行动策略，在一定程度上改善了干群关系，增加了村民对于国家扶贫工作的认知，切实提升了基层群众对于基层政府的信任度，使国家政策在村庄层面得到了贯彻实践。

2. 柔性治理困境

纵观整个易地扶贫搬迁工作，最难的部分其实在于拆旧复垦。搬迁安置工作完成后，拆旧复垦成为基层扶贫干部"想尽办法也要完成的工作"，宣恩县将拆旧复垦作为2018年度易地扶贫搬迁重难点工作强力推进，对拆旧工作进行任务倒排，对拆旧工作达成度上榜公示，以求压实责任，尽快落实拆旧任务。上级政府强力推进拆旧工作的原因在于拆除旧宅确实是易地扶贫搬迁工作中极为重要的一环，甚至是"三条红线"①之一。国家政策设计的意图在于根据土地"增减挂钩"和"应拆必拆"原则进行旧宅拆迁和农村宅基地的生态复垦，但从情理层面和执行层面进行分析，拆旧工作确实是搬迁工作流程中最为艰难的任务。其原因有二：一是因为宣恩县采取的是易地集中安置，交通便利、设施齐全的集镇化安置方式的确能够在搬迁工作的意向签署阶段对村民产生巨大吸引力，但与此同时，远离村庄、田地，加剧了搬迁群众的生计转换困难，进而加大了后续动员过程中搬迁户对旧宅拆除的抵制力度；二是由于当初为了快速动员，基层干部在何时拆除旧宅，甚至在是否拆除旧宅的问题上采取了一定程度的模糊性说辞，这导致很多村民甚至存在侥幸心理，想要"扶贫新房"和"村中老屋"二者兼备，但拆旧复垦是易地扶贫搬迁政策红线之一，基层扶贫干部只得再次与村民进行协商，但村民通常会采取一些不合作、拖延、欺骗等理性计算策略使自身利益最大化。

3. 如何提升柔性治理效度

易地扶贫搬迁作为一项国家贫困治理行动，其政策文本、制度条款是拥有相当程度强力性的，这是保证国家层面的政策文本在科层制链条中层层向下传递时能够保持政策初衷，扶贫的本质不被改写。但是，强力性政策文本可能无法兼顾具体地方实际，造成基层干部政策执行压力。搬迁过程中的具体动员方式、意向达成方式可以在法律允许的框架下，利用基层干部的治理智慧加以灵活处理，因为基层干部尤其是村干部，

---

① "三条红线"指不超面积、不举债、建新拆旧。来源：《五里严守"三条红线"推进易地搬迁》，恩施土家族苗族自治州人民政府官网，2016年9月5日，http://www.enshi.gov.cn/zt/n2016/jjtz/201609/t20160905_340255.shtml。

他们大多数都是本地人，长期生活于农村社会的本土性规范环境之下，在当地拥有基于血缘、地缘、姻缘建构的复杂社会关系网络，他们熟悉地方社会，他们掌握着与基层群众的交往智慧。当代表国家意志的政策文本与地方情境存在张力、遭遇"水土不服"时，基层干部自身的人际关系和社会支持网络就派上用场。他们通常运用柔性手段化解困境，多番思想动员，说服民众接受国家政策。在易地扶贫搬迁政策执行过程中，宣恩县基层干部便借助着农村社会的伦理规范，运用植根于地方民众日常生活中的"情""理"等非正式治理资源，将搬迁过程中的尖锐冲突加以柔化，甚至消解，从而衍生出一系列柔性治理行动策略。可以说，柔性治理是基层干部基于街头官僚的身份属性，在行政压力和情境压力的具体行动情境下为推动易地扶贫搬迁政策执行的必要行动选择。

但柔性治理行动策略只能在法律法规、政策通知和会议精神等刚性制度框架下进行运作，如果在面临国家权威制度选择时，总是倾向于先选择非正式制度而后选择正式制度，长此以往，民众就会对正式制度和政府权威产生怀疑，出于谋利倾向，他们或是会在搬迁过程中负隅抵制，或是会在搬迁过程中消极拖延，以增强个体议价能力。在此种状况下，如果柔性治理的解决方案无法兼顾村民群众的具体利益，或者触及他们的核心利益，原有的和谐稳定局面就会被打破，产生矛盾冲突，而基层干部需要解决具体矛盾以顾全整个搬迁工作大局，这对于原本就工作繁杂的基层干部来说，无异于大大增加了工作量。当柔性治理行动策略无法提供具体的刚性化规定化解矛盾冲突时，往往会出现村干部与村民之间的情感内耗、治理困境等不良后果。那么，对于易地扶贫搬迁过程中的特殊个体，可以拟定个体化的搬迁方案、搬迁协议报请上级领导审批，以增强其合法性。

综上，易地扶贫搬迁政策执行中的基层干部要对政策文本的原则保持敬畏，要严格坚守易地扶贫搬迁政策"三条红线"，柔性治理行动策略体现的是象征国家权力的政策文本与乡村实际的适宜和融合，但只有在制度框架把控下的自由裁量和适度变通，才能作为政策文本等强技术治理手段的补充。基层干部要增强党性修养和政治意识，将村庄伦理、乡贤群体以及人情等非正式资源激活利用，才能保证政策执行项目的顺利交付，在政策执行不走样的前提下最大可能达到上级政府制定的政策目标。

五、课程设计

（一）时间规划

本次案例教学分小组进行讨论，总计 2 个课时、90 分钟，教学计划安排如表 4.4 所示。

表4.4　教学计划安排

教学计划		内容	目标	时间
课前准备	预备与预习	①教师提前告知学生案例教学安排，并将案例文件及相关资料进行发放； ②学生课前自行阅读，熟悉案例；并查阅其他资料对政策内容、实践措施、成功案例、现有困难及挑战等加以补充，形成基本理解	使学生对案例内容有初步了解	行课前一周

表4.4(续)

教学计划		内容	目标	时间
正式上课	学习与讨论	①教师使用40～50分钟对案例进行呈现，对宣恩县的基本情况、易地扶贫搬迁进程、社区治理、产业帮扶等加以介绍； ②教师根据实际情况对学生进行分组，以小组为单位进行案例及思考成果的呈现。分组时可参照政策执行的主体与对象来进行分组，将学生分为村民与基层干部。各组来分析基层干部如何应对村民诉求，推动政策有效执行。每组展示时间为10分钟； ③每组展示过后，教师展示思考题，各小组进行组内讨论、组间讨论，时间为20～30分钟。思考题可以包括基层干部与村民的行动逻辑； ④展示及讨论结束后，教师用15～20分钟进行点评与总结，并布置课后分析报告作业及小组成员贡献度调查，汇总各小组的思考成果及学生的参与情况	以教师讲解与学生讨论相结合加深理解	2课时，每课时45分钟
课后	思考与反馈	①学生在课后以小组为单位提交案例分析报告，对政策执行、柔性治理的效度、困境及应对等问题进行回答； ②学生进行组内成员贡献度互评； ③教师结合小组课堂展示、讨论发言、案例分析报告等综合考虑，对不同组别进行评分； ④教师结合课堂发言情况及贡献度对学生个人进行评分	对本次案例教学形成反馈，促进学生深入思考	课后两周内

资料来源：作者自制。

（二）课堂板书设计

课堂板书设计如图4.4所示。

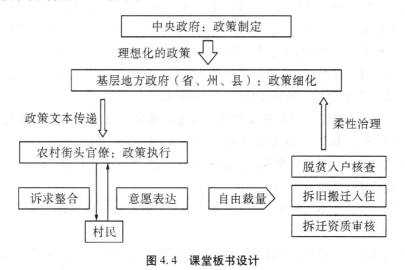

图4.4　课堂板书设计

（资料来源：作者自制）

六、要点汇总

综上所述，本案例使用街头官僚理论与柔性治理等视角对湖北省宣恩县"尖刀班"开展易地扶贫搬迁工作进行了分析，探讨在乡土中国的情景下政策如何下乡与如何执行。其主要关注点包括：地方政府是如何将国家顶层制度设计进行具象？基层干部如何理解政策，并向政策对象进行宣讲？基层干部在复杂的具体的乡土情景中采取了什么样的行动策略执行政策？柔性治理的困境有哪些？刚性治理与柔性治理如何协同以达到治理的目标？

七、参考资料

[1] 翟绍果，张星，周清旭. 易地扶贫搬迁的政策演进与创新路径 [J]. 西北农林科技大学学报（社会科学版），2019，19（1）：15-22.

[2] 钟海. 权宜性执行：村级组织政策执行与权力运作策略的逻辑分析：以陕南 L 贫困村精准扶贫政策执行为例 [J]. 中国农村观察，2018（2）：97-112.

[3] 韩文晶，丁士军. 易地扶贫搬迁中多主体利益分化与协调研究：以湖北省阳新县为例 [J]. 公共政策研究，2020（2）：92-104.

[4] 李春根，戴玮. 易地扶贫搬迁政策：演进、问题与应对 [J]. 财政监督，2019（11）：20-26.

[5] 周恩宇，卯丹. 易地扶贫搬迁的实践及其后果：一项社会文化转型视角的分析 [J]. 中国农业大学学报（社会科学版），2017（2）：69-77.

[6] 何得桂，党国英. 西部山区易地扶贫搬迁政策执行偏差研究：基于陕南的实地调查 [J]. 国家行政学院学报，2015（6）：119-123.

[7] 雷望红. 论精准扶贫政策的不精准执行 [J]. 西北农林科技大学学报（社会科学版），2017，17（1）：1-8.

[8] 张文博. 易地扶贫搬迁政策地方改写及其实践逻辑限度：以 Z 省 A 地州某石漠化地区整体搬迁为例 [J]. 兰州大学学报（社会科学版），2018，46（5）：51-62.

[9] 柳立清. 政策多变与应对失矩：基层易地扶贫搬迁政策执行困境的个案解读 [J]. 中国农村观察，2019（6）：77-90.

[10] 郭占锋，李轶星. 易地扶贫搬迁政策执行偏差与移民理性选择：基于陕南地区的考察 [J]. 长白学刊，2020（4）：2，104-112.

[11] 黄六招. 数字竞赛与双重博弈：对易地扶贫搬迁政策执行偏差的一种解释 [J]. 理论与改革，2022（1）：102-116，158.

[12] 胡卫卫，杜焱强，于水. 乡村柔性治理的三重维度：权力、话语与技术 [J]. 学习与实践，2019（1）：20-28.

[13] 胡卫卫，于水. 策略行动、草根失语与乡村柔性治理 [J]. 甘肃行政学院学报，2019（1）：86-93，127.

[14] 刘祖云，孔德斌. 乡村软治理：一个新的学术命题 [J]. 华中师范大学学报（人文社会科学版），2013，52（3）：9-18.

[15] 曹召胜. 从"力治"到"柔治"：基于武陵民族地区 Y 村治理实践的考察 [J]. 湖北民族学院学报（哲学社会科学版），2018，36（5）：113-119.

[16] 胡卫卫，佘超. 乡村柔性治理的发生逻辑、运作机理与应用路径 [J]. 兰州学刊，2021（5）：144-155.

［17］胡卫卫，于水，杨杨. 资源型贫困村庄柔性治理的发生逻辑及实现路径 ［J］. 农林经济管理学报，2020，19（3）：371-378.

［18］武小龙. 柔性治理的发生逻辑及影响效应：以拆迁纠纷事件中政府的回应策略为例 ［J］. 社会发展研究，2021，8（2）：89-105，243-244.

［19］谭英俊. 柔性治理：21 世纪政府治道变革的逻辑选择与发展趋向 ［J］. 理论探讨，2014（3）：150-153.

［20］邓燕华，王颖异，刘伟. 扶贫新机制：驻村帮扶工作队的组织、运作与功能 ［J］. 社会学研究，2020（6）：44-66，242-243.

［21］许汉泽. 李小云精准扶贫背景下驻村机制的实践困境及其后果：以豫中 J 县驻村"第一书记"扶贫为例 ［J］. 江西财经大学学报，2017（3）：82-89.

［22］王晓毅. 精准扶贫与驻村帮扶 ［J］. 国家行政学院学报，2016（3）：56-62.

［23］叶娟丽，马骏. 公共行政中的街头官僚理论 ［J］. 武汉大学学报（哲学社会科学版），2003（5）：612-618.

［24］韩志明. 街头官僚及其行动的空间辩证法：对街头官僚概念与理论命题的重构 ［J］. 经济社会体制比较，2011（3）：108-115.

［25］董伟玮，李靖. 街头官僚概念的中国适用性：对中国街头官僚概念内涵和外延的探讨 ［J］. 云南社会科学，2017（1）：26-33.

［26］韩志明. 街头官僚的行动逻辑与责任控制 ［J］. 公共管理学报，2008（1）：41-48，121-122.

［27］张文翠，宋明爽. "街头官僚"在政策执行中的行动逻辑与责任控制 ［J］. 山东农业大学学报（社会科学版），2015，17（1）：93-97.

［28］甘甜. 街头官僚责任控制研究：争议与评述 ［J］. 公共行政评论，2019，12（5）：176-197，216.

［29］刘欣. 国家精准扶贫政策的乡村执行研究 ［D］. 武汉：华中师范大学，2017.

［30］LIPSKY M. Street-level bureaucracy and the analysis of urban reform ［J］. Urban Affairs Quarterly，1971，6（4）：391-409.

［31］BRODKIN E Z. Reflections on street-level bureaucracy：past，present，and future ［J］. Public Administration Review，2012，72（6）：940-949.

［32］EVANS T. Professionals，managers and discretion：critiquing street-level bureaucracy ［J］. The British Journal of Social Work，2010，41（2）：368-386.

［案例五］公共空间何以转化为公共意识

——以成都市金牛区 31 号院改造为例①

摘要： 城镇老旧小区因为建设年代较早、规划设计落后、后期无人管理等普遍存在脏乱差的问题。再加上许多城镇老旧小区具有单位制属性，而单位制解体后小区与原单位处于半脱离状态，但长期居住于单位制小区的居民形成了依赖原单位保障性管理的思维，缺乏参与小区公共事务的公共意识，这导致城镇老旧小区普遍存在治理困难的问题，极其不利于城镇老旧小区改造工作的推进。

本案例以成都市金牛区 31 号院为例，探究社会工作者与社会组织如何在全面深化国有企业改革、加快剥离国有企业办社会职能的背景下，在原单位制城镇老旧小区公共空间改造的过程中培育、构建居民的公共意识，并使之可持续。通过研究发现，解决城镇老旧小区治理难问题的关键在于社会工作者要深入小区内部，长期扎根于小区，做足居民的思想工作，才能保证后续工作的顺利开展。社会工作者和社会组织与居民建立起关系，取得居民的信任是培育居民公共意识中最为重要的步骤。唯有如此，才能调动居民参与小区公共事务的积极性，培育居民的公共意识，增强居民的自治能力。

关键词： 城镇老旧小区；公共空间；公共意识

---

① 本案例资料来源包括 2022 年 3 月~12 月的实习与调研、四川省光华社会工作服务中心微信公众号关于该项目的相关信息、成都市金牛区人民政府、荷花池街道办等网页。

城镇老旧小区是指城市或县城（城关镇）建成年代较早、失养失修失管、市政配套设施不完善、社区服务设施不健全、居民改造意愿强烈的住宅小区（含单栋住宅楼）[①]。随着城市化进程的加快，城镇老旧小区配套设施不齐、违章搭建严重、停车位不足等问题日益凸显，直接影响了居民生活的质量、和谐社区的构建和美好城市的建设。街老、院老、房老、设施老、生活环境差是老旧小区常见的"四老一差"困局，这不仅成为小区居民的一桩心事，也是现代化城市及社区治理的一大心病。2017 年年底，住房和城乡建设部在厦门、广州等 15 个城市启动了城镇老旧小区改造试点。截至 2019 年 5 月底，各地上报需要改造的城镇老旧小区 17 万个，涉及居民上亿人[②]。作为城市发展的见证者，老旧小区不应被遗忘，但改造工作面广量大，改什么、怎么改、改后如何建立长效管理机制，十分考验城市治理水平。

虽然城镇老旧小区环境较差，但交通便利、房租低廉等优点，使其成为流动人口的集聚地，所以此类小区居民的流动性和异质性都比较高，部分居民之间的关系较为淡漠。再加上原单位的居民习惯了以往单位制的管理方式，形成了单位保障性管理理念，养成了单位解决问题的习惯，进而导致此类居民缺乏参与小区公共事务的意识。而新入住小区的居民其归属感还未建立起来，主动参与小区治理的意愿更低。不同地区、不同职业和不同背景的居民虽集中生活在一个住宅圈内，但由于缺乏相应的设施与活动，分散的个体难以形成熟人网络，正在面临"生人社会"的挑战。由此可见，老旧小区的居民大部分都缺乏参与小区公共事务的意识，即便有少部分居民会参与到小区的治理中，也存在参与能力低、参与度不足、参与积极性低等问题，这些都是老旧小区治理中非常棘手的问题，也是值得关注和亟须解决的问题。

党的十九大以来，中央和地方政府相继出台了一系列关于老旧小区改造的政策文件，这标志着老旧小区改造已经成为现阶段城镇化治理的核心任务之一。2017 年，财政部、住房城乡建设部印发了《中央财政城镇保障性安居工程专项资金管理办法》，首次将老旧小区改造纳入支持范围。老旧小区改造，既是民生工程，也是发展工程。它不仅要在改善人居环境方面发挥作用，还要注重提高城市柔性化治理和精细化服务的水平，让城市更加宜居、更具包容性和人文关怀[③]。2020 年 10 月，党的十九届五中全会通过的《中共中央关于制定国民经济和社会发展第十四个五年规划和二〇三五年远景目标的建议》明确提出加强城镇老旧社区改造和社区建设。

城镇老旧小区不仅数量多而且问题复杂多样，不同地域老旧小区的问题及居民需

① 《国务院办公厅关于全面推进城镇老旧小区改造工作的指导意见（国办发〔2020〕23 号）》，中国政府网，https://www.gov.cn/zhengce/content/2020-07/20/content_5528320.htm。

② 《涉及上亿居民的老旧小区该怎么改？》，新华网，2019 年 7 月 25 日，http://m.xinhuanet.com/2019-07/25/c_1124797581.htm。

③ 《城镇老旧小区改造：运用共同缔造理念 推动城市有机更新》，中国建设新闻网，2019 年 10 月 10 日，http://www.chinajsb.cn/html/201910/10/5443.html。

求存在较大差异，单凭政府出台相应的政策文件，或仅靠政府单方面的力量难以解决我国数量众多的老旧小区的治理问题，所以需要在党建引领下，动员政府、社区、社会组织、企业等多方群体参与，汇聚多方群体的力量，尤其要发挥居民在老旧小区改造中的主体作用。因此需要培育老旧小区居民的公共参与意识，发挥小区居民主人翁的自治力量，提升居民公共参与能力，构建共建共治共享的社会治理格局。

针对现阶段我国待改造老旧小区数量大、问题复杂多样、老旧小区居民缺乏参与公共事务的意识、老旧小区治理难等问题，本案例以成都市金牛区 31 号院为例，围绕老旧小区居民公共意识的构建问题展开讨论。成都市金牛区 31 号院位于金牛区五丁社区，自 1983 年建成至今已有 39 年，原是四川省成都市 MZ 厂的职工宿舍，是典型的城市单位制老旧院落，其早已与原单位处于半脱离状态，存在基础设施老旧、缺乏公共空间、住户矛盾纠纷较多、缺乏认同感和归属感等问题。本案例关注的问题是社会工作者与社会组织如何在老旧小区公共空间改造的过程中培育、构建居民的公共意识，并使之可持续。具体而言，即探讨制约老旧小区居民公共意识发育的因素有哪些？社会工作者与社会组织是如何通过公共空间改造的项目培育居民的公共意识？使居民公共意识保持持续性的行动逻辑是什么？深入探讨社会工作者与社会组织通过改善老旧小区居民的生活环境，提升小区居民的生活质量，为实现社区共建共治共享的治理目标与提升城市治理的精细化水平提供经验。

一、案例背景

（一）31 号院的基本情况

31 号院隶属于成都市金牛区五丁社区。五丁社区位于成都市主城区的中心，辖区内的多数建筑修建时间较早，是老旧小区聚集的社区。五丁社区面积 0.84 平方千米，共有大小院落 56 个，198 栋楼；机关、企事业单位 20 余家，3 所中学，1 所医院，1 个农贸市场，社区组织较为健全。社区户籍总数 5 683 户，总人口 17 641 人，老年人占 30%，是老龄化程度较高的社区。辖区内的老旧小区规划设计标准较低、基础设施较为单一，但这些小区都具备房租低廉、交通便利的优点，因此成为外来务工人员租住的首选。

31 号院始建于 1983 年，共有 3 栋单元楼，现有住户 156 户，住户主要由原单位退休职工、新业主、外来务工租户三类群体构成。小区内有党员 16 人。长期以来，31 号院的住户大多都是成都市 MZ 厂的退休职工，但是该小区拥有房租便宜、交通配套好、出行方便等优点，一些居民购买了房屋的产权成为小区的新业主，同时小区也颇受外来务工人员的青睐，这导致 31 号院的住户逐渐多元化。但 31 号院修建年代久远，地面墙面破损、大门损坏、排水不畅、基础设施老旧、违搭乱建多、缺乏基本的公共空间、文化底蕴不足、邻里纠纷频发等问题，致使新老住户怨声载道。

31 号院的老旧主要体现在以下几个方面：一是建筑老旧，31 号院修建于 1983 年，建设年代久远，单元楼的户型和空间较为狭小阴暗；二是基础设施老化，31 号院的居住年限较长，再加上小区本身就缺乏完善的配套设施，所以小区内的基础设施条件较差，道路不平整，经常积水，存在安全隐患等，严重影响居民的生活品质。

（二）31 号院居民的公共参与意识薄弱

31 号院目前与原单位处于半脱离的状态，不过还具备一定的单位制属性。但原单位已经解体，无法继续承担老旧小区集体包办式的管理，也没有继续为该小区提供必要的资源供给和各种保障性服务的责任和义务。单位制解体后，国家对城市社会的管理逐渐转为社区制①，小区的管理权限逐渐移交到社区，但是因为该小区的情况较为复杂，所以管理较为棘手，再加上 31 号院没有购买物业公司的专业服务，无法获得物业公司提供的相关服务，这导致 31 号院处于一种"双重失灵"的尴尬境地②。

作为早期企事业单位住房分配制度的产物，31 号院与其他单位制老旧小区一样，存在建筑标准不高、居住面积狭小、住宅楼格局分布紧凑、"适老设备"缺位、服务设施不足、停车位紧张、公共活动空间匮乏、基础硬件设施条件差等问题。小区内的公共区域路面损坏，道路坑洼不平，严重影响居民的出行品质与安全；部分居住在一楼的居民占用公共区域私搭乱建，乱堆乱放，诱发邻里矛盾，存在安全隐患，严重影响居民的生活质量和小区的整体环境。虽然 31 号院的居民长期遭受以上问题的困扰，但是居民并没有积极地采取行动去改变小区的现存问题。上述问题对于 31 号院的居民来说就是公共事务，要解决这些问题除了需要借助政府、社区等外部力量，还必须要动员居住其中的居民，共同参与到老旧小区的治理与改造中来。

31 号院的居民主要分为原成都市 MZ 厂职工、新业主、外来租户三类群体，居民构成较为多元化，每一类居民群体对于老旧小区内的公共事务都有着不同的见解与态度。

第一类，原成都市 MZ 厂的职工。31 号院本就是成都市 MZ 厂分配给职工的宿舍，他们居住在这个小区内近 40 年，对 31 号院有着极强的归属感。在单位制还未解体之前，单位会为他们提供集体包办式的服务与管理，解决他们生活、生产上的一切问题，他们不需要为小区内的公共事务出谋划策、耗费过多的个人精力。长此以往，这类居民群体就习惯了单位的保障性管理制度，不去考虑过多事情，再加上居民也没有能力去干预单位的管理制度，从而形成了一种"有问题找单位"的惯性思维，从工作到生活等各方面全盘依托于单位。

"还是原先单位管的时候好，啥子都不用自己操心。现在单位把我们分出来了，就是不要我们了。现在单位不要我们了，这儿也归社区管了，那院子里面的事情就是社区的事情，社区就要负责给我们搞好。我们搞不来，也不想去搞。"（访谈资料，A-01）

单位制解体之后，社区取代单位成为城市治理的基本单元，小区的管理权移交到了社区，居民逐渐从"有问题找单位"的思维转移到了"有问题找社区"，居民认为

① 李东泉，王瑛. 单位"隐形在场"对社区集体行动的影响研究：以广州市老旧小区加装电梯为例［J］. 公共管理学报，2021，18（4）：93-104，172.

② 陈代弟. 城镇单位老旧小区的管理困境及应对策略研究［J］. 中共南宁市委党校学报，2022，24（1）：54-60.

小区内的一切事务找社区就能直接解决，完全没有自主解决问题的意识。除此之外，部分原单位的职工甚至因为单位制的解体，单位不能继续对小区提供过往包办式的服务，还产生了"我被单位抛弃了"的消极情绪，所以让这类居民群体在被单位"抛弃"之后，独自投身于小区的建设与发展之中是极为困难的事情。

"作为老党员，我还是一直关心院子的事情。现在国家的这些政策都是为了我们老百姓好，我也希望我们院子改造一下，院子的情况确实有点糟糕。但现在社区要喊居民参与就有点难整，院子里面大多数都是老年人，身体也不好，愿意出头的人比较少，大家根本都没得那种意识，觉得都是公家的事，与自己不相干。"（访谈资料，A-02）

31号院的党员比较支持老旧小区公共空间改造工作，但由于没有形成统一的组织化管理，小区缺乏治理平台，再加上小区多数居民年龄较大、身体情况较差，大多数居民都没有参与小区公共事务的意识，这导致小区公共空间改造项目难以推进。

第二类，新入住的业主。作为31号院的新业主，他们入住小区的时间较短，对小区内的情况不太了解，也未在小区内建立起认同感和归属感，所以当涉及小区内多数人的利益时，他们会以一种旁观者心态去观察，在了解清楚来龙去脉之前不会轻举妄动，会选择观望一段时间之后，再决定是否参与。因为这类群体希望小区改造的意愿较为强烈，所以可以将这类居民纳入老旧小区改造的潜在人群之中。他们购买了31号院的房屋产权，从客观上来讲，就是小区内的居民，小区内的公共事务也与他们的切身利益密切相关，此类居民在小区内建立起真正的归属感之后，就有可能走近小区的公共事务，参与小区的公共事务。

"我们家在小区里面买房子没得好久，对小区的事情也不是很了解，对邻居也不熟，先把小区的情况搞清楚再说吧。当初买这儿就是觉得这儿交通条件好，但是小区的环境确实不太好，还是希望政府给我们改造一下。"（访谈资料，A-03）

第三类，外来务工的租户。小区内的外来务工租户作为小区内最为特别的群体，大多选择租住于31号院，是因为该小区附近的交通设施配套较为齐全，具有出行便利、房租低廉等优点。他们作为外来务工的人员，流动性非常大，只是将31号院作为自己暂时性的居住地点，并没有在小区内长住的打算，他们的居住地点会随着工作情况的变化而改变，在小区内很难建立起归属感，更难以形成公共意识。

"我只是在这儿租房子，方便上班，平时上班都忙得不可开交，下班回来饭都不想做，只想躺起，只有偶尔周末有点时间出去耍，小区里面的事情就更没得闲心去管了。"（访谈资料，A-04）

这类居民从一开始住进小区就把自己当作一个"过客"，很难在小区内建立起真正的归属感和认同感，所以相较于原MZ厂职工和新入住的业主来说，这一类居民群体更无暇去了解和关心小区内的公共事务。再加上本身的工作繁忙，到了周末闲暇之余有了私人时间，更不会将其耗费在小区内的公共事务上。

所以，总的来看，31号院内大部分居民的公共意识都较为欠缺与薄弱。

（一）31 号院公共空间改造前期的公共意识构建困境

1. 缺乏有效管理平台，社会治理与服务滞后

作为典型的老旧小区，31 号院与原单位处于半脱离的状态，其管理权限和管理方式较为复杂，多数居民习惯了单位的包办式服务，长期依赖于单位，并不具备当下所提倡的自我服务、自我教育的自治理念。小区缺乏一个有效的治理平台或治理渠道，让居民可以有组织、有秩序地参与到小区的治理之中。然而小区的改造仅仅依靠政府和社区的力量是很难落实的。

"以前都是我们单位在管这些事情，啥子都给我们整得很巴适，啥子都不用自己操心。说实话，现在这样子搞，我个人是有点儿适应不了。"（访谈资料，A-05）

因为小区没有规范有效的管理平台，居民缺乏参与小区公共事务的渠道，再加上居民对原单位的依赖思想比较严重，公共意识较为欠缺，所以小区公共空间改造项目难以推进。

2. 小区居住人群复杂，居民需求多样化

在前几年，小区居民结构较为单一，住户几乎都是原成都市 MZ 厂的职工，作为同单位的退休职工，他们长期居住于一个小区，彼此之间比较熟悉，关系也比较好。但是近几年，部分经济条件较好的原成都市 MZ 厂的居民搬离了 31 号院，剩下的 MZ 厂的居民大多数经济状况相对较差。在此期间，小区内也增加了许多新业主和越来越多的外来务工租户，所以目前小区的居民呈现多元化，并主要分为三类：原成都市 MZ 厂的职工、新业主、外来租户。相对于原住居民来说，新业主和外来租户在短时间内很难建立起归属感，再加上 31 号院居民的构成日渐多元化，居民之间的邻里关系也日益淡漠，从熟人社会转变为生人社会，想要动员小区内的所有居民参与 31 号院的公共事务十分艰难。

"以前我们院子住的都是我们单位的职工，没得事我们还经常约起在院子里面打牌、打麻将，还是好耍。现在有些耍得好的都搬起走了，搬来好多年轻人，但是年轻人都忙，又跟人家耍不到一堆，现在这个院子都不热闹了。"（访谈资料，A-06）

除了小区居民结构多元化，居民们的诉求也逐渐多样化、难以满足。部分居民将小区内的公共领域占为己有，有的居民在小区内违章搭建、有的居民推翻绿化带栽种蔬菜、有的居民将公共区域打通修建私人花园。当小区要推进公共空间改造项目，拆除违章搭建、恢复绿化带时，遭到了这部分居民的强烈反对，他们认为公共区域改造侵占了他们的"私人区域"，他们也极其不愿意把这部分空间移交出来。随着居民结构日渐多元化，居民之间的关系日益淡漠，居民在小区内的归属感和认同感也随之降低，小区的凝聚力难以形成，再加上居民诉求难以满足，导致小区公共空间改造项目难以推进。

3. 居民公共意识薄弱，小区缺乏生机与活力

31 号院作为典型的单位制老旧小区，与原单位处于半脱离的状态，小区内的大部分居民是原单位的退休职工，对原单位的依赖程度非常高且较少接触居民自治的相关政策文件。同时，居民也缺乏参与院落公共事务的平台与机会，再加上小区的人口结构逐渐多元化，导致居民的公共意识极其薄弱，小区缺乏生机与活力。

"我老都老了就不去搞这些事情了，现在这些事情主要都靠年轻人了，到我们这把年纪，退休了就踏实过日子就行，哪个还没事给自己找些事情来做，我自己在屋头看电视、出去逛公园不安逸？"（访谈资料，A-07）

有的居民认为小区的公共事务应该由年轻人负责，和自己没有关系，认为在退休之后，只需要过好自己的生活即可。

"我又不是党员，虽然还是想参加小区的事情，但是社区也不要我去参加，有啥办法。"（访谈资料，A-08）

有的居民也表示社区对参与社区、小区内的公共事务的人员有一定的条件限制，并非自己不愿意参与。

在改造的前期，31号院并没有建立起一个自治队伍，大家对于小区内公共事务的积极性比较差。在31号院决定要进行老旧院落改造时，社区工作人员进入小区号召居民参与，但是效果甚微，只有个别居民愿意站出来，但是并没有做出任何实质性的行动。社区工作人员日常的工作较为繁忙，很难持续性、长期性地在小区内开展动员居民的工作，再加上居民本身对小区的公共事务就缺乏热情，进一步阻碍了31号院公共空间改造工作的开展和推进。

31号院与原单位仍处于半脱离的状态，所以在积极响应国家推进老旧院落改造的号召下，原单位承担了部分费用支持院落进行改造升级。但是，从开始推进老旧院落的公共空间改造项目时就困难重重。居民对于小区公共空间改造工作不闻不问，甚至部分居民对改造项目不支持、不理解，持反对态度。原单位提供了部分改造资金，不仅没有得到居民的理解与支持，反而激发了原单位和退休职工之间的矛盾，严重影响了老旧院落改造工程的进程。社区的工作人员也尝试和小区内的居民进行沟通，但是仍未见成效，这导致该小区的老旧院落改造项目被停滞。

（二）第三方社会组织介入31号院公共空间改造

为贯彻落实党的十八届三中全会精神以及《中共中央 国务院关于深化国有企业改革的指导意见》（中发〔2015〕22号）、《国务院办公厅转发国务院国资委、财政部关于国有企业职工家属区"三供一业"分离移交工作指导意见的通知》（国办发〔2016〕45号）①、四川省人民政府办公厅关于转发省国资委 财政厅《四川省国有企业职工家属区"三供一业"分离移交工作方案》的通知（川办发〔2016〕86号）、《成都市人民

---

① 国有企业职工家属区"三供一业"，即国有企业职工家属区供水、供电、供热（供气）及物业管理（统称"三供一业"）。根据该文件，从2016年开始，在全国全面推进国有企业（含中央企业和地方国有企业）职工家属区"三供一业"分离移交工作，对相关设备设施进行必要的维修改造，达到城市基础设施的平均水平，分户设表、按户收费，交由专业化企业或机构实行社会化管理，2018年年底前基本完成。2019年起，国有企业不再以任何方式为职工家属区"三供一业"承担相关费用。中华人民共和国中央人民政府网，2016年6月22日，https://www.gov.cn/zhengce/content/2016-06/22/content_5084288.htm。

政府办公厅转发市国资委市财政局关于推进在蓉国有企业"三供一业"分离移交工作实施意见的通知》（成办发〔2017〕11号）、《成都市金牛区房产管理局财政局关于印发成都市金牛区"三供一业"物业管理移交标准的通知》（金房管发〔2017〕5号），积极稳妥推进成都市金牛五丁社区辖区内国有企业将承担的职工家属区"三供一业"分离移交给专业化企业或机构实行社会化管理，加快剥离国有企业办社会职能和解决历史遗留问题，2019年五丁社区联合四川光华社会工作服务中心（下文简称"光华社工"），以国家政策为指导，以项目为载体，以社区治理思路为参考，以职工家属区需求为导向，结合职工家属区实际情况，引导协助职工家属区居民合法化、组织化、规范化参与职工家属区"三供一业"改造和"三供一业"分离移交后院落的公共事务。

1. 有机发展：寻找公共话题重启改造项目

在国家政策的指导下，光华社工进入院落开展工作。只有找到居民关注的公共问题，才能激发居民参与院落公共事务的兴趣。

第一步，社会工作者访谈了五丁社区的工作人员，包括社区支部书记在内的两委成员和社区网格人员，了解目前31号院改造的进度和存在的问题，从较为客观的角度去把握31号院改造的大致状况。只有前期了解整个老旧小区公共空间改造项目的情况才便于后期深入小区开展工作。居民的诉求差异大且难以满足、居民和原单位之间产生了矛盾，是导致整个项目处于停滞状态最根本的原因。

社区的工作人员将31号院的改造项目比作"难啃的硬骨头"，甚至连社区的驻点社会工作者都认为，他们这个院子真的很难做工作。从社区工作人员的口中了解到老旧小区的公共空间改造项目的整体情况，也得知该项目的确很难推进，但这并没有磨灭社会工作者的意志。

第二步，社会工作者与原成都市MZ厂建立联系，从原单位相关人员口中了解到家属区大概的情况和单位对职工家属区改造的计划。原单位的相关人员在谈及31号院居民时也十分苦恼，他们认为单位好心好意为原单位的职工办好事，出钱帮助院落进行升级改造，居民竟然没有领情，不闻不问，让人心寒。

第三步，在对31号院的公共空间改造项目有了基本的了解之后，社会工作者对成都市金牛区发布的老旧院落改造治理的政策文件进行仔细研读，对与居民切身利益相关的内容重点学习、消化吸收。

第四步，社会工作者开始深入小区，把自己融入院落，将政策文件中的内容转化为通俗易懂的语言为居民讲解，以便于获得居民的理解。社会工作者进入小区一方面有利于与居民建立起联系，获得居民的信任，让居民愿意说出自己的需求和期望；另一方面也有利于社会工作者了解居民的真实需求和想法，为项目设计提供有效的数据信息，明确后续项目的推进方向。此外，深入小区也为后续推进院落公共空间改造奠定良好的群众基础。社会工作者通过院落公共话题的寻找，以居民的需求为导向，结合31号院的实际情况和国家的政策文件内容，引导居民筛选出涉及居民切身利益的切实迫切且在政策文件规定内的需求。

2. 以人为本：公共空间改造以居民为中心

光华社工对院落公共空间改造的问题进行了梳理和分析，得出阻碍院落公共空间改造项目进程的主要原因首先是 31 号院公共空间改造项目多方主体之间的沟通不畅，导致多方主体之间产生了误解，耽误了老旧院落公共空间改造的进程；其次，小区居民缺乏公共意识也是公共空间改造难以推行的重要原因，即居民对于政府和社区工作人员下发的关于小区内公共空间改造的文件和通知不闻不问。为了推进老旧小区公共空间改造项目的进程和培育居民的公共意识，社会工作者开始从居民入手，做"人"的工作，开始"打入内部"，在小区内开展了为期两个月的思想动员工作。

社会工作者进入院落，挨家挨户地做走访和调查。一开始小区的居民不理解，认为他们是政府派来打探敌情的"侦察兵"，因而抱有较重的防御心理和抵触心理，不愿意与社会工作者说起小区内公共空间的相关事情。在最初的一个周，社会工作者吃了许多"闭门羹"，社区的工作人员都劝社会工作者放弃，认为这个"硬骨头"是啃不下来的。

虽然成效甚微，但是社会工作者并没有放弃，由于社会工作者在小区内出现次数的增多，有的居民愿意向他们诉说自己的心声，也愿意介绍小区内其他居民的情况。打通了居民的关卡后，社会工作者开始将老旧院落改造治理的相关政策文件通过通俗易懂的语言转达给居民，便于居民的理解。通过一个多月的思想动员，社会工作者逐渐获得了居民的信任，居民不再将社会工作者看作是政府派来的"侦察兵"，认为他们是真正地在为群众办实事，为小区谋福利。就这样，社会工作者在小区内得到了部分居民的支持和理解，居民也开始与社会工作者一起讨论小区的公共事务。

3. 有机整体：公共意识从部分覆盖到整体

第一步，从星星之火到居民自治小组成立。

通过前期的努力，社会工作者在 31 号院落内挖掘了几位热心居民（D 阿姨、N 阿姨、X 阿姨），她们都是党员，认为作为党员要发挥先锋模范作用，所以十分支持小区的公共空间改造工作。社会工作者与小区内几位热心居民建立了初步联系后，再次与她们一同解读了成都市金牛区下发的关于老旧院落改造治理的政策文件，让居民们看到国家和政府对老旧院落改造工作的支持。同时，社会工作者也通过接地气的语言为居民讲解了 31 号院公共空间改造之后给小区和居民带来的各种利好，让居民自己去判断小区公共空间改造的利与弊。

31 号院公共空间改造项目得到几位热心居民的支持后，社会工作者便邀请她们加入到小区自治队伍中，与社会工作者一起在小区内开展更大范围的思想动员工作，为更多的居民分析老旧院落公共空间改造的利与弊。几位热心居民还向社会工作者推荐了一位"身怀绝技"的 L 大爷，他可谓是 31 号院公共空间改造中的"大工程师"。L 大爷原是包工头，对建筑物的构造以及小区内的各种基础硬件设施的规划和设计都比较了解。通过"滚雪球"的方法，小区内联动的居民数量越来越多，居民对于小区公共空间改造的知晓度越来越高，支持率也随之增长。挖掘到小区内热心居民的同时，居民的公共意识逐渐被激活，开始关心起小区内的公共事务。

"我并不是不愿意支持小区改造这个事情，而是我根本都不知道有这个事情，我咋参加嘛，都是后面 D 阿姨她们来说，我才晓得。"（访谈资料，A-09）

由此可见，这种社区工作的开展必须要把群众工作做足，不能做表面功夫，要让小区内的每个居民都知晓此事，才能保证小区公共事务的顺利进行。

热心居民对于小区公共空间改造事务起到巨大的促进作用，但是一个团队没有领袖人物就无法聚民心，就会呈现出一盘散沙的状态。所以，在小区居民的思想动员工作进行到后期，社会工作者联合小区的临时党小组、五丁社区的书记、社区网格员于2020年6月在小区内筹备了居民自治小组成员的选举工作，即由院落的党小组牵头组织居民进行匿名投票。选票空白处要留下投票人的家庭住址，以做统计票数的佐证资料，共50余户常住户参与了居民自治小组的投票。投票结束后，在社区支部书记及筹备组成员的监督下，进行了开箱验票、计票、统票、唱票等流程，最后由社区支部书记宣布得票最多的前7名候选人当选，进入院落自治小组（见表5.1与图5.1）。随着院落居民自治小组的诞生，31号院公共空间改造的进程又进了一步，小区后续的公共事务会通过居民自治小组来开展。居民自治小组的成员表示会以高参与度和高积极性投入到小区的公共事务中，会服务好大家，带着其他居民将小区的公共空间改造工作做到最好，打造属于大家的和谐美丽的新家园。

表5.1　居民自治小组成员表

序号	姓名	年龄/岁	是否党员	获得票数/张
1	D阿姨	56	是	38
2	B大爷	61	是	35
3	N阿姨	58	否	32
4	H阿姨	60	是	30
5	L大爷	62	否	29
6	X阿姨	59	是	27
7	K阿姨	57	否	25

资料来源：作者自制。

图5.1　31号院当选的7名自治小组成员与社区两委、网格员、社工、筹备组成员合影

（资料来源：光华社工微信公众号"三供一业"改造中的小区终于有了当"家"人，2020年6月11日，https://mp.weixin.qq.com/s/Qdc2SSh-V7LSz_AKTwAcbQ）

通过居民自治小组的成立，小区大部分居民对小区公共事务的热情被点燃，居民的公共意识逐渐被唤醒。这些成效都离不开社会工作者在小区内开展的思想动员工作，这不仅让居民意识到了自己对于小区公共事务的价值，也让居民知道小区的公共事务并不是社区或是政府的事情，而是居民自己的事情，小区公共空间改造的主要目的是满足居民的需求，提高居民的生活质量，提升居民的幸福感、归属感和获得感，而居民参与自己小区公共空间的改造还会为居民带来一定的成就感和自豪感，拉近居民与居民之间的距离，改善小区内淡漠的邻里关系。

第二步，召集吐槽大会共议公共空间改造需求。

居民自治小组成立之后，为了进一步推进 31 号院公共空间改造项目，社会工作者与居民自治小组组织小区居民开展了吐槽大会，在小区内最大范围地收集了居民的意见。

居民们说着自己对于小区公共空间改造的一些想法——"我觉得现在院子的大门太丑了，重新给我们换个大门"，"我们院子里面到处都是草，长得这么高，给我们种点花，君子兰、三角梅都可以"，"我们院子连个座椅都没有，这下午想出来坐都没地方坐"，"我们楼上的空调水一直滴，太影响我中午休息了"，"单元楼门口的树，长得多高，又没有人修剪，还挡太阳"，"院子里面自行车、老年人的代步车到处乱放，路都不好过"。

居民们七嘴八舌表达了对小区公共空间改造的期望，几乎每个居民都有自己的诉求和想法，很难实现统一。但是由于经费有限，并不能满足居民的所有需求，最后社会工作者引导居民对院落存在的问题进行盘点，一致认为需要将经费花在刀刃上，解决居民必要且紧急的需求。社会工作者和居民自治小组根据问题的关注程度进行排序，梳理出了 10 条大家最关注的院落问题，并给出了解决方案（见表5.2）。本次需求征集会和居民动员会激发了居民对小区公共事务的权利意识和责任意识，居民对院落的公共问题有了新的启发和思考。

表 5.2　31 号院改造方案

序号	问题	解决方案
1	大门破旧影响小区形象	重新安装小区大门
2	单元楼墙体脱落、破裂	重新粉刷单元楼墙体
3	道路低洼、雨天积水	翻修小区内路面
4	排水系统不畅	重新规划排水系统
5	违章搭建乱象肆意	拆除违章建筑
6	缺乏绿化	增加小区绿化
7	缺乏休闲娱乐场所、桌椅	增设桌椅等基础设施、打造邻里之家
8	小区麻将室闲置	重新装修麻将室、盘活闲置资源
9	电瓶车乱停乱放	规划停车区域
10	缺乏文化氛围	营造小区文化氛围

资料来源：作者自制。

4. 有机实践：居民公共意识在实践中增强

在成立小区的居民自治小组之后，31 号院的公共空间改造项目得以顺利推进，居民也愿意参与到小区的公共空间改造项目中，扮演协调者、监督者、参与者的多重角色。在正式施工前，光华社工组织居民自治小组在小区内大范围地收集居民对于小区公共空间改造的意见和想法，再由居民自治小组将所收集到的意见和信息反馈给施工队，与他们进行沟通，在经费条件允许的前提下，尽量保证满足居民的需求，改造出让居民满意的小区。除了居民自治小组之外的其他居民也会在空余时间去跟进小区的改造工作，对施工队做得不够细致的地方提出意见，还有一部分居民还会参与到改造工作中，拿起工具跟着施工队"敲砖弄瓦"。

31 号院公共空间改造工程进行得如火如荼，改造场面热火朝天。居民们展现出了"大干一场"的气势，吸引了越来越多的居民加入其中，有的居民还自带工具加入到了施工队伍中。"反正在家里面也没有事情，就当出来活动活动。"在 31 号院的改造工程中，居民自治小组为施工队提供茶水，这是居民主人翁意识和公共意识日益进步的体现。此外，他们也会及时和施工队交流和沟通，督促施工队高质量地完成小区的改造工作。可见，随着小区公共空间改造工作的推进，居民对待小区公共事务的态度发生了极大的转变，从最开始的不闻不问到现在成为施工队中的一员，他们以小区主人的身份来对待小区的公共事务，这不仅仅是简单的态度和行为的转变，这更是小区居民公共意识提高的表现。除了居民对待小区公共事务的态度发生了改变，在小区公共空间改造的过程中，居民参与公共事务的能力也得到一定的锻炼和提升。

31 号院公共空间改造项目一方面让居民感受到了社区公益的力量，提高了居民对社会组织的认识。从前居民一度认为社会工作者是政府派过来"打探敌情"的，还有的居民甚至以为社会工作者是"包工头"。现在居民逐渐被朝夕相处的社会工作者感化，他们知道社会工作者是在为群众办实事的专业人员。另一方面，该项目的推进激活了老旧小区居民对小区公共事务的责任意识和权利意识。即通过社会组织和社会工作者的努力，带领居民积极参与小区的建设，在小区内营造出了居民自治的风气，初步建立起了共建共治共享的社会治理格局。这不仅推动了基层社区治理工作，而且在一定程度上提升了城市治理精细化水平。

（三）君子兰广场的公共空间氛围营造

在社会工作者的引导、居民和施工队的共同努力、社区工作人员和原单位的支持下，31 号院公共空间改造项目接近尾声，小区呈现出崭新的面貌，从原来脏乱差的破旧小区，华丽变身成了美丽和谐的小区。

施工队为小区重新安装了大门，一改以前破烂不堪的小区形象；对小区内的单元楼外墙进行了粉刷和装修，破裂的老旧院落穿上了洁白美丽的新装；对小区内的路面进行了翻修并新建了排水系统，解决了下雨天路面积水、不便出行的问题；对小区内的树枝进行了修剪，杂草进行了清除，栽种了花草，小区环境得到美化；对小区内的违章建筑进行了拆除，废弃车棚修建了茶室，还小区一个亮堂整洁的环境；在小区内打造了君子兰广场，修建了邻里之家，增设了桌椅，给居民提供了唠嗑、晒太阳、休闲娱乐的场所，完善了小区功能。此外，社会工作者、居民自治小组等充分利用小区的公共空间营造 31 号院特有的"君子兰文化"，在单元楼外墙增设宣传栏，展示小区历史文化与君子文化，建立起属于 31 号院的特色文化，打造"榜样力量"专栏，宣传对小区的建设和发展具有影响力的居民，小区的文化氛围油然而生。同时，他们还协商出院落管理公约、停车公约、君子之家管理公约等自治规定，实现"以规促治"（见图 5.2）。

图 5.2　君子兰广场氛围营造协商活动

（资料来源：光华社工微信公众号，君子兰广场氛围营造协商活动顺利开展，
2022 年 12 月 5 日，https://mp.weixin.qq.com/s/MSWAyT6uZkRa35JvSPo7nw）

31 号院公共空间改造工程圆满完成，居民对自己所参与改造的小区纷纷点赞，十分满意最终的改造成果。在改造的过程中，难免产生一些分歧，但是在居民自治小组和社会工作者的及时调解下，都得到了解决。虽然 31 号院公共空间改造已经圆满落幕，但是 31 号院居民的公共意识培育之路并未停止。通过此次小区公共空间改造项目，居民的公共意识被唤醒，居民开始主动关心小区的公共事务，愿意将个人的时间精力投入到小区公共空间改造之中，对小区公共空间改造工程建言献策。居民参与公共事务的能力得到提高，居民在小区中的成就感和归属感得到很大程度的提升。

光华社工介入 31 号院公共空间改造项目之后，开展了大量的前期工作，攻克了"居民排斥不信任、居民参与意愿低、工作开展缓慢"等一系列难关，社会工作者完全取得居民的信任，带动居民参与小区的公共空间改造，共同参与小区的建设。居民对小区公共事务的态度发生了极大的转变，以往小区内的公共事务都由单位负责，导致居民认为小区内的公共事务都与自己无关，在光华社工介入之后，居民的公共意识逐渐被唤醒，居民开始意识到小区内的公共事务是与自己的生活息息相关的，作为小区内的一分子，应该为小区的建设和发展贡献一份力量。在社会工作者的引导下，居民开始逐渐摆脱对原单位的依赖思想，积极参与到小区的公共事务中。

"作为一名老党员，我本来就应该主动站出来，发挥带头作用。院子的改造工作我一直都非常支持，但是里面牵扯的东西太多了，所以有些人不理解、不支持。但是你看，通过大家的努力，把院子改好了，大家都好、都满意，有些以前从来不关心院子事情的人都来干事情了，大家还是多团结，现在这个院子才像样嘛。"（访谈资料，A-10）

"我们院了的变化太大了，以前到处都是脏兮兮的，连个像样的大门都没得；现在到处都整得很巴适，看到都舒服多了。我都跟到去弄了这个花台，现在种些花，比以前种些乱七八糟的菜漂亮多了，我还是多有成就感。以后小区头有啥子事，还是可以多去参加，像这种改造院子的事情还是多有意义。"（访谈资料，A-11）

31号院公共空间改造工程的圆满完成离不开小区居民的参与。在公共空间改造过程中，居民与居民之间用行动感化彼此，吸引了更多的社区居民积极投身于小区的公共空间改造工程，居民愿意用个人的时间和精力为小区的建设做贡献，这是居民公共意识得到提升的显著表现。居民愿意站出来表达自己对小区公共空间改造方案的意见或建议，居民主动与施工方交流自己的想法和诉求，这不仅是居民将社区公共事务当作"家事"处理的表现，更是居民在小区中发挥主人翁意识的行为。总之，不论是从意识上来讲还是行为上来看，居民的公共意识都得到很大程度的改善。并且，居民在自主参与小区公共空间改造的过程中，其参与公共事务的能力也日益增强。

三、结束语

31号院居民的公共意识在小区公共空间改造过程中被激活，居民参与公共事务的意识和能力逐渐提高，但这并不意味着居民的公共意识已经完全成熟。况且即便是居民已经形成了极高的公共意识，但没有社会组织或社会工作者开展后续的维系工作去巩固居民初见成效的公共意识，就很有可能被"打回原形"，所以社会工作者在培育起居民的公共意识后，更为重要的是探寻维系居民公共意识可持续的机制，延续居民参与公共事务的热情与积极性。

第一，构建居民与社区的利益纽带。公共利益是连接社区居民与社区的利益纽带，利用好这条利益纽带可以有效促进社区居民公共意识的培育。诸如环境卫生、垃圾分类、治安秩序、文明养宠物、居民产权维护等涉及大多数居民公共利益的社区事务就可以作为抓手，吸引社区居民参与其中，让居民意识到个人利益与小区、社区的利益是紧密相连的，而个人利益的实现是建立在社区公共利益实现的基础之上的。这不仅增强了居民的集体荣誉感、归属感、认同感，还借此机会培育了社区居民的公共意识。

第二，构建以培育居民公共意识为目标的社区文化。社区文化具有鲜明的时代特征和地域特色，是一定区域内社会共同体所反映出来的有关人的行为模式，社会习俗、生活方式、价值观念、思维定向、地域心态是文化现象的总和。社区文化除了具有文化的一般功能外，还具有教育、激励和凝聚的功能①。挖掘社区的文化资源并对其进行有效整合运用是建设社区文化的关键，而借助社区文化建设的途径来培育社区居民的

---

① 班保申.社区文化的含义、特征与功能［J］.学术交流，2012（12）：151-154.

公共意识则需要充分发挥社区文化的教化功能①。譬如，在小区内制定专属的小区公约、开展富有社区特色的文化活动，促使居民的公共意识在有形和无形中得到巩固并延续。

第三，拓宽参与渠道，培育居民公共意识。发挥党建引领作用，将小区内的党员统一纳入到社区党组织进行统一管理，通过组织化、统一化的管理模式增强党员的组织动员作用，提升党组织的权威性，充分发挥党建引领社区基层治理的效能。在社区内建立居民座谈会制度，为居民提供讨论的场所，居民既可以对社区的建设与发展建言献策，也可以围绕国内外重大事件展开讨论，这样不仅可以增加社区组织与居民间的联系、居民之间的沟通，还可以将基层民主的权力还给居民，培育居民的社区意识、民主意识，并提升其认同感、归属感和责任感。

第四，运用社区网络平台，推进社区治理。社区网络平台是伴随着互联网的普及而兴起的一种新型的自媒体，也是新时期社会治理中连接基层的党组织、职能部门与辖区居民的一个重要信息交流中心②。社区网络平台将社区治理与人工智能进行有机衔接，促进社会治理模式的转型升级，带动居民以信息化、数字化、碎片化的形式参与社区治理的同时，进一步推动了基层社会治理的现代化进程。

第五，组织开展志愿服务，延续居民热情。社区可以根据社区群众的服务需求，组织开展例如帮老爱幼、院落美化、协助治安、扶残助弱等多种形式的志愿服务。社会工作者、社会组织以及社区还可以协助志愿组织链接资源，与超市、药店等商家进行合作，建立积分兑换、积分奖励机制，让居民通过参与志愿服务，获得一定奖励，从而调动居民参与社区志愿服务的积极性，延续居民参与社区公共事务的热情。

第六，建立民主协商议事机制，维系居民公共意识。在老旧院落改造工程结束后，社会工作者组织居民自治小组和其他热心居民对 31 号院公共空间改造进行总结，并梳理提炼出了"君子协商实践模式"。

君子协商议事的流程主要由以下几个步骤组成：第一步是通过居民、社区、企业单位等利益相关方收集问题，提出协商议题；第二步是协商工作小组根据院落改造类、公共空间类、生活服务类、居民习惯类、社区营造类、应急服务类六大可议协商议题确定协商议题；第三步是居民、院落、社区共同确定协商主体；第四步是确定选择何种协商形式，包括专题议事会、院落坝坝会、居民茶话会等形式；第五步是在协商议事的前 3 天通知开展协商，通知包括会议议题、形式、参与人员、时间地点等；第六步是组织开展协商，并根据协商意见的统一情况决定是返回上一步再次进行协商，还是直接进入第七步；第七步是形成协商意见；第八步是在协商意见统一后在线上微信群和线下公示栏进行为期 3 天的协商结果公示；最后一步就是落实协商成果。上述协商议事流程清晰明了，体现了完整的协商议事流程，31 号院内形成了这样一个协商议事的流程便于后续居民自治小组自主开展协商议事，让居民成为小区真正的"当家人"。

① 倪凌. 论公民公共意识的培养：社区建设的路径 [J]. 内蒙古农业大学学报（社会科学版），2010, 12 (5)：247-248, 265.

② 宋显忠. 社区网络平台与基层社会治理创新 [J]. 社会治理，2020, 54 (10)：62-66.

教学研讨的参考性问题

（1）制约老旧小区居民公共意识发育的因素有哪些？

（2）后单位制的小区与其他类型的小区相比较，如拆迁安置小区、商品房小区，有哪些异同点？

（3）除了社会组织与社会工作者介入、成立居民自治小组，还有哪些路径可以培育老旧小区居民公共意识？

（4）随着公共空间改造项目的顺利完成，小区居民的公共意识能否持续？持续机制有哪些？

教学指导手册

一、教学目标

（一）教学用途

党的二十大报告提出，完善社会治理体系，健全共建共治共享的社会治理制度，提升社会治理效能，畅通和规范群众诉求表达、利益协调、权益保障通道，建设人人有责、人人尽责、人人享有的社会治理共同体。持续探索党建引领下的新型邻里互助自治模式，进一步探索建立以社区为主导、社会组织为枢纽、社会工作者为支撑、社区志愿者为辅助、社会慈善资源为补充的"五社联动"高质量运行机制，激发群众参与治理的内生动力。基于此，本案例提出如下目标。

第一，加深学生对社区治理的理解，有助于实现理论与实践的有机结合。社区治理模式的形成是治理机制创新的结果，可通过创新社区治理理念、行为和方式，促使社区治理走向善治，为社区居民提供高质量公共服务。在31号院的案例中，社区通过发挥社会组织与社会工作者的作用，引导居民成立自治小组，通过对话与协商，最终实现了由公共意识缺失到公共意识建立的过程，以及院落物理公共空间的改造完成到居民公共意识的形成。通过学习，本案例希望能够使学生对社会组织与社会工作参与社区治理的过程形成更为形象的了解，将公共管理理论知识更好地与基层治理实践过程相结合。

第二，实现科研与教学的融合，彰显立德树人根本成效。基于我国社会发展实践的基层治理体系和治理能力的现代化，是中国式现代化的组成部分。党建引领基层社会治理是扎实推进中国式现代化的重要基础。通过基层社区治理案例的呈现，一方面希望能鼓励青年学生将目光投向基层，将论文写在祖国大地上；另一方面也希望能够与思政课程形成呼应，培植学生对家国、对基层的深厚感情，为推动中国式现代化贡献自身力量。

第三，鼓励学生对现状进行思考，提出意见建议。已有政策与做法要适应时代的发展变化，就需要不断地更新完善。31号院公共空间改造案例，呈现出社区治理的典型案例与成熟做法，既是为了使学生明了该领域的成果，也是为了得到学生的反馈，鼓励其主动积极地提出鲜明看法。通过学习，希望学生能对政策制定、多主体参与、应对困难与挑战的举措等现实问题形成个人见解，达到思辨的目标。

（二）授课对象

本案例适用于公共管理类、公共政策类、社会组织类、社会工作类相关课程教学。教师可根据课程安排及学生情况，开展教学工作。

（三）适用课程

本案例适用于社会学原理、公共管理理论、公共政策分析、社会组织、社区工作、地方政府管理等相关课程。

二、启发思考题

（1）制约老旧小区居民公共意识发育的因素有哪些？

（2）后单位制的小区与其他类型的小区相比较，如拆迁安置小区、商品房小区，有哪些异同点？

（3）除了社会组织与社会工作者的介入、成立居民自治小组，还有哪些路径可以培育老旧小区居民公共意识？

（4）随着公共空间改造项目的顺利完成，小区居民的公共意识能否持续？持续机制有哪些？

三、分析思路

（一）核心概念

1. 城市老旧小区

"老旧小区"这一特有名词是在我国不断深化住房制度改革过程中产生的，2007年住房和城乡建设部发布《关于开展旧住宅区整治改造的指导意见》，将"旧住宅区"定义为"房屋年久失修、配套设施缺损、环境脏乱差"的住宅区[①]。2020年，国务院办公厅发布《关于全面推进城镇老旧小区改造工作的指导意见》（以下简称《意见》）。根据该《意见》，城镇老旧小区指城市或县城（城关镇）建成年代较早、失养失修失管、市政配套设施不完善、社区服务设施不健全、居民改造意愿强烈的住宅小区（含单栋住宅楼），重点改造 2000 年年底前建成的老旧小区[②]。本案例的 31 号院除了上述城镇老旧小区问题之外，还具有单位制的属性，而单位制老旧小区作为城市基层治理结构转型中的一种特殊的类型，是修建于 20 世纪 80 年代前后、住房产权归单位所有、小区的具体事务主要由原单位的家属委员会管理[③]的小区。因此在本案例中，将单位制老旧小区和城镇老旧小区的概念结合使用。

2. 公共意识

国内外学者对于公共意识没有统一的界定。部分学者认为公共意识有广义、狭义之分，从广义层面看，公共意识是实施行为的个体在进行生产生活的过程中所表现出来的对公共规则主观上的认知、理解和评价；从狭义层面看，公共意识则作为公民意识的重要方面，指每个社会中的独立个体在公共空间内将社会公共价值作为一切行动旨归的社会意识[④]。另一部分学者则认为公共意识，是指独立自由的个体所具有的整体意识或整体观念，主体意识的内在升华意味着主体对超越自身以外的共同体的内在认同，是主体自由的表征。公共意识作为与人的"类"本质相契合的价值观念，必然是

---

① 《建设部关于开展旧住宅区整治改造的指导意见（建住房〔2007〕109 号）》，北大英华官网，2007 年 5 月 16 日，https://www.pkulaw.com/chl/258946.html？isFromV5＝1。

② 《国务院办公厅关于全面推进城镇老旧小区改造工作的指导意见（国办发〔2020〕23 号）》，中国政府网，2020 年 7 月 20 日，http://www.gov.cn/zhengce/content/2020-07/20/content_5528320.htm。

③ 姜娜. 浅谈城市老旧小区改造 [J]. 建设科技，2016（11）：87-88.

④ 陈付龙，李水弟. 我国公共意识生长的历史考量 [J]. 理论与改革，2006（4）：38-40.

当前人的价值诉求①。本案例采用陈付龙对公共意识的概念界定，即公共意识是产生于现代社会结构和社会实践中的，公共参与和公共关怀是其行为表征，公共生活是其落脚点，公共伦理是其行为准则，公共利益是其主旨，其是以公民对公共领域的认识和行为自觉性为基础而展现出来的价值理念②。

3. 公共空间

公共空间既有物理属性又有社会属性。地理学与建筑学研究的社区公共空间是社区内的建筑主体之间的公共空间，其主要研究在形态上的规划与设计如何能够满足社区居民以及城市空间治理的主要需求，具有物理属性；而社会学、管理学、政治学等学科认为社区公共空间是指人们在社区生活、生产过程中可以直接到达的空间，以及开展交流、共享等实现公共利益的活动场所，具有社会属性，并以物理实体空间作为载体实现社会功能。在公共空间内，更为重要的是进入空间的人们，以及呈现在公共空间内的参与、交流、互动③。本案例把公共领域的双重属性进行整合，将公共空间定义为小区内部的公共场所，是居民共享、为居民提供服务、满足居民日常生活需要的空间。

（二）理论基础

1. 马克思社会有机体理论

"有机体"这一概念源自生物学，即可以独立生存和发展的生命形态。近代以来，"有机体"的概念逐渐被应用到哲学和社会学的研究领域中，斯宾塞和孔德据此提出了倾向于实证主义的社会有机体学说，对学术界产生了较大的影响。但脱离实践，脱离"科学的历史观"，就会导致其还原于简单的生物世界，所以马克思以唯物史观为基础，舍弃了把社会有机体看作生物有机体的简单类比，将社会有机体诠释为以"社会生命"为存在的形态，"一切关系在其中同时存在又互相依存"④。在社会有机体中，社会不是个体的机械组合、简单相加，而是在一定的发展阶段，一切关系同时并存、交错、依赖，内部的子要素具有黏性的整合状态，在分工与合作的基础上促使社会形成有机的整体系统，在有机结合、整体大于部分简单相加的社会，且具有整体性、发展性、开放性。

马克思认为社会有机体是在人类社会历史实践的基础上产生的，以物质生产方式为基础，以人的社会关系各个"要素""环节"为纽带，形成"同时存在又相互依存"的连续发展的有机整体。所以，社会有机体可以直接反映人类社会生活诸要素间全面性联系与有机性互动的整体性范畴⑤。该理论认为社会是一个活的有机体，一切关系在其中同时存在而又相互依存。马克思的社会有机体理论揭示了社会是一个具有人本性、整体性、实践性、发展性的有机整体。

---

① 卞桂平，邹颖佳. 从主体意识到公共意识：现代人价值思维之应然转换［J］. 理论导刊，2014（6）：34-37.

② 陈付龙. 公共意识的中国生长：国家与社会关系的框架及其运用［J］. 江西师范大学学报（哲学社会科学版），2014，47（6）：16-24.

③ 陈素琴. 城市社区公共空间的建构［J］. 四川理工学院学报（社会科学版），2009，24（5）：43-47.

④ 李向前. 马克思社会有机体理论视角下的治理优化［J］. 人民论坛，2014（26）：31-33.

⑤ 秦香. 马克思社会有机体思想及其当代价值［D］. 石家庄：河北师范大学，2016.

2. 公共空间与公共领域

城市社会学将家庭视为居民的"第一空间"，将工作场所视为居民的"第二空间"，而这两种基础场所外的公共空间一般被称为"第三空间"。奥尔登堡曾提出第三空间（the third place）概念，认为第三空间具有社交性、开放性和多样性等特征，第三空间通过纯粹的交往为个人提供"民主体验"，从而起到补充和调节基础空间的作用①。卡尔则将公共空间视为举办活动的共同场所，其目的是将个体联结成社会②。

除了将公共空间视作社会场所的研究外，有的学者关注公共空间的政治属性，以公共领域理论为代表。公共领域的开拓性研究始于政治哲学家汉娜·阿伦特，她把人类实践活动分为劳动、工作与行动，并提出了与之相应的三个领域：个人领域、社会领域与公共领域。她认为，人性中最有价值的特征是通过社会交往实现的，即人们进入以自由平等关系为要旨的公共空间，通过言谈和行动展现自我的独特性，是实现人性"完整性"的必备条件。在面对公民逃避公共事务、远离公共空间的问题上，阿伦特认为，"重要的是构建和保卫公共空间，如开放公共事务的参与机会、确定真正的政治问题（区分自由的领域与必然性的领域）、确立言论自由、结社自由和公务公开等"③。

哈贝马斯是公共领域的集大成者，并深受阿伦特思想的影响。在哈贝马斯眼中，公共领域"首先意指我们的社会生活的一个领域，在这个领域中，像公共意见这样的事物能够形成。公共领域原则上向所有公民开放。公共领域的一部分由各种对话构成。公众可以自由地集合和组合，可以自由地表达和公开他们的意见。公共领域的特征是非强制性参与，它在国家与私人领域之间开辟了一个空间，辅以体制化的保障，公众可就他们的共同利益进行自由、公开和理性的讨论，以促进公共权力合理化"④。哈贝马斯的公共空间主要由流动性的公众、以批判意识为核心的公众舆论、公众赖以表达意见的公众场所三方面因素构成。

四、案例分析

（一）理论分析框架

社会有机体理论和公共领域理论对于培育居民的公共意识具有指导性作用。公共领域理论强调居民可以在公共领域中不受外界的干涉，公开讨论其所关注的公共事务，并形成公共舆论的意见，达到维护总体利益和公共福祉的目的。并且公共领域是衍生公共意识的必要条件，公共意识对公共领域的公共事务起着指导作用，二者相互制约、相互影响。居民的公共意识只有依托小区这个公共领域才能构建起来。依托老旧小区的公共场所和公共空间改造项目，居民可以针对小区中的公共事务展开讨论，对老旧小区的改造和发展提出建设性意见或质疑，在此过程中居民会逐渐衍生出公共意识（见图5.3）。

① OLDENBURG R，BRISSETT D. The third place ［J］. Qualitative Sociology，1982，5（4）：265-284.

② CARR S. Public space ［M］. Cambridge：Cambridge University Press，1992.

③ 金自宁. 公共空间与政治自由的实践：解读阿伦特"积极自由"观 ［J］. 比较法研究，2009（1）：134-143.

④ 哈贝马斯. 公共领域 ［M］//汪晖，陈燕谷. 文化与公共性. 北京：生活·读书·新知三联书店，2005：125.

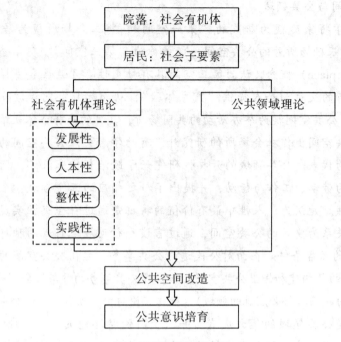

图 5.3　理论分析框架

（资料来源：作者自制）

（二）基于社会有机体理论的社区共空间营造分析

社会有机体理论注重整体性、发展性、实践性、人本性，这与我国提倡的构建共建共治共享新型社会治理格局相契合。社会有机体理论所倡导的"有机"是在社会这个大整体中，各个子要素之间相互协调、子要素与整体之间的整体性、子要素不断发展促进整体的发展。

1. 发展性：深化国企改革的"补课"

老旧小区改造是为了提高人们的生活质量、消除安全隐患、创造美丽的环境、完善社区的功能，以达到给人们带来美好生活环境的最终目的。老旧小区改造工作关系着广大人民群众的基本住房利益。老旧小区改造让居民的居住条件得到改善，环境变得优美，生活也会更幸福。居民享受到了城市的美化、硬化、亮化和净化带来的益处，就会提高其幸福指数，增强社会凝聚力，促进社会的和谐发展。

对于单位制小区的改造不仅仅是物理建筑空间的改造，更是深化国有企业改革的一次"补课"，将国有企业办社会的职能彻底剥离。国企改革是个长期、艰难的探索过程，改革开放以来，国企改革的步伐从未停止。2015年8月24日，中共中央、国务院印发了《关于深化国有企业改革的指导意见》（中发〔2015〕22号），这是新时代指导和推进我国国企改革的纲领性文件。2016年6月印发的《国务院办公厅转发国务院国资委、财政部关于国有企业职工家属区"三供一业"分离移交工作指导意见的通知》（国办发〔2016〕45号）是国有企业改革的第13个配套文件。所谓"三供一补"是指国有企业职工家属区供水、供电、供热（供气）及物业管理。该文件指出，自2016年开始，在全国推进国有企业（含中央企业和地方国有企业）职工家属区"三供一业"

分离移交工作，对相关设备设施进行必要的维修改造，达到城市基础设施的平均水平，分户设表、按户收费，交由专业化企业或机构实行社会化管理，2018 年年底前基本完成。2019 年起国有企业不再以任何方式为职工家属区"三供一业"承担相关费用。此外，该文件还提出，今后国有企业不再承担与主业发展方向不符的公共服务职能。国有企业将不得在工资福利外对职工家属区"三供一业"进行补贴，以切实减轻企业负担，保障国有企业轻装上阵、公平参与市场竞争①。有专家认为"此次配套文件可以说是对上一次国有企业改革进行不彻底的一次'补课'。"上一次国有企业脱困、改革时，主辅分离、去除国有企业办社会职能就是重要方面，但随着 2003 年以后国有企业经营形势逐渐好转，不少地方就搁置了对于国企办社会职能的改革，尽管多部门联合发布《关于城镇供热体制改革试点工作的指导意见》，并提出推进城镇供热体制的市场化改革，但显然，许多国有企业的"三供一业"剥离问题仍然没有完成。所以，就现阶段来看，国有企业确实需要把过去落下的"功课"补一补了②。

社会工作者通过对国家政策文本的研读与宣讲寻找公共话题是拉近与居民之间距离的关键点，找到 31 号院居民关注的公共问题，才能激发居民参与小区公共事务的兴趣，才能与居民建立初步的感情联系。这种感情联系，既能让居民放弃"单位不要我们了，不理我们了""就算是有意见也没用"这样的无力感与无助感，让小区居民熟悉国家政策，主动参与改革进程，也能让居民提升对小区的认同感与归属感，进而主动参与小区公共事务，通过选举成立居民自治小组。

2. 人本性：全过程人民民主参与公共空间改造

居民作为老旧小区中的重要子要素，其在小区内的适应融合度、参与度对于老旧小区的治理与发展有着至关重要的作用，老旧小区的改造和发展离不开居民的有机体团结。马克思社会有机体是物质生产在实践中存在的基础，而人类在实践中最基本的社会关系是交往关系。首先，居民公共意识不足会妨碍其与其他居民的社会交往；其次，社会有机体涵盖了"社会中存在的所有体系中每一个环节"的全部社会生活和其他参与社会生活并发生作用的各种社会现象③。社会有机体的人本性决定了其围绕人展开，有机的形成与发展依赖人，并且以人为目的和对象，社会有机体还具有利他性，在构建居民公共意识的过程中，能够实现居民与小区、社区乃至社会利益的和谐共存。同时，居民公共意识构建和发展也有助于老旧小区的治理和发展。

在 31 号院公共空间改造项目中，各类主体的利益诉求不同，甚至存在矛盾冲突。多方主体之间缺乏有效沟通，彼此之间信息不对称，导致项目进程停滞。居民自治小组成立之后，社会工作者与居民自治小组组织小区居民召开了吐槽大会和居民动员大

① 《国务院办公厅转发国务院国资委、财政部关于国有企业职工家属区"三供一业"分离移交工作指导意见的通知（国办发〔2016〕45 号）》，中华人民共和国中央人民政府网，2016 年 6 月 22 日，https://www.gov.cn/zhengce/content/2016-06/22/content_5084288.htm。

② 《国企改革再发配套文件"三供一业"费用剥离》，搜狐网，2016 年 6 月 24 日，https://www.sohu.com/a/85782581_119038。

③ 商志晓. 以社会有机体理论深化理解中国特色社会主义 [J]. 山东师范大学学报（人文社会科学版），2013（2）：5-14.

会，在小区内最大范围地收集居民的意见。吐槽大会无疑是搭建了一个平台，让多方主体多种观点正面交锋，碰撞协商出多方主体满意的结果。居民们说出揪心事、烦心事，从社区治理的"观众"变为"主角"。

党的二十大报告提出，基层民主是全过程人民民主的重要体现。健全基层党组织领导的基层群众自治机制，加强基层组织建设，完善基层直接民主制度体系和工作体系，增强城乡社区群众自我管理、自我服务、自我教育、自我监督的实效。小小的社区吐槽会，其实蕴含着丰富的基层治理的大智慧，集中民智、主动开门纳谏，是践行全过程人民民主的生动体现。

3. 整体性：小区的治理离不开居民的参与

孔德的社会有机体思想认为城市、社区、小区、居民都是社会的重要组成器官[①]。居民是小区内最重要的组成"器官"，也是其中最基本的单位之一。所以，只有居民和小区二者之间保持和谐、有序的发展，才能够实现共赢。小区的治理与发展为了居民，小区的治理与发展离不开居民，二者紧密相连，不可分割。为了达到双赢的目的，居民作为小区内最为关键的部分，需要培育起公共意识，为构建共建共治共享的社会治理格局贡献自身的力量。社会有机体理论认为社会是以人类活动的实践为基础，创造一个不断进化的有机体，这个有机体可以实现自我组织、自我调节、自我革新和自我意识等功能[②]。但这个有机体也只有依托于人才能实现自我组织、自我调节、自我革新、自我意识方面的功能。由此可见，人在这个社会有机体中的作用非同小可，因此需要加大对人公共意识构建和培育的力度，以更好地实现上述社会有机体的功能，最终促进整个社会乃至国家和谐、有序地发展和进步。

居民公共意识的构建和培育对社会有机体也有重要促进作用，它是社会有机体赖以生存的必要前提，也是社会有机体得以支撑的现实条件。我国倡导要构建共建共治共享的社会治理新格局，而这只有人的实践才能完成。同时，和谐社会的构建也离不开社会内各个子要素之间的有机团结。相对于居民来说，小区就像一个完整的"身体"，小区内的各种利益主体都是这个"身体"的某个器官，既独立存在，又与"身体"中的其他"器官"相互协调、有机结合在一起，共同促进整体的发展，但如果这个"身体"缺失了其中任何一个不起眼的"器官"都会"生病"。就像黑格尔强调的"国家是有机体，而有机体的本质是所有部分不趋于一致，其中某个部分分离，一切都会崩溃"[③]。所以，要实现居民与小区之间的有机协调和可持续发展，就要注重人的发展，更要培育人的公共意识，为实现共建共治共享的新型社会治理格局共同发力。

社区建设要搞好，居民的参与最为关键。社区建设的主体是居民，而居民的自我管理、自我教育、自我服务是社区建设的生命力所在。31号院在小区的公共空间改造过程中受社区与社会工作者的引导与协助，选举并成立了居民自治小组。居民自治小组一方面能够广泛代表小区内居民的利益，另一方面也可以及时解决邻里纠纷等居民

① 张恒. 马克思社会有机体理论及其当代价值 [J]. 江苏社会科学, 2014（12）：57-62.
② 朱聪明. 马克思社会有机体理论的当代解读 [D]. 沈阳：东北大学, 2012.
③ 张恒. 马克思社会有机体理论及其当代价值 [J]. 江苏社会科学, 2014（12）：57-62.

日常生活中的常见问题，这不仅减轻了社区层面的工作负担，也体现了社会治理向基层下移，居民也拥有了一定的自治权利，实现了自我管理、自我教育、自我服务、自我监督的居民自治，为构建共建共治共享的社会治理新格局奠定基础。但是31号院的居民自治小组的投票参与率还有待提升，未来如何遵循民主选举、民主决策、民主管理、民主监督的原则，成立一个更具有权威性、影响力更大、可持续的居民自治小组，还需要在法律的框架下进一步探索。

4. 实践性：中国式的社区公共空间营造

无论是"公共空间"还是"公共领域""邻里空间"，其作为一种政治功能，只有包含以下四个要素才能够分析我国基层社区的内部秩序。一是公共活动。有事可做、有事可议，公共空间才有存在的基础。二是公共权威。哈贝马斯已经认识到，公共领域扩张的同时，必然受到某些力量的侵蚀，"公共性的功能已经从一种（源自公众的）批判原则转变成一种（源自展示机制，如权力机关、组织，特别是政党的）被操纵的整合原则"。三是公共资源。社区内的组织或个体所掌控的，维持公共活动、协调公共利益的物质资源或关系网络，如财政资金、信息资源、人脉关系等。公共资源可以由社区内部生成与积聚，也可由社区外部赋予。它不仅是公共活动有效开展的基础，更是维持公共权威的重要保障。四是公共场所。在哈贝马斯看来，公共空间首先是一个公共辩论的讲坛——俱乐部、咖啡馆、茶室等市民就公共事务进行协商的场所。社区公共空间形式上应该表现为人们可以自由出入、集合和组合，进行信息传递、意见表达、情感寄托的物理空间，如百姓畅言堂、议事厅、睦邻中心等[①]。

单位制的解体、建筑物的年久失修、人口的老龄化、住户结构的多元性等社会变迁的结果为社区公共空间提供了丰富的议题，而这些议题往往是政府难以触及的管理末梢。这些公共议题本身也是一套完整的符号系统，阐释着社区生活的内容和意义，是社区公共空间的基础。我国的社区建设一直是带有行政化色彩的，基层治理中的国家一直"在场"。我国的社区公共空间并非哈贝马斯的公共领域以批判精神为精髓，与国家也不是对抗关系，鉴于自治力量的薄弱，反倒需要他治的恰当介入，以保障公共空间的有序运转。在本案例中，31号院在陷入政府失灵（社区支部书记无法推动工作）与市场失灵（没有物业公司）的双重失灵尴尬之后，四川省光华社会工作服务中心作为政府购买服务的承接方，其社会工作者进入小区开展服务，并扎根小区坚持不懈地努力，在院落中推动老党员作为社区内具有显著影响力的"话事人"，培育居民自治小组，召开居民吐槽大会共议公共话题，成功推动了公共空间的改造完成。本案例的公共空间改造实际上源于国家与地方政策，原单位也有资金支持，但难的是如何将资源有效整合符合院落的公共利益。

在哈贝马斯的理论中，由于国家与社会分离的前提预设，并没有太多关于公共空间主体问题的论述，但我国民众"政府依赖"的思维惯性使国家与社会很难分离。"在复杂社会中，公共领域形成了政治系统这一方面和生活世界的私人部分和功能分化的

---

① 辛方坤. "三治融合"视域下城市社区公共空间的构建：基于上海D社区的探索 [J]. 社会科学，2018（3）：21-28.

行动系统这另一方面之间的中介机构。"[①] 在公共空间的运转过程中，国家与社会的边界是模糊的，不存在单纯的国家行动者或者单纯的社会行动者，而是政府、社区、社会组织、社区精英、居民等多元主体共同施加影响，国家—社区、社会—家庭的行动路径恰恰指向了多元主体的公共空间[②]。

本案例研究的老旧小区与普通的商品房小区有较大的区别，普通商品房小区在公共空间方面存在较为清晰明确的规章制度，无论是资源供给还是治理主体都相对固定。而对于老旧小区中的原单位制小区，其单位制属性处于半脱离状态，无论是规则、权利、资源都相对匮乏，居住在单位制小区内的居民大多数年龄较大，因为习惯了单位属性的保障管理思想，并且保留着时代遗留下的单位情感，所以在探究老旧小区居民公共意识的培育问题时，要将老旧小区看作一个有生命的社会有机体，用社会有机体理论所提倡的整体、发展、延续、有序、局部与整体的眼光去看待老旧小区的改造问题，以及居民公共意识的培育问题。

五、课程设计

（一）时间规划

本次案例教学分小组进行讨论，总计 2 个课时、90 分钟，具体如表 5.3 所示。

表 5.3　教学计划安排

教学计划		内容	目标	时间
课前准备	预备与预习	①教师提前告知学生案例教学安排，并将案例文件及相关资料进行发放； ②学生课前自行阅读，熟悉案例；并查阅其他资料对政策内容、实践措施、成功案例、现有困难及挑战等加以补充，形成基本理解	使学生对案例内容有初步了解	行课前一周
正式上课	学习与讨论	①教师使用 40~50 分钟对案例进行呈现，对国有企业改革相关配套政策文本、小区治理及社区改造、单位制、社区公共空间等加以介绍； ②教师根据实际情况对学生进行分组，以小组为单位进行案例及思考成果的呈现。分组时可参照小区治理中的多方主体，包括社区、社会组织与社会工作者、小区居民等，分析在小区治理中如何推动居民参与并形成可持续的参与机制。每组展示时间为 10 分钟； ③每组展示过后，教师展示思考题，各小组进行组内讨论、组间讨论，时间为 20~30 分钟； ④展示及讨论结束后，教师用 15~20 分钟进行点评与总结，并布置课后分析报告作业及小组成员贡献度调查，汇总各小组的思考成果及学生的参与情况	以教师讲解与学生讨论相结合加深理解	2 课时，每课时 45 分钟

---

① 哈贝马斯. 在事实与规范之间 [M]. 童世骏，译. 北京：生活·读书·新知三联书店，2011：460.
② 辛方坤. "三治融合"视域下城市社区公共空间的构建：基于上海 D 社区的探索 [J]. 社会科学，2018 (3)：21-28.

表5.3(续)

教学计划		内容	目标	时间
课后	思考与反馈	①学生在课后以小组为单位提交案例分析报告,对居民参与的困境与机制等问题进行回答; ②学生进行组内成员贡献度互评; ③教师结合小组课堂展示、讨论发言、案例分析报告等综合考虑,对不同组别进行评分; ④教师结合课堂发言情况及贡献度对学生个人进行评分	对本次案例教学形成反馈,促进学生深入思考	课后两周内

资料来源:作者自制。

(二) 板书设计

板书设计如图 5.4 所示。

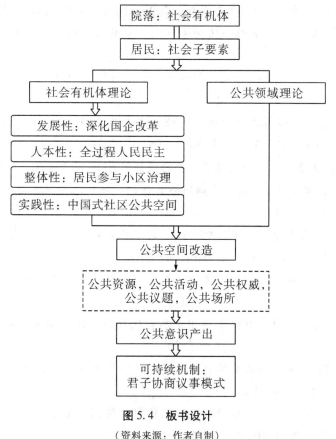

图 5.4　板书设计

(资料来源:作者自制)

六、要点汇总

综上所述,本案例以成都市金牛区 31 号院落公共空间改造为例,使用马克思社会有机体理论与公共领域理论等进行分析,探讨在深化国有企业改革、进一步剥离其社会职能的背景下,如何对原单位制院落进行公共空间改造,以此激发居民的公共意识,并使之可持续。本案例主要关注点包括:制约老旧小区居民公共意识发育的因素有哪些? 社会工作者与社会组织是如何通过公共空间改造项目培育居民的公共意识? 如何使居民公共意识保持持续性?

七、参考资料

[1] 任娟娟. 城市老旧小区改造中的社会工作介入研究: 基于陕西 ZH 社会工作服务中心的项目实践 [J]. 社会福利 (理论版), 2021 (12): 36-43.

[2] 张佳丽, 温标, 朱东剑, 等. 社区居民参与老旧小区改造积极性的影响因素研究: 基于衡水市桃城区老旧小区改造的实证观察 [J]. 城市发展研究, 2021, 28 (10): 29-33.

[3] 戴祥玉, 车新. 新时代党建引领城镇老旧社区多元合作治理的优势与创新路径 [J]. 行政与法, 2022 (5): 44-52.

[4] 李东泉, 王瑛. 单位 "隐形在场" 对社区集体行动的影响研究: 以广州市老旧小区加装电梯为例 [J]. 公共管理学报, 2021, 18 (4): 93-104, 172.

[5] 陈代弟. 城镇单位老旧小区的管理困境及应对策略研究 [J]. 中共南宁市委党校学报, 2022, 24 (1): 54-60.

[6] 班保申. 社区文化的涵义、特征与功能 [J]. 学术交流, 2012 (12): 151-154.

[7] 倪凌. 论公民公共意识的培养: 社区建设的路径 [J]. 内蒙古农业大学学报 (社会科学版), 2010, 12 (5): 247-248, 265.

[8] 宋显忠. 社区网络平台与基层社会治理创新 [J]. 社会治理, 2020 (10): 62-66.

[9] 卞桂平, 邹颖佳. 从主体意识到公共意识: 现代人价值思维之应然转换 [J]. 理论导刊, 2014 (6): 34-37.

[10] 陈付龙. 公共意识的中国生长: 国家与社会关系的框架及其运用 [J]. 江西师范大学学报 (哲学社会科学版), 2014, 47 (6): 16-24.

[11] 陈素琴. 城市社区公共空间的建构 [J]. 四川理工学院学报 (社会科学版), 2009, 24 (5): 43-47.

[12] 秦香. 马克思社会有机体思想及其当代价值 [D]. 石家庄: 河北师范大学, 2016.

[13] 金自宁. 公共空间与政治自由的实践: 解读阿伦特 "积极自由" 观 [J]. 比较法研究, 2009 (1): 134-143.

[14] 商志晓. 以社会有机体理论深化理解中国特色社会主义 [J]. 山东师范大学学报 (人文社会科学版), 2013 (2): 5-14.

[15] 张恒. 马克思社会有机体理论及其当代价值 [J]. 江苏社会科学, 2014 (12): 57-62.

[16] 朱聪明. 马克思社会有机体理论的当代解读 [D]. 沈阳: 东北大学, 2012.

[17] 辛方坤. "三治融合" 视域下城市社区公共空间的构建: 基于上海 D 社区的探索 [J]. 社会科学, 2018 (3): 21-28.

[18] 哈贝马斯. 公共领域 [M] //汪晖, 陈燕谷. 文化与公共性. 北京: 生活·读书·新知三联书店, 2005: 125.

[19] 哈贝马斯. 在事实与规范之间 [M]. 童世骏, 译. 北京: 生活·读书·新知三联书店, 2011: 460.

[20] OLDENBURG R, BRISSETT D. The third place [J]. Qualitative Sociology, 1982, 5 (4): 265-284.

[21] CAR S. Public space [M]. Cambridge: Cambridge University Press, 1992.

［案例六］ 如何打通农村留守儿童关爱"最后一公里"？

——基于四川省天全县"童伴计划"公益项目的观察[①]

摘要： 农村留守儿童一直是我国重点关注的群体。近年来，对农村留守儿童陪伴服务的探索从单一主体到多元主体逐步发展，成效也从不明显、不长久到显著而长久。"童伴计划"是中国扶贫基金会于2015年10月发起的农村留守儿童关爱项目，即通过"一个人·一个家·一条纽带"的模式，建立留守儿童监护网络，保障留守儿童权益，并探索农村留守儿童福利保障的有效途径，为政府决策提供依据。

本案例以四川省天全县"童伴计划"公益项目点为例，对共青团、政府职能部门、乡镇政府、村社组织的有关人员以及社工机构职工、志愿者、"童伴妈妈"、留守儿童及其监护人进行深度访谈，探讨农村留守儿童陪伴服务的治理网络。首先，农村留守儿童陪伴服务的治理网络主要由四部分构成：一是政府支持，包括政府职能部门、群团组织、乡镇政府、村社组织；二是社会支持，包括社工机构、志愿团体、企业单位；三是留守儿童的学校支持；四是留守儿童的家庭支持。其次，政府支持与社会支持是农村留守儿童陪伴服务治理网络的主要内容。本案例根据政府支持与社会支持在农村留守儿童陪伴服务中的参与程度，将天全县"童伴计划"项目的运作模式分为政府支持及社会支持参与度均高的高级模式、政府支持参与度高而社会支持参与度低的传统模式、社会支持参与度高而政府支持参与度低的创新模式和政府支持及社会支持参与度均低的低级模式，并根据四种模式的不同情况，分别提出相适应的治理对策。

关键词： 农村留守儿童；童伴计划；网络治理

---

① 本案例资料来源：2022年9月至12月在天全县调研与访谈；中国乡村发展基金会、贵州省民政厅、共青团四川省委、共青团天全县委等官方网站及新闻媒体对"童伴妈妈"项目的报道。

引言

2012 年年末，在贵州省毕节市七星关区，5 名流浪儿童在垃圾桶里烧火取暖，窒息死亡。2015 年 6 月 9 日，还是在贵州省毕节市七星关区，田坎乡 4 名留守儿童集体喝农药自杀。悲剧性的事件凸显出当地留守儿童缺乏有效的教育指导和监管，引发了社会各界对农村留守儿童安全的强烈关注。

民政部 2018 年 9 月发布的数据显示，我国共有农村留守儿童 697 万人，96% 的农村留守儿童由祖父母或外祖父母照顾，4% 的农村留守儿童由其他亲戚朋友监护。从区域分布上看，四川省农村留守儿童规模最大，达 76.5 万人，安徽省、湖南省、河南省、江西省、湖北省、贵州省紧随其后，7 省总数占全国的 69.7%；从性别比例看，男孩占 54.5%，女孩占 45.5%，性别比达到 129.9；从年龄分布看，各省份年龄结构与全国基本一致，表现为 6~13 岁的规模最大且超过 50%；从入学情况看，义务教育阶段的比例为 78.2%；从健康状况看，99.4% 的农村留守儿童身体健康，0.5% 的农村留守儿童残疾，0.1% 的农村留守儿童患病，其中 0.02% 的农村留守儿童既残疾又患病[①]。截至"十三五"末，全国共有农村留守儿童 643.6 万名，较"十三五"初期下降了 28.6%[②]。心理学研究证明，儿童的心理健康、价值观正确形成的关键期是 6 到 16 周岁，在这期间父母的缺位会对儿童的心理健康产生不可逆转的负面影响[③]。

2016 年，《国务院关于加强农村留守儿童关爱保护工作的意见》提出，要全面建立家庭、政府、学校尽职尽责，社会力量积极参与的农村留守儿童关爱保护工作体系；强化和落实基层政府、部门职责，充分发挥群团组织优势，广泛动员社会力量参与，建立起覆盖城乡、上下联动、协同配合的工作体系；构建县、乡、村三级网络[④]。该意见的出台为留守儿童关爱服务指明了发展方向、提供了政策保障，推动了广大社会组织对留守儿童陪伴服务的尝试和探索。

2021 年，《中国儿童发展纲要》指出，促进儿童健康成长，能够为国家可持续发展提供宝贵资源和不竭动力，是建设社会主义现代化强国、实现中华民族伟大复兴中国梦的必然要求[⑤]。儿童是国家与民族的未来，少年强则国强。留守儿童的父母远离家人，为国家的经济建设与家人的幸福生活做出了巨大的贡献，是国家的功臣[⑥]。而他们

---

① 《图表：2018 年农村留守儿童数据》，民政部官网，2018 年 9 月 1 日，https://xxgk.mca.gov.cn:8445/gdnps/pc/content.jsp? id=1662004999979993614&mtype=。

② 《更好夯实民生保障基础——五大关键词解读民政事业改革发展"成绩单"》，精神文明报，2021 年 2 月 25 日，https://www.jswmb.cn/article/7462/39870.html。

③ 张大均，苏志强，王鑫强. 儿童青少年心理素质研究 30 年：回顾与展望 [J]. 心理与行为研究，2017，15（1）：3-11.

④ 《国务院印发〈关于加强农村留守儿童关爱保护工作的意见〉》，中国政府网，2016 年 2 月 14 日，https://www.gov.cn/xinwen/2016-02/14/content_5041100.htm。

⑤ 《国务院印发〈中国妇女发展纲要（2021—2023 年）〉和〈中国儿童发展纲要（2021—2030 年）〉》，中国政府网，2021 年 9 月 27 日，https://www.gov.cn/zhengce/content/2021-09/27/content_5639412.htm。

⑥ 《李克强与留守儿童父亲通话：农民工是国家功臣》，人民网，2014 年 1 月 27 日，http://politics.people.com.cn/n/2014/0127/c70731-24246435.html。

的孩子与家庭成员为此做出的身心的牺牲需要得到政府与社会的关爱。本案例基于四川省天全县的调研材料，探讨"童伴计划"作为政府与社会组织协同发起的针对农村留守儿童的公益项目，与以往的留守儿童关爱工作相比有什么突破？这个项目是如何打通农村留守儿童关爱的"最后一公里"？家庭、政府、学校、其他社会性资源是如何上下联动与协同配合的？县、乡、村的三级网络是如何运行的？

一、案例背景

2015 年 10 月，中国扶贫基金会（2022 年 6 月已更名为中国乡村发展基金会）发起"童伴计划"公益项目。该项目通过培育乡村妇女开展乡村儿童关爱保护工作，采取"一个人·一个家·一条纽带"的模式，以"童伴妈妈"为抓手，以"童伴之家"为平台，以县级横向联动机制为保障，建立村级儿童监测网络，确保儿童福利服务向"最后一公里"递送。该项目标准为一个村每年 5 万元，项目执行周期 3 年，其中资金 90% 为项目资金，直接用于项目实施（包括"童伴妈妈"的补贴、"童伴之家"项目的设备配备及活动开展、项目的培训与督导），10% 为项目管理费，用于中国扶贫基金会项目执行管理费。该项目自启动至 2021 年年底，已在 10 个省 106 个县 1 379 个村开展"童伴妈妈"项目，惠及 75 万余名儿童①。具体来说，一个人——"童伴妈妈"，"童伴计划"项目为每个村聘请一位全职的儿童守护专员——"童伴妈妈"，将所在村全部孩子的福利、安全、健康都纳入其服务范畴，其主要职责是及时发现问题、递送信息，并协调资源给予解决；一个家——"童伴之家"，整合社区资源，建立"童伴之家"，通过日常开放以及定期组织主题活动为全村儿童成长助力；一条纽带——县项目联动机制，项目区地方政府建立多部门参与的联动机制，形成有效的、直达儿童身边的服务网络，保障儿童福利政策的落实，保护儿童权利。

在贵州，截至 2021 年 6 月有"童伴之家"7 162 个，"童伴之家"成为托起孩子精神情感和愿望之塔，成为他们快乐成长的"家"。贵州从江 9 岁的小琪在村里读小学二年级，每天放学后就到"童伴之家"学习、做游戏、画画（见图 6.1）。在村民们看来，"童伴之家"给了孩子们一个固定的学习活动场所，改变了孩子们曾经"放养式"的自由散漫成长模式，孩子们放学后不再到处跑，告别了玩手机，减少了看电视的时间，这里成了孩子们精神情感和愿望的理想"学校"。自 2017 年"童伴之家"项目落地从江以来，已在全县 10 个村开展儿童服务工作 27 370 人次，有效解决了留守儿童困境，助力儿童健康成长②。

---

① 《"童伴妈妈"项目详情》，中国乡村发展基金会官网，http://m.cfpa.org.cn/project/projectDetail.html？pid=46。
② 《筑牢关爱救助保护网 托起孩子心中的太阳——贵州儿童关爱救助保护工作综述》，贵州省民政厅官网，2021 年 6 月 2 日，https://mzt.guizhou.gov.cn/xwzx/mzyw/202106/t20210602_68383185.html。

图 6.1 "童伴妈妈"潘启凤正在和小琪读绘本①

（资料来源：贵州省民政厅官网）

2015 年 10 月，共青团四川省委、四川省民政厅与中国公益研究院和中国扶贫基金会联手启动"童伴计划"留守儿童关爱公益项目。几年来"童伴计划"项目积累了丰富的经验，尤其是在留守儿童陪伴服务方面最为成功，项目开展的积极影响逐渐扩大，辐射范围越来越广。该项目弥补了传统关爱重物质提供，轻情感陪伴；重短期活动，轻长期联系；重资源募集，轻优化配置等方面的不足。该项目实施至今共经历了三个阶段：2006 年率先在全国启动"留守学生关爱行动"，主要侧重物质、救助方面的关爱，此为 1.0 版本；2016 年启动留守儿童关爱"童伴计划"，侧重于项目化、常态化的心理关爱和陪伴，实现从"大水漫灌"向"精准滴灌"的转变，此为 2.0 版本；2019 年，为将更多的留守儿童纳入"童伴计划"项目服务范围，启动了"提质扩面"工作，目前已由试点时的 165 个村，增加到了 1 326 个，此为 3.0 版本。

"童伴计划"的项目模式为"三个一"：在项目村招聘一位妇女作为"童伴妈妈"，打造一个阵地"童伴之家"，联合相关厅局、社会专业力量建立一套工作体系。

"童伴妈妈"的工作职责为"六个一"：

完成一份档案：上岗 2 个月内必须建立项目村全体留守儿童基础信息档案；

开展一轮走访：每 2 个月对全村留守儿童进行一轮走访，发现并记录留守儿童生活、学习、心理等方面的问题，及时给予心理关爱帮扶，协助解决实际困难；

建立一个群组：建立全村留守儿童父母微信或 QQ 群，每月发布家访、活动开展、政策法规等信息不少于 4 次；

进行一次沟通：每月与全村留守儿童父母单独沟通不少于 1 次；

举办一次活动："童伴之家"每月开展主题活动不少于 1 次，每周开放不少于 10 小时；

报送一次信息：每周通过工作微信群向团县委报送家访、活动开展等图片和文字

① 《筑牢关爱救助保护网 托起孩子心中的太阳 ——贵州儿童关爱救助保护工作综述》，贵州省民政厅官网，2021 年 6 月 2 日，https://mzt.guizhou.gov.cn/xwzx/mzyw/202106/t20210602_68383185.html。

信息不少于 1 次。

截至 2020 年年底，四川为留守儿童建档立卡 5 万余份，"童伴妈妈" 走访儿童 44.35 万人次，帮助解决返校协助、大病救助等需求 3.9 万例，留守儿童懂得注意安全的比例从 25.1% 升至 55.8%，项目所在村未发生一起儿童意外伤亡、遭遇非法侵害、未成年人犯罪和涉童信访等事件。经 "童伴妈妈" 劝说，811 名留守儿童父母选择返乡就业、创业，外出务工父母每天联系子女的比例从 14.7% 提升到 30.2%①。

二、案例过程

（一）关爱留守儿童，政府还能做些什么

2015 年 6 月 12 日，在贵州毕节 4 名留守儿童集体喝农药自杀事件发生之后 3 天，贵州省政府办公厅就紧急下发通知，要求贵州各县（市、区、特区）汲取 6 月 9 日 4 名留守儿童服药中毒死亡的教训，即日起开始组织开展一次留守儿童临时救助工作专项督查，做到不漏一户、不少一人，督查情况于 6 月 30 日报省政府督查室。通知要求，重点排查义务教育阶段辍学、家庭生活困难、监护人缺失、事实上无人抚养、残障等留守儿童，要在 2015 年 6 月 30 日前将辖区内所有留守儿童排查完毕，以村为单位建立农村留守儿童台账。7 月 5 日前，各市（州）汇总后报贵州省教育厅、省民政厅。

通知要求，建立完善县级留守儿童信息库，有效整合民政、教育、卫计、公安、人社等部门资源，准确掌握留守儿童人数、姓名、监护人情况、父母动态、学习状况、生活状况等信息，全面建立留守儿童动态管理机制，在 2015 年 7 月 30 日前完成信息库建设。对全面排查过程中发现的问题，市、县两级政府必须立即研究解决，明确时间表、责任人，实行一对一的干部包保责任制，限期整改完毕；基层政府和教育、民政等有关部门要明确专人负责，做好留守儿童救助关爱和控辍保学工作，落实相关政策措施，帮助解决实际困难，做到认识到位、关爱到位、措施到位、落实到位、责任到位，坚决避免此类事件再次发生。此外，通知还要求各地对因急难问题生活陷入困境、面临生存危机的家庭和儿童，给予急难救助。充分发挥城乡低保、临时救助、慈善关爱、儿童福利等综合性救助政策措施的整体功能，进一步健全完善孤儿基本生活保障制度，及时将符合条件的孤儿纳入保障范围，加快建立困境儿童救助保护制度，通过纳入财政预算、整合现有救助资源等手段，对生活有困难的儿童，一律实现 "应保尽保，应救尽救"②。

2015 年 12 月，中共贵州省委办公厅、贵州省人民政府办公厅印发《关于进一步加强留守儿童困境儿童关爱救助保护工作的实施意见》，这是贵州历史上乃至全国最为系统详尽的关于留守儿童保护的省级官方文件。事实上，早在 2015 年 7 月初，该文件印

---

① 《"童伴计划" 公益项目》，四川共青团官网，2020 年 12 月 10 日，http://scgqt.gov.cn/new.html？id＝146125。

② 《贵州：全面建立留守儿童动态管理机制》，中国政府网，2015 年 6 月 12 日，https://news.sina.com.cn/c/2015-06-12/232431945248.shtml。

发前，贵州省政府就决定成立贵州省留守儿童、困境儿童关爱救助保护工作领导小组，组长由时任副省长的陈鸣明担任。留守儿童问题，在贵州成为了政府案头和官员心头的大事。

实际上，自留守儿童问题产生以来，其就一直是政府的关注重点，有大量的讨论与实践探索。对于参与留守儿童关爱服务的政府、群团、社区、家庭、学校、社工组织等多方主体的地位角色，也存在意见的分歧。

在早先的研究中，有学者主张以学校为中心，认为学校教育方面要加大对义务教育的投入、搞好寄宿制学校、缩小城乡教育的差距[①]。但家庭教育具有无可替代的地位，应该重视家庭缺失的弥补，不能忽视留守儿童的主观能动性[②]。近期的研究则强调政府及其职能部门的主导作用，辜胜阻等认为要采取农民工就地就近转移、鼓励农民工回乡创业等手段实现从根源上控制留守儿童数量[③]。段成荣等认为要加强制度保障、家庭责任和社会支持，解决留守儿童学习、心理、行为、安全等问题[④]。为各类非政府组织发声的观点也不少见，沈冠辰等认为解决我国留守儿童问题可借鉴社工组织的价值理念、助人方法和介入模式[⑤]。

但我国目前的社会支持机制无论是国家干预模式、儿童权利中心模式还是家庭权力中心模式，都是基于"个体观"的关爱管理模式，仅注重留守儿童自身的个体发展，无法从根源上解决家庭缺失的问题，因此要转变视角，从家庭整体的角度出发来解决问题[⑥]。我国目前的留守儿童政策属于"问题回应型"政策，当留守儿童的问题得到解决时，这些政策将失去价值，因此应转化为"家庭整合型"福利政策，促进留守儿童家庭功能修复[⑦]。

在各地的基层政府实践中，较为完善的工作是从教育部门开始进行数据摸底。在各地的学校，都有关于学生父母是否外出务工的统计档案。但是由于缺少统一的标准，在这些档案中，有些地区仅统计学生父母是否在家，有些则详细到家庭经济状况、父母去向、实际监护人情况等。部分地区教育部门的互联网信息平台也基本成形，有些甚至已实现了全省信息联网。以贵州为例，通过学校排查，截至2015年12月，全省共有学龄前及义务教育适龄阶段的农村留守儿童109.6万人，困境儿童93.8万人。

除数据归档外，一些地区政府也开始逐渐强调明确基层责任，将该问题纳入考核体系。贵州省出台的《关于进一步加强留守儿童困境儿童关爱救助保护工作的实施意见》要求，驻村工作队和驻村干部要将留守儿童、困境儿童关爱救助工作纳入工作内

① 范先佐. 农村"留守儿童"教育面临的问题及对策 [J]. 国家教育行政学院学报, 2005 (7): 78-84.
② 申继亮, 武岳. 留守儿童的心理发展: 对环境作用的再思考 [J]. 河南大学学报 (社会科学版), 2008 (1): 9-13.
③ 辜胜阻, 易善策, 李华. 城镇化进程中农村留守儿童问题及对策 [J]. 教育研究, 2011, 32 (9): 29-33.
④ 段成荣, 秦敏. 创新共建共享机制 化解留守儿童问题 [J]. 社会治理, 2016 (6): 49-57.
⑤ 沈冠辰, 陈立行. 社会工作介入我国农村留守儿童的实务模式研究 [J]. 吉林大学社会科学学报, 2018, 58 (6): 116-124, 206.
⑥ 杨汇泉. 农村留守儿童关爱服务路径的社会学考察 [J]. 华南农业大学学报 (社会科学版), 2016, 15 (1): 37-44.
⑦ 董才生, 马志强. 留守儿童关爱保护政策需要从"问题回应"型转向"家庭整合"型 [J]. 社会科学研究, 2017 (4): 99-105.

容，省委组织部每年下达两次任务通知书，年终进行考核。各级党委、政府要将关爱救助保护工作纳入经济社会发展总体规划，纳入科学发展与社会综合治理考评体系和领导干部政绩考核评价指标体系。

乡村教育本已负荷重重，寄宿制学校更无法独自承担责任，由于没有相关政策支持乡村基层教师的培训、管理，教师的工作量大压力也大，不少人长期住在学校管理学生，却无法获得加班费用。留守儿童问题使寄宿制学校的需求越来越大，相比于非寄宿制学校，其办学成本大大增加，却没有获得相应的经费支持①。因此，政府还能做些什么呢？好像该做的事都已经做了。该问题涉及民政、妇联等多个部门，但缺少一个统一指挥和牵头的部门，在具体落实政策、解决问题方面，各相关部门显得力不从心，经费不足，人才不足。

因此有专家建议，各省份应当将目前的经验和教训进行总结并提出建议，方便中央在此基础上形成短期、中期、长期的解决方案。目前的宣传性政策应当转变为执行性政策，在法律、政策、条例、意见、通知等形式上形成保护留守儿童的完整体系，有专项的经费支持、专业的公众教育、专门的人员配备，纳入干部考核，从中央到地方层层落实②。

正是在理论与实践的推动下，基于"家庭整合型"福利政策视角，有统一指挥与牵头部门、有人才与经费保障的执行性方案"童伴妈妈"项目出现了。留守的孩子需要有一个"妈妈"，这位妈妈就在孩子的身边，随时可以看到，这位妈妈还有专业能力，有经费与资源的支持，能一直坚持关爱孩子。同时这位妈妈还需要接受当地政府的考核评价。

（二）"妈妈，我可以叫你妈妈吗？"

2019 年，共青团四川省委"童伴计划"公益项目推广到天全县。天全县开始实施第一批"童伴计划"，成立了新华乡永安村"童伴之家"。"童伴之家"成立以后，经常组织留守儿童开展绘画、阅读、手工制作、课后辅导等形式多样、丰富多彩的活动。在相关部门和志愿者们的共同努力下，"童伴之家"成为留守儿童共同的"家"，志愿者们也被孩子们亲切地称呼为"童伴妈妈"。截至 2022 年 1 月，天全县已建成投用 13 个"童伴之家"，覆盖全县 700 多名农村青少年的文化生活，为全县脱贫攻坚和乡村振兴做出了积极贡献③。

芷扬刚来"童伴之家"的时候，性格内向、不愿意说话，人多的时候总是躲到"童伴妈妈"淡青身后。有一次，淡青让孩子们写自己的"微心愿"，芷扬写下——"我想要一个妈妈"。"那个时候我告诉他，虽然我不是他的妈妈，但可以像妈妈一样陪

---

① 《留守儿童问题该如何破解 政府还能做些什么？》，搜狐网，2015 年 12 月 18 日，https://www.sohu.com/a/49295764_115496。

② 《留守儿童问题该如何破解 政府还能做些什么？》，搜狐网，2015 年 12 月 18 日，https://www.sohu.com/a/49295764_115496。

③ 《心系留守儿童 浓浓关怀暖人心——团市委到天全县"童伴之家"走访慰问》，天全县人民政府网，2022 年 1 月 26 日，http://www.tqx.gov.cn/xinwen/show/d88c5ec5f3a2d1bb68b2de9817d52f7b.html。

伴他。"在这以后，淡青在他身上倾注了很多关爱，陪着他学习、玩耍。在淡青的鼓励下，芷扬逐渐变得自信开朗。"现在，他是最懂事的一个，平时还会帮着我收拾打扫。"

还有一个叫思丝的小朋友，来"童伴之家"的第二天，她很认真地问淡青："妈妈，我可以叫你妈妈吗？"淡青说："那你要回去问一下你的妈妈哦。"没过多久，思丝蹦跳着跑来，对淡青喊道："我的妈妈同意让我叫你妈妈啦。"①（见图6.2）

图6.2 "童伴妈妈"淡青与孩子们②
（资料来源：川观新闻网）

"童伴计划"项目根据不同留守儿童的实际需求，开展了户籍登记、办理医保、申请大病救助、申请临时救助、办理低保、办理孤儿生活保障、协助返校就读、申请学前教育资助等儿童福利需求满足活动。除此之外，该项目还紧跟社会热点，在传统节假日以及特定时间节点指导"童伴妈妈"开展留守儿童家访、开展安全教育、宣传自我保护知识、策划亲子娱乐活动、进行心理疏导、督促和辅导功课作业、提供基础益智教育等。

根据项目的实际执行情况，天全县"童伴计划"项目的生命周期可划分为三个阶段：启动试点阶段、提质扩面阶段、全面铺开阶段。

2017年，天全县共青团进行"童伴计划"项目初尝试，选取了留守儿童集中、数量众多、有空闲场地且有优秀服务人员的两个村派出代表外出学习和培训，并模拟邻县的运作模式展开了日常活动管理。两个村的"童伴之家"在各自管理人员的努力下，发展出了不同的运作模式，其主要体现在资金管理、活动开展和人员吸纳上。这一阶段天全县"童伴计划"项目各方面尚不规范，覆盖范围也十分有限，但两个村的尝试为后续项目开展提供了宝贵经验，故为启动试点阶段。

2019年，四川省"童伴计划"项目进行整体提升，天全县借此机会将本县的尝试纳入全省项目，采用全省统一的标准进行人员和活动管理，明确了资金组成和来源，

① 《淡青：52个孩子的"童伴妈妈"带乡村孩子见识更广阔的世界》，川观新闻网，2022年1月21日，https://cbgc.scol.com.cn/news/2971453。

② 《淡青：52个孩子的"童伴妈妈"带乡村孩子见识更广阔的世界》，川观新闻网，2022年1月21日，https://cbgc.scol.com.cn/news/2971453。

推动了项目各方面的管理更加规范、服务更加周到，同时在省级专项资金的支持下，陆续选取了达到建设条件的 6 个村开展项目，享受此项陪伴服务的留守儿童数量慢慢增多、范围越来越广。这一阶段天全县"童伴计划"项目得到了省级专项资金的支持，各项工作逐渐步入正轨并发展良好，故为提质扩面阶段。

2020 年，共青团中央以"童伴计划"为蓝本启动"童心港湾"关爱农村留守儿童工作项目，并将该项目纳入《共青团中央 2021 年工作要点》；2021 年 12 月，团中央印发《关于深化共青团"童心港湾"关爱农村留守儿童工作项目的实施意见》，"童伴计划"项目得到中央层面的肯定和推广，天全县也按照有关规定有序推进项目，再次陆续选取了 7 个村开展项目，并将项目纳入了工作要点和中长期规划，至此，天全县"童伴计划"项目得以进入全面铺开阶段。

（三）"童伴计划"项目中妈妈们带来的变化

天全县并非"童伴计划"项目在四川省的首批试点，但却在加入项目后紧追猛赶。经过五年的发展，天全县"童伴计划"项目取得了显著的成效，在四川省"童伴计划"项目中具有较好的代表性。

1. 留守儿童心理素质提高

未加入"童伴计划"项目之前，许多留守儿童都存在或多或少的心理问题和行为问题，令家长和老师十分苦恼和担忧，但自从"童伴计划"项目实施以来，参加项目的儿童都发生了天翻地覆的变化，他们的心理素质明显提高，在性格和学习方面的变化尤其明显。

"我们这里有个女娃娃，以前很封闭自己，非常内向胆小，根本不和大家交流，后来我就去家访，找她聊天谈心，带她来参加我们的活动，现在她已经变得非常开朗了，会自己主动来参加活动，在活动过程中也很积极表现，并且会主动把家里面的水果零食拿出来分享，变化非常明显，给人的感觉就是眼睛都发亮了，天天都笑得很开心，而且成绩也好。"（访谈编号 B10101AQY）

"我从小就被别的小朋友欺负，学习成绩也不好，学校里每次考试都不让我参加，但是'童伴妈妈'带我来这里，教育其他小朋友不能欺负我，还教我读书写字，我愿意和他们一起玩耍，每次来上课、参加活动我都很开心，现在学校里的成绩也提高了，老师还专门夸奖了我。"（访谈编号 F02022JYN）

2. 家庭内部结构愈合

农村留守儿童是城乡二元结构背景下的产物，有多少个留守儿童，就有多少个异地分居的家庭与多少对异地分离的亲子。自"童伴计划"项目实施以来，随着国家乡村振兴大政方针的倾斜，已经有越来越多的务工人员选择回乡就业，促进了家庭结构的愈合。

"我们以前一直都在外面打工，虽然还是很关心家里的小孩，担心他受委屈，生活得不好，往长远一想，家里要有钱他才能生活得好，我们文化程度也不是很高，留在家里守着田地挣不到什么钱，还不如和其他人一样到外面打工，省吃俭用点还可以攒够娃娃的学费和生活费，但是现在政府提供了岗位，在我们本地的工厂招工，优先要我们这些本地人，工资和社保也给够了，我们当然就回来了。除了挣钱还可以照顾到老人和小孩，田里的农活也可以继续做了，感觉回来了娃娃都开心得多。"（访谈编号F10212ZYH）

3. 社会秩序逐步向好

几年以前，离开学校没有人管的留守儿童是当地一个头痛的问题，经常会有聚集在一起的留守儿童因为鸡毛蒜皮的小事大打出手，给社会治安和社会秩序带来了很大挑战，而"童伴计划"项目实施以后，放学的留守儿童有了新的去处，也有了专人进行管理和教育，打架斗殴事件逐年减少，恶性事件更是再也没有发生，社会秩序逐步向好。

"项目实施以前，青少年违法犯罪的比例较高，其中参与人员大多数是无人管理的留守儿童，并且发生时间基本为放学后的校外时间，这为我们县的治安管理增加了很多麻烦，缺少有效教育的留守儿童即使批评教育了也还是可能继续违法犯罪，光靠我们司法教育很难达到效果，但是之后有了人专门负责留守儿童的校外时间，这些事情就很少发生了。"（访谈编号D10231HP）

（四）"童伴计划"项目中妈妈们的支持网络

"童伴计划"项目服务网络中的主要支持有政府、社会、学校、家庭四个部分，其中政府支持又可分为群团组织、职能部门、乡镇政府、村社两委；社会支持又可分为志愿团体、社会工作服务机构、企业。

1. 政府支持：留守儿童服务总抓手

四川省"童伴计划"项目是由共青团四川省委主导的项目，且在各个项目所在区，贡献度最大的也是共青团及其他政府部门，包括属地的乡镇政府及村社两委。

（1）共青团：网络中心节点

在四川省"童伴计划"项目的整个筹备和运行过程中，各级团委发挥了最为关键的作用。天全县团委自2017年接触"童伴计划"项目以来，为搞清楚项目的整个来龙去脉下了大功夫，在项目正式启动后，团县委下发了许多文件、通知等督导工作的开展情况。在这些文件中，团县委几乎把其职能范围内可以运作的事务都纳入了"童伴计划"项目，全力保障"童伴计划"项目的常态化运行。访谈中，团委副书记也提到："我们共青团的所有资源都在为'童伴计划'项目所用，并且在可以的前提下都对'童伴计划'项目有所倾斜"。（访谈编号A10081SS）

例如，在遇到资金缺口问题时，团县委通过多种办法开源节流、积少成多，尽力解决一部分物资，包括发起公益活动，募集社会资金；调整采购方式，节省已有资金；整合办公经费，优先保障项目等。团委副书记提到："每年快过年的时候我们就会收集留守儿童的'微心愿'，由我们的'童伴妈妈'收集起来，报给我们统一整理和发布，我们再对接本地的创业企业和机关单位以及社会各界的爱心人士，他们可以选择直接捐款的方式，也可以直接按照心愿清单买好了由我们发给对应的留守儿童，还有一部分是直接买好了送过来的物品；另外就是在网络上采购我们需要的物品，货比三家找性价比最高的进行采购，有很多商家知道我们是做公益的，就会以低于市场价的价格卖给我们，还有的商家直接就打包送捐；实在没有办法的话只有把我们自己的办公经费拿出来，优先满足这些留守儿童的需求。"（访谈编号 A10081SS）

天全县团县委对"童伴计划"项目的高度重视和高效推动是整个项目取得巨大成功的基础，他们在其中起到了内联外合、上传下达的关键作用，是留守儿童关爱服务网络的"总军师"。

（2）职能部门：协助开展陪伴

除天全县团县委之外，该项目实施以来陆续还有妇联、关工委、文体旅局、检察院等多个部门参与到"童伴计划"项目中来，它们根据自己的职能分别起到了不同的协助作用。在对"童伴妈妈"进行访谈时，妇联、关工委和文体旅局是被提及最频繁的部门。

"文体旅局来得多，给娃娃们买书修电脑，第一次的夏令营也是他们安排的，还有妇联和关工委，送过几回书包、文具，关工委之前还来开展过法律小讲堂，给娃娃们讲法律小故事，普及一些青少年儿童用得到的、基本的法律知识。"（访谈编号 B10092LCH）

"妇联现在也在我们村设了一个友好型'儿童之家'，也给我们准备了一笔资金，所以我们就两边打捆使用了，用妇联的资金重新置备了一套桌椅板凳，还有统一配备的电脑、音响、电视，两边的资金分开管理和记录，但做的事、搞的活动两边都在报，档案也都是按照各自的要求整理了两份的。"（访谈编号 B10101AQY）

"我们这儿每次搞大型点的活动，关工委和检察院都会来参加，会发放一些宣传小册子，或者给小朋友们讲法律小知识，比如说今年我们这里成为了全市的'童伴计划'现场参观点位，举办了一次大型的庆祝活动，关工委和检察院都到场了，还有妇联、文体旅局这些部门也都来了。"（访谈编号 B10211DQ）

可见，妇联、关工委、文体旅局、检察院等部门的参与，从各个不同的维度为"童伴计划"项目的顺利开展提供了帮助，而教育局、民政局、公安局、宣传部等部门，实际上也为留守儿童的健康成长作出了自己的贡献，它们共同构成了留守儿童关爱服务网络的"主力军"。

（3）乡镇政府：落实工作要求

保障天全县"童伴计划"项目顺利运转的除了主导的共青团和协助的各个单位外，项目所在地的乡镇政府也是十分重要的一环，其在整个项目前期主要起筛选和落实作用，而在项目实施后起到了传达和监督的作用。

第一批外出学习和试点的项目村 X 乡 Y 村在项目实施之初就得到了属地乡政府和村两委的大力支持，可以说没有他们的全力帮助，就不会有后来发展规范且出色的"童伴之家"。

"刚开始实施'童伴计划'项目的时候，按照要求需要有一个符合标准的场地，但是我们这里除了农户自己的房屋就是大片的土地和林区，没有既有室内场所、又有室外空间的场地，我们向村上和乡上反映了这个问题后，乡上和村上都特别重视，村上商议过后把旧活动室腾出来给我们当教室，但是室外场地还是没有解决，最后是乡上出面，把村活动室旁边的小学操场借给我们周末搞活动用，这样才建立起来了'童伴之家'。后来小学被迁走，为了建设得更规范，乡上把整个小学都借给我们用了，我们才一步一步地慢慢发展成了现在的样子。"（访谈编号 B10211DQ）

所谓"上面千条线，下面一根针"，属地乡镇是县级部门各项工作的最后发力点，没有他们的有力落实，各项工作就无法取得有效进展。在"童伴计划"项目中，属地乡镇在职责范围内尽全力协调本土资源服务"童伴计划"项目，可称得上是留守儿童关爱服务网络的"排头兵"。

（4）村社两委：执行机构

项目点所在的村社两委，是继属地乡镇政府后的又一个重要力量，对此感受最深的是 C 镇 L 村的村支部书记。

"2019 年 7 月，我们这挂牌的时候我还是村上的文书，时间比现在充足，我就当了这个'童伴妈妈'，后来我竞选了支部书记，时间就远远不够了，就更换了人。当了支部书记以后，我就发动村上想办法来指导'童伴妈妈'，需要采购的各种物品我们村两委也积极想办法，为了节约经费我们都是在网上货比三家后采购的，而且我们还积极地争取打捆资金。我们村两委的活动室就在'童伴之家'旁边，可以很方便地进行管理，所以每次开展活动我们都会过来看一看，有什么需要帮忙的也就直接做了，这边需要通过村两委来进行的工作，我们都是立马就配合做了，大家也从来没有怨言。"（访谈编号 C10102LXQ）

属地乡镇和村两委还在人员筛选上下了功夫。

"'童伴妈妈'的人选需要通过村两委推荐、乡镇政府把关、团县委审核才能上报到省上，每一个人的资料都必须要齐全真实，在这个过程中我们无数次地打电话和实地考察，衔接乡镇和村上，请他们一起对推荐人选的各个方面进行评议，有些时候因为材料可能不是特别清楚，还会反复好几遍，但是各个乡镇和村上都非常配合我们，对我们负责，也是对当地留守儿童负责。"（访谈编号 A10081SS）

村社两委的工作其实可以算得上是属地乡镇政府的执行环节，所有落地村社一级、需要乡镇政府对上负责的工作，其实都是两级机关在共同完成。乡镇政府接收各级部门的工作要求，再将指令发送到村社一级，由他们去真正地落实，尽可能满足"童伴计划"项目运行过程中的各种需求，可以说村社两委的是留守儿童关爱服务网络的"执行官"。

2. 社会支持：留守儿童陪伴突破口

（1）志愿团体：后备力量

在社会支持中，各类志愿者团体是一支不容忽视的重要补充。天全县的志愿者团体可以大致分为官方志愿队和民间志愿队两种类型，其中官方志愿队主要由各类国家机构组建，招募的志愿者受国家机构统一分配和协调，如人大代表志愿队、党代表志愿队、青年团员志愿队、巾帼志愿队以及各类因临时工作需要组建的志愿队伍；民间志愿队则主要由部分有志人士自行组建，志愿者由各自队伍负责人调配和管理，且具有一定的专业性，如蓝天救援队、绿水青山志愿防火队等。

参与天全县"童伴计划"项目的志愿者主要为共青团链接的官方志愿团队，按照志愿者的招募来源可以分为 4 类：校地合作志愿者、返乡大学生志愿者、西部计划志愿者和团代表志愿者，其中参与次数较多、时间较长的校地合作志愿者和返乡大学生志愿者是访谈对象印象最深刻的服务团体。

"我最喜欢寒假和暑假来教我们的哥哥姐姐，他们教我们说英语、带我们做游戏、表演节目，还教我们做假期作业，他们每次来了我就不想回家了，想一天到晚都在这里和他们玩，但是他们每次只来两个星期，我不想他们走。"（访谈编号 F02022JYN）

"我知道镇上在招募返乡大学生志愿者的时候，第一时间就加入了，也把和我熟悉的几个姐妹拉进来一起做，我们当过留守儿童，最清楚这些弟弟妹妹需要什么，所以我们教他们说英语、带他们做游戏，他们就很喜欢，后来大学的支教团队来了，比我们自己搞得更加规范，我们就加入他们一起开展夏令营了。"（访谈编号 E10093LWJ）

"童伴计划"项目建立的核心内涵在共青团中央文件"公益 PPP 模式"中得到了定性，而志愿者这个标签自身带的公益属性就和这一定性不谋而合，注定了他们终会汇集到一处、共同为留守儿童提供服务，志愿者也顺理成章地成为了留守儿童关爱服务网络的"后备军"。

（2）社工机构：前锋哨兵

在开展"童伴计划"项目的过程中，除了上述志愿者外，还有许多非政府力量也在发挥作用，专业的社工机构就是其中一类。目前，在天全县民政局登记注册的社工机构数量并不算多，其中专门针对少年儿童的机构更是少之又少，爱心公益协会便是其中之一，并于 2022 年成功加入了"童伴计划"项目。

"S 社区的情况和其他地方有所不同，它就在我们县城的新中心城区，具有人员聚集、资源丰富的优势，在这个点位上，我们今年采取了政府购买服务的模式，引入了本地的社会组织（爱心公益协会）一同参与'童伴计划'项目，但目前还处于试验阶段，具体效果如何还不能确定，只是从目前的运作情况来看，他们具有人员年轻、专人专职、技能专业、时间充足的优势，所以我预测效果应该还可以。"（访谈编号 A10081SS）

除 S 社区外，天全县还有另外一个"童伴计划"项目也引入了社会工作机构的力量。X 乡 Y 村作为第一批进行学习和试点的项目区，发展的时间较其他点位更长，发展得也更为成熟，除属地乡镇和村两委给予充分帮助外，外地的专业社会工作机构也积极加入了进来。

"一开始共青团说要开展'童伴计划'项目的时候，我们其实一无所知，不知道要从哪些方面下手来做这个事，后来出去学习了几次，了解了还可以通过与一些公益性的社会工作机构合作来开展工作，但是我们本地没有这些机构，所以我就在网上找，找到了就给他们打电话联系，慢慢地就有机构愿意来实地考察，谈好了的就达成了合作。他们来了之后也确实提供了很大的帮助，有些东西很专业，我们都不懂，但是不懂就问嘛，后来也就懂了大概，知道自己可以做什么了，到现在我们这个点位做出名气了，有非常多的机构自己就联系我，表示想要来我们这里开展服务，不过我都会筛选一下，更多的还是和信得过的老伙伴合作。"（访谈编号 B10211DQ）

社会工作机构在公共服务领域发挥了巨大的作用，从发达的大城市深入到西部偏远的山区后，这些社会工作机构展示出了显著的专业优势。在"童伴计划"项目中，这些社会工作机构弥补了政府部门和属地镇村在关爱留守儿童方面的短板，成为了留守儿童关爱服务网络的"前哨口"。

（3）企业单位：后勤补给

企业单位是"童伴计划"项目链接的另一类重要社会力量，在留守儿童陪伴服务网络中，主要起到提供资金的作用，部分企业也提供工作岗位，吸引外出务工的本地青年回乡就业。

例如，在遇到资金缺口问题时，团县委通过多种办法开源节流、积少成多，尽力解决一部分物资，其中一个重要渠道就是发起公益活动，募集社会资金。

"每年快过年的时候，我们就会收集留守儿童的'微心愿'，由'童伴妈妈'收集起来，报给我们统一整理和发布，我们再对接本地的企业单位以及社会各界的爱心人士，他们可以选择直接捐款的方式，也可以直接按照心愿清单买好了由我们发给对应的留守儿童，还可以直接买好了送过来；此外，我们还会去对接本地的一些大企业，请他们捐赠一笔资金，专项用于'童伴计划'。"（访谈编号 A10081SS）

除此之外，部分有本土企业的乡镇政府也对接了有关部门和企业，将保就业和助企业工作融合起来，由本土企业为当地群众提供就业岗位，由政府有关部门为企业提供补助经费。

"团县委来调研的时候，就和我们提过希望我们对本地的劳动力进行宣传，劝返部分家长。2021 年过年前后，我们这有很多外地务工的人员返乡，但是之后受新冠疫情的影响，很多人没办法及时回去，同时我们本地几个大企业的劳工也回不来，跟县上对接后就开始了政策宣传，把本地的劳动力留下来，由我们本地这些企业承接，为他们提供岗位，同时县上根据各个企业实际提供的岗位数对其进行补贴，这样一来留守儿童的问题也能够得到解决，父母回来了不担心没有收入，他们也有父母陪伴教育了，大家都受益了。"（访谈编号 C10091GYB）

企业作为一个地区经济发展的主要抓手，拥有着资金灵活、支付效率高等优势，在"童伴计划"项目资金不足时，可以及时提供有效的资金补充，同时还可以承接本地的劳动力，从侧面辅助留守儿童的成长，因此可以说企业是留守儿童关爱服务网络的"补给站"。

3. 学校支持：留守儿童教育主阵地

教育是千年大计，农村留守儿童最令人担忧的便是教育问题，在这一方面，学校起到了非常重要的作用。天全县曾是国家级贫困县，脱贫攻坚时期曾花费大量人力物力解决贫困问题，其中就包括教育扶贫。在摸底排查阶段，乡镇政府和学校配合，前者将每一位儿童的家庭情况摸排清楚，再对号入座汇总到各自学校，后者将在校就读的每一个学生建好个人档案，尤其是贫困学生、留守学生、残疾学生等特殊学生，最后双方再查漏补缺，对漏管脱管的学生开展劝返就读、对特殊学生开展送教上门等，保证每一个适学年龄的儿童都能完成义务教育。

"在我们开展'童伴计划'项目之前、2014 年开展脱贫攻坚工作之后，教育局和有关学校已经细致地覆盖了所有符合条件的人员，已经不存在留守儿童漏管失管现象。像是家庭贫困的、存在经济困难的留守儿童，学校也给他们减免了学费，有些还申请了学费补助和助学贷款；身体有残障、不便到校学习的留守儿童，教育局和对应的学校也全覆盖安排了每周的送教上门。"（访谈编号 A10081SS）

在"童伴计划"项目中，学校方面除进行常规的教育引导外，还通过团委工作对留守儿童提供服务。

"我们学校在脱贫攻坚期间和各乡镇进行了对接，为每一位留守儿童建立了档案，根据每个学生的情况进行帮扶，像是家庭贫困的会为他们减免学杂费，毕业了也会把这些档案传导给他们继续就读的学校。我们还建立了心理辅导站，重点关注的就是留守儿童，在学校里发现有需要心理辅导的学生，我们会开展辅导，同时会把相关信息传导给团县委和各乡镇，大家一起开展帮助。"（访谈编号 D10232GJ）

农村留守儿童缺少来自父母的陪伴和关心，家庭教育相对不足，因此学校的教育是引导农村留守儿童形成正确价值观的最主要渠道，学校在留守儿童有关问题解决机制中发挥着十分重要、无可替代的作用，可以看作是留守儿童关爱服务网络的"压舱石"。

4. 家庭支持：留守儿童陪伴着力点

"童伴计划"项目是面对留守儿童的公益服务，若想要长期有效地开展下去，来自留守儿童及其监护人的大力支持是必不可少的。天全县实施"童伴计划"项目的 5 年来，留守儿童及其监护人对该项目的看法发生了天翻地覆的变化。

"刚开始我听到娃娃打电话给我说有个啥子计划，不需要交钱就可以去参加，还可以上课做游戏，我就觉得这些人肯定是来装装样子，把我们娃娃骗过去随便糊弄一下就不搞了……哪个会这么好心嘛，放着自己家里的娃娃不管，跑来管其他人的娃娃。"（访谈编号 F10212ZYH）

可随着项目的持续开展，孩子们日渐洋溢的笑容和日趋开朗的个性逐渐改变了他们的想法，这些家长也通过实际行动表达了他们对"童伴计划"项目的支持和肯定。

"村上的家长非常支持和认可我们，农村里 50、60 岁的爷爷奶奶文化程度不高，也不懂怎么教育娃娃，最高兴的就是吃完饭送他们到这儿来，边学习边耍，还安全，外出打工的父母也经常性地联系我问娃娃的情况，只要一说有活动，家家户户都特别积极报名，来迟了就报不了了。"（访谈编号 B10221LXM）

留守儿童监护人的大力支持反映出"童伴计划"项目的成功，说明"童伴计划"项目的的确确为留守儿童及其监护人提供到了实在的帮助。但"童伴计划"项目是一项公益项目，能否长期地、持续地进行下去是家长们最关心的问题，也是留守儿童们特别在意的问题。

"我和其他一些家长一样，一开始都是在外面打工，是受了劝说和影响才回来留在娃娃身边的，回来看到她（'童伴妈妈'）确确实实很关心我们娃娃，娃娃也是发自内心的喜欢她，我就更加愿意支持她们的工作了，但是我听说这个项目只有三年，三年过后还继续搞不呢？我们都希望她们把这个事继续做下去，继续帮助其他父母不在身边的留守儿童。"（访谈编号 F10212ZYH）

"我想一直来这里学习和玩耍，我喜欢刘妈妈，也喜欢放假的时候来教我们的哥哥姐姐，我长大了也要和哥哥姐姐们一样，去教其他的小朋友。"（访谈编号 F02021YLY）

可见，贯穿"童伴计划"项目的服务理念，以及项目背后链接的各种正向社会资源、参与单位和人员的全力以赴为留守儿童及其监护人带来了改变的希望，用实在的举措和真实的效果赢得了留守儿童及其监护人的信任和支持，而这又反过来为"童伴计划"项目提供了正向的反馈，推动"童伴计划"项目向着正确的方向继续良性循环，因此可以说，留守儿童及其监护人的大力支持是留守儿童关爱服务网络的"动力源"。

三、"童伴计划"项目运行中存在的问题

尽管天全县"童伴计划"项目运行得非常成功，甚至超越了本市第一批试点的邻县，取得了上述几方面的成效，但依然存在一些显而易见的问题和短板，包括配套经费短缺、合格人选匮乏、覆盖范围有限、社会支持不足，而各问题之间也存在一定的联系（见图6.3）。

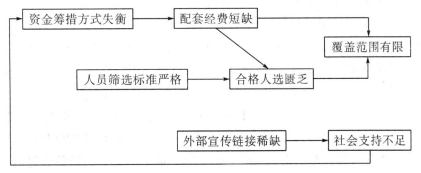

图6.3 天全县"童伴计划"项目存在的问题

（资料来源：作者自制）

（一）资金筹措方式失衡导致配套经费短缺

访谈中聊到"童伴计划"项目的运行困难时，几乎所有的受访者都不约而同地提到了资金不足。

"最大的困难就是经济受限，有很多想做的事情都因为经费不够而难以实施，很多搞活动的原料都是消耗品，根本不够用，有些小的东西，钱不多的东西，基本上都是我自己补贴了，但是大头的物品，我就只有联系镇上帮忙解决了。"（访谈编号B10221LXM）

究其原因，资金的筹措方式较为落后是配套经费短缺的根源。首批试点的I类项目村由共青团四川省委提供给每个村每年5万元的配套资金，其中90%的资金为项目资金，直接用于项目实施，包括"童伴妈妈"的补贴、"童伴计划"项目的设备配备及活动开展、项目的培训与督导等；10%为项目管理费，用于中国扶贫基金会项目执行管理费。但2017年四川省推出提质扩面的II类项目，资金筹措方式改为由共青团四川省委拨付和县区团委自筹，各县区根据经济发展状况按不同比例承担。到了2019年III类项目实施时，资金筹措方式变为了各项目点的县区团委自筹，资金额度根据各自的经济实力进行匹配，不再进行统一。天全县根据自身经济发展实力，为每个点位每年匹

配了 1 万元的经费，但面对源源不断的活动开销，1 万元的经费远远不够。

（二）高标准与低待遇导致服务人员匮乏

在四川共青团的官方文件里，明确规定了当选为"童伴妈妈"的人员需连续服务满整个项目周期，即一次需要服务三年，要做到"人员连续、工作不断"。但作为"童伴计划"项目宣传亮点的"固定服务人员"，其实也存在着合格人选匮乏、人员流失较大、服务能力较低的问题。

"对'童伴妈妈'的选拔标准非常苛刻，选拔的过程也非常严格，每一项标准都要达到才能被我们聘用，比如年龄、学历、人品、性格等，所以就存在有些村选不出来合适人选的问题，不得不暂缓建立'童伴之家'的进程。"（访谈编号 A10081SS）

"人员留不住是个很大的问题，我当了支部书记过后找了 3 个本地的幼儿园老师来代课，最短的干了 3 个月，最长的一个就是现在这个'童伴妈妈'，从去年国庆节开始接手的，我们跟她说签约了就必须要干满约定时间，但是具体会干到多久，我们也不知道。"（访谈编号 C10102LXQ）

"'童伴妈妈'的自身素质还不够，像我自己来说，我的能力方面有欠缺，第一个就是大点的娃娃需要辅导英语，但是我只会最基本的字母，没办法教他们更深的东西；第二个就是管理能力上，这里的娃娃比较多，我自己管不过来，顾不到每一个娃娃；第三个就是资料处理上，好多资料都要求电脑操作，我只会一些特别简单的基本操作，所以我这里的资料都是我手写的，做得不规范。"（访谈编号 B10092LCH）

2015 年 10 月四川省人民政府网站上公布的"童伴妈妈"选聘条件包括：1. 爱孩子，热爱儿童福利服务工作；2. 高中及以上学历；3. 年龄 19~55 周岁；4. 无犯罪记录；5. 掌握汉语及当地少数民族语言，了解当地文化；6. 能保证合理的工作时间，村支部书记、主任、文书和大学生村官不做推荐，村委委员、团支部书记、妇女主任、村小老师和医生等可纳入推荐范围，最好是专职人员。对"童伴妈妈"的职责定位是所在村全部儿童的福利、安全、健康都纳入其服务范畴，是所在村所有儿童的"监护人"。"童伴妈妈"的工作内容包括：1. 监护全村所有儿童动态，特别是家庭情况异常的儿童状况，及时解决；2. 建立儿童档案，动态管理；3. 响应儿童需求，协调解决；4. 家访与陪伴；5. 管理"童伴之家"，开展活动①。

2023 年 6 月成都简阳市团委公布的"童伴妈妈"选聘条件包括：1. 女性，年龄 25~50 岁，原则上具有大专及以上学历，身体健康，无残疾和重大疾病；2. 具有一定的写作和电脑操作能力，在当地具有较高的群众公信力，学习理解能力强；3. 熟悉社区情况，具有持续性和稳定性；4. 能够保证充足的工作时间，平均每天服务时间不少于 4 小时，节假日期间能根据儿童和监护人需求，适时开展服务（按国家法定工作日、节假日执行）；5. 热爱公益事业、热爱儿童工作，有奉献精神，对政府街社区未成年人情况熟悉，没有不良行为记录，能按时完成交办的各项工作任务并通过网络及时上报

---

① 《四川招募 100 名留守儿童"妈妈"每人每年补助 2.4 万元》，四川省人民政府网站，2015 年 10 月 29 日，https://www.sc.gov.cn/10462/12771/2015/10/29/10357092.shtml。

成果和交流经验①。相比较而言，其对报名人员在学历、不良行为记录、工作时间等方面的要求有显著的提升。

同时"童伴妈妈"还具有一定的选拔流程：首先由项目地区村委员会推荐或个人申请，通过笔试和面试等方式进行选拔；其次经项目地区团委审核后，报团省委和中国扶贫基金会备案。

"童伴妈妈"职责方面，共青团四川省委规定了"六个一"，即完成一份档案、开展一轮走访、建立一个群组、进行一次沟通、举办一次活动、报送一次信息。可见，该项目对受聘人员的任职条件和各方面能力都有很高的要求，但同时，"童伴妈妈"的工资需要全部从项目活动经费里支出，而项目配套经费本身就非常短缺，这使得能支付的工资就相对降低，导致了受聘人员的高标准与所得工资的低待遇之间的矛盾，使得本就不足的可用人选流失愈加严重，造成了服务人员的严重匮乏。

（三）经费与人员双重限制导致覆盖范围有限

天全县的"童伴计划"项目有一个非常显著的短板，那就是项目覆盖的范围十分有限。首先是指覆盖数量不够，天全县 10 个乡镇 17 个社区 79 个村中只有 2 个社区、13 个村建立了"童伴之家"，其覆盖范围仅占所有村（社区）的 15.63%；其次是指覆盖人群不够，天全县已覆盖的 700 多名留守儿童中，学龄前和高年级留守儿童至少有一半，但目前无法为他们提供有效服务。

"最大的不足就是覆盖面还不够，我们县的 10 个乡镇都设了'童伴之家'，但是现在只覆盖了留守儿童数量多，并且相对集中的 15 个村社区。其实剩下的留守儿童依然多，但碍于场地、人选、经费等各种各样的现实条件，我们目前还没有覆盖到这些地方。"（访谈编号 A10081SS）

"不足的话就是参与的留守儿童年龄偏低，因为有些上初中的娃娃来了几次，发现我们还是在开展差不多的活动，学业方面也提供不了帮助，他们慢慢就不来了，还有学前班之前的小娃娃，来了我们也照看不过来，上课这些活动他们还学不懂，放益智片给他们看的话，大点的娃娃需要的教育又被挤占了。"（访谈编号 E10222MWR）

若想扩大项目覆盖范围，首先要确保足够使用的项目资金，还要匹配符合条件的服务人员，同时还要为服务人员提供教育、管理、服务等各方面的一系列能力培训，而这一系列的培训反过来也需要大量资金的支持。可见，经费短缺与人员匮乏的双重困难严重限制了项目覆盖范围的有效扩大。

（四）外部宣传链接稀缺导致社会支持不足

尽管"童伴计划"项目得到了共青团中央的宣传和推广，项目整体的影响力大大提高，但就天全县而言，项目的社会支持依然十分不足。

---

① 《共青团简阳市委关于公开选聘简城街道政府街社区童伴之家"童伴妈妈"的公告》，青春简阳微信公众号，2023 年 6 月 29 日，https://mp.weixin.qq.com/s?__biz=MzA4NjkxMjIyOQ==&mid=2650067698&idx=3&sn=3ec7a87fdcb8d4bbc4444d59c8dfbfe3&chksm=87c10f78b0b6866ecf7c1770d45cc5fa5abb3e54d95ce796d50717078845aa9cdb900a2df360&scene=27。

"我用支付宝的时候看到了关于'童伴计划'项目的公益活动，但是打开了好几次都是在贵州、江西部分地方，没有我们这边的消息。如果这个活动是真实有效的，那对那些地方的'童伴之家'应该是一个非常大的助力，但是我不知道从哪里可以联系到这个活动的主办方，也把我们考虑进去，说不定可以帮助我们解决一部分活动经费。"（访谈编号 B10101AQY）

鉴于天全县地理位置较为偏远、服务人员能力欠佳、信息资源相对闭塞等原因，大型公益企业还未注意到该地的"童伴计划"项目，能链接到的社会资源主要还是本地的企业和个人，获得的社会支持十分不足。同时，社会支持不足又反过来影响天全县"童伴计划"项目的资金筹措方式，使得资金来源比例更加失衡，造成整个项目对专项资金的转移支付依赖性进一步增强，进而又对项目的运行造成了阻碍。

四、结束语：为爱赋能

如何关爱农村留守儿童，弥合因与父母分离造成的家庭、成长、教育与社会系列问题，基于"家庭整合型"福利政策视角的"童伴计划"项目是对以往"关爱个体""问题型""碎片化"的农村留守儿童关爱项目的突破。"童伴计划"项目服务网络中的主要支持有政府、社会、学校、家庭四部分，其中政府支持又可分为群团组织、职能部门、乡镇政府、村社两委；社会支持又可分为志愿团体、社会工作机构、企业。此外，再加上学校支持和家庭支持，通过"童伴计划"项目的链接，共同构成了农村留守儿童的陪伴服务网络。尽管在项目执行的过程中，存在着资金短缺、"童伴妈妈"人选匮乏、覆盖范围有限、外部资源不足等困境，但是各地各级团组织努力克服，在政策与资金上为"童伴计划"项目提供支持，为"童伴妈妈"提供多种类型、多种形式的培训与成长机会，链接新闻媒体与企业资源，为爱赋能①。

第一，提供政策与资金的保障，明确工作职责。雅安市委、市政府将"童伴计划"项目纳入 2021 年全市 45 件民生实事之一，安排县（区）财政保障专项资金 150 万元，按每个 3 万元的标准，在全市新建 50 个"童伴计划"项目点，每个"童伴之家"配备 1 名"童伴妈妈"，为"童伴计划"项目提质扩面提供了政策与资金保障。此外，还设立专项工作经费，连同团省委奖补资金，采取"以奖代补"方式，对运营较好的"童伴计划"项目点位给予奖励，营造积极激励的良好氛围。对于新建项目地点的"童伴之家"，严格按照招募标准，通过自愿报名、公开演讲、案例示范和未成年人监护人投票推选等环节，选出群众认可、文化较高、能力突出、责任心强、奉献精神突出的"童伴妈妈"。明确"童伴妈妈""六个一"工作职责，定期对"童伴妈妈"工作成效进行考核，考核内容矩阵式设置，横向考核工作完成质量、完成效率、工作态度三个方面，纵向考核活动开展、"童伴之家"管理、协助解决儿童需求、动态管理儿童档案、项目宣传及反馈五个维度，分别设置考核评分及考核权重，促进"童伴妈妈"更加履职尽责。

---

① 《雅安团团的 2021（三）：童伴计划提质扩面，切实办好民生实事》，四川共青团，2022 年 1 月 10 日，http://scyol.com/new.html？id＝149786。

第二，为"童伴妈妈"赋能，提供培训与成长机会。不断加大培训力度，针对"童伴妈妈"在日常管理中存在的不足，靶向制订"童伴妈妈"培训计划。2021年，市、县开展"童伴妈妈"职业技能培训12次，积极组织"童伴妈妈"参加团省委举办的各类培训班，着力补短板、强弱项。截至2021年年底，雅安市共有"童伴妈妈"122人，平均年龄36.1岁，其中大专以上学历52人、中共党员71人。"童伴妈妈"队伍得到进一步优化，工作力量、工作时间更趋于稳定，有效提升了"童伴计划"项目实效。深入挖掘"童伴妈妈"典型事迹，推选省级与全国优秀典型，5人获评全省优秀"童伴妈妈"。在村（社区）组织换届中，有56名"童伴妈妈"进入村（社区）两委班子，18人当选为团组织书记；在乡（镇）团委换届中，14名"童伴妈妈"当选为团委委员。即通过项目实施，培养了一批优秀人才，充实了共青团基层工作力量。

第三，丰富活动形式，确保留守儿童关爱服务做深做细做实。结合儿童心理特征、兴趣爱好，实行"菜单式"管理，开展"阳光下成长，快乐中飞翔""快乐成长，放飞梦想"等主题活动，深化"五点半课堂""七彩假期""春蕾计划""把爱带回家"等关爱服务项目。将志愿服务队、流动少年宫、艺术培训、生命教育课程引入"童伴之家"，开展趣味活动，普及法律知识，培养兴趣爱好，提升自护能力。

第四，加大宣传推广，提升项目的社会影响力。加大对项目的宣传推广，2021年市县团属新媒体刊发"童伴计划"项目相关信息310余篇，并在央视与省级媒体进行了多次刊发。开展项目调研，形成委员提案，营造了全社会关心关注留守儿童的良好氛围，项目社会影响力显著提升。

第五，积极链接企业资源，为留守儿童健康成长保驾护航。雅安团市委还争取到太平财产保险有限公司雅安中心支公司支持，与其签订"为奉献者奉献"雅安市"童伴计划"项目安全保障协议，向全市122个项目点的"童伴妈妈"和留守儿童捐赠了保额5 000万元的意外伤害险，为"童伴妈妈"和留守儿童保驾护航。

为了给留守儿童一个"家"，让"童伴妈妈"这份特殊的母爱陪伴孩子自信勇敢阳光成长，大家都在努力。

教学研讨的参考性问题

（1）各级政府出台了很多关爱农村留守儿童的政策文件，你认为其中最核心的应该是什么？

（2）农村留守儿童面临的家庭、学校与社会的诸多困境，应如何应对，应对的核心机制是什么？

（3）面对农村留守儿童的"污名化""问题化"与"个人化"，政府可以做些什么？

（4）你认为"童伴妈妈"任期必须满三年的要求是否合理？如何保障"童伴妈妈"能够完成三年的任期？

（5）你认为"童伴妈妈"应具备哪些核心能力？如果你在负责面试"童伴妈妈"，你会与她们交流什么？

教学指导手册

一、教学目标

（一）教学用途

本案例着重讨论的问题是多元主体如何协同关爱农村留守儿童，尤其是政府如何突破既有的社会政策理念，如何构建新的农村留守儿童关爱工作机制。本案例在具体的教学过程中要实现的教学目标如下。

1. 价值目标

引导学生领会"人民至上""以儿童为中心"的农村留守儿童关爱工作，培养学生的家国情怀和使命意识，坚定其社会主义核心价值观。

2. 知识目标

引导学生了解并熟悉我国未成年人保护、困境儿童、农村留守儿童的相关条例和重要事件，了解我国农村留守儿童社会政策的体系设计与执行的制度环境。

3. 能力目标

一是培养学生运用社会政策相关理论发现、分析、解决实际问题的综合能力；二是提升学生团队合作、语言表达和写作等方面的能力；三是提升学生学习和分析案例的能力。

（二）授课对象

本案例主要适用对象为行政管理、社会学、社会工作相关专业本科生、公共管理硕士、社会工作硕士以及对农村留守儿童、未成年人保护有相关研究的学习者。

（三）适用课程

本案例适用于社会学原理、公共管理理论、公共政策分析、社会政策、地方政府管理等相关课程。

二、启发思考题

（1）各级政府出台了很多关爱农村留守儿童的政策文件，你认为其中最核心的应该是什么？

（2）农村留守儿童面临的家庭、学校与社会的诸多困境，应如何应对，应对的核心机制是什么？

（3）面对农村留守儿童的"污名化""问题化"与"个人化"，政府可以做些什么？

（4）你认为"童伴妈妈"任期必须满三年的要求是否合理？如何保障"童伴妈妈"能够完成三年的任期？

（5）请你列出"童伴妈妈"应聘条件，你认为"童伴妈妈"应具备哪些核心能力？如果你在负责面试"童伴妈妈"，你会与她们交流什么？

三、分析思路

（一）核心概念

1. 农村留守儿童

目前我国学术界对留守儿童的概念存在以下三点争论：一是儿童年龄的界定，研究受教育程度的学者将留守儿童界定为六至十四周岁、六至十六周岁或六至十八周岁，而研究心理发展状况的学者则界定为十八周岁以下、十六周岁以下、十五周岁以下、十四周岁以下等；二是父母外出人数的界定，有的学者认为父母双方都外出的儿童才算留守儿童，而另外一部分学者则认为只要父母有一方外出即可认定为留守儿童；三是父母外出时间的界定，父母外出时间是连续计算抑或累计计算，计算时间为三个月、半年还是更长。国务院公报中将留守儿童定义为"父母双方外出务工或一方外出务工另一方无监护能力、不满十六周岁的未成年人。"[①] 本案例的留守儿童是指生活在农村地区的农村留守儿童。

2. 政府购买服务

学者普遍认可的政府购买公共服务经典定义为"政府将原来直接提供的公共服务事项，通过直接拨款或者公开招标方式，交给有资质的社会服务机构来完成，最后根据择定者或者中标者所提供的公共服务数量和质量，来交付服务费用"[②]，这一定义是从公共服务提供的角度出发的。除此以外，具有代表性的定义还有从满足公众服务需求出发的"根据预先订立的合同（协议）或赋予的特许权，由政府财政提供资金并由政府向服务供应者购买其提供（生产）的商品、服务或公共设施，以满足使用者服务需求的一种制度安排和实施机制"[③]。2013年《国务院办公厅关于政府向社会力量购买服务的指导意见》（国办发〔2013〕96号）界定的政府向社会力量购买服务，就是通过发挥市场机制作用，把政府直接向社会公众提供的一部分公共服务事项，按照一定的方式和程序，交由具备条件的社会力量承担，并由政府根据服务数量和质量向其支付费用[④]。按照2020年财政部《政府购买服务管理办法》的定义，政府购买服务，是指各级国家机关将属于自身职责范围且适合通过市场化方式提供的服务事项，按照政府采购方式和程序，交由符合条件的服务供应商承担，并根据服务数量和质量等因素向其支付费用的行为[⑤]。

---

① 《国务院关于加强农村留守儿童关爱保护工作的意见（国发〔2016〕13号）》，中国政府网，2016年2月14日，https://www.gov.cn/zhengce/content/2016-02/14/content_5041066.htm。

② 王浦劬，莱斯特·M.萨拉蒙，卡拉·西蒙，等. 政府向社会组织购买公共服务研究：中国与全球经验分析［M］. 北京：北京大学出版社，2010.

③ 彭浩. 借鉴发达国家经验 推进政府购买公共服务［J］. 财政研究，2010（7）：48-50.

④ 《国务院办公厅关于政府向社会力量购买服务的指导意见（国办发〔2013〕96号）》，中国政府网，https://www.gov.cn/zhengce/content/2013-09/30/content_4032.htm。

⑤ 《政府购买服务管理办法（财政部令第102号）》，中国政府网，https：//www. gov. cn/gongbao/content/2021/content_ 5582627. htm。

3. 项目制

折晓叶、陈婴婴将项目制定义为"中央对地方或地方对基层的财政转移支付的一种运作和管理方式"，其运作机制可以概括为中央政府的"发包"机制、地方政府的"打包"机制和基层政府的"抓包"机制①。也有学者从国家治理的角度出发，渠敬东将项目制定义为"能够将国家从中央到地方的各层级关系以及社会各领域统合起来的治理模式"②。于君博、童辉认为项目制旨在通过提供公共产品与服务来达到统筹发展的目标③。姬生翔则总结出其具有分级治理、控制—反控制、技术理性、多线动员、新双轨制、以县为主等基本特征④。

作为研究政社关系的分析框架，项目制在政府购买公共服务的应用中得到了广泛关注。陈为雷认为，政府购买公共服务项目，可以等同于公共服务项目外包，主要包括项目招标发包、项目委托发包和公益创投三种方式，在运作中遵循效率和效益的逻辑⑤。学者们对政府购买公共服务的边界有着很大争议，极端观点认为"所有公共服务都可外包"，但姜晓萍、陈朝兵则持反对意见，其观点具体可划为分析公共服务的特性、借鉴国外做法与经验、提出具体判断标准和探讨实践操作与学理框架四个板块⑥。管兵、夏瑛比较政府购买公共服务的项目制、单位制和混合制，发现项目制模式具有非常明显的激励作用，有利于社会组织的发展，能促进专攻特定领域的社会组织提供专业化的服务⑦。但王清指出，在服务供给方面，项目制的条线控制使社会组织成为了项目的被动执行者，缺乏需求识别的动力能力，市场导向的项目运作使社会组织不得不为了项目而竞争，忽略了服务质量⑧。从治理的角度出发，针对政府购买公共服务项目时行政治理逻辑与专业治理逻辑之间的失衡，刘丽娟、王恩见认为应该引入和强调协同治理理念，增强项目制与政府购买公共服务的亲和性，推进项目治理目标的顺利实现⑨。

项目制是我国财政体制改革中的特殊产物，分税制改革和财政转移支付制度建立后，项目制作为自上而下的资源分配形式逐渐从财政体制中溢出，并发展成为我国科层体制间的一项重要管理制度，近年来逐渐成为了国内学者的关注热点，在我国国家

① 折晓叶，陈婴婴. 项目制的分级运作机制和治理逻辑：对"项目进村"案例的社会学分析 [J]. 中国社会科学，2011 (4)：126-148，223.

② 渠敬东. 项目制：一种新的国家治理体制 [J]. 中国社会科学，2012 (5)：113-130，207.

③ 于君博，童辉. 项目制：一种新的国家治理模式的文献综述 [J]. 南京农业大学学报（社会科学版），2016，16 (3)：146-155，160.

④ 姬生翔. "项目制"研究综述：基本逻辑、经验推进与理论反思 [J]. 社会主义研究，2016 (4)：163-172.

⑤ 陈为雷. 政府和非营利组织项目运作机制、策略和逻辑：对政府购买社会工作服务项目的社会学分析 [J]. 公共管理学报，2014，11 (3)：93-105，142-143.

⑥ 姜晓萍，陈朝兵. 近五年国内政府购买公共服务：一个文献述评 [J]. 经济问题探索，2016 (3)：24-29.

⑦ 管兵，夏瑛. 政府购买服务的制度选择及治理效果：项目制、单位制、混合制 [J]. 管理世界，2016 (8)：58-72.

⑧ 王清. 项目制与社会组织服务供给困境：对政府购买服务项目化运作的分析 [J]. 中国行政管理，2017 (4)：59-65.

⑨ 刘丽娟，王恩见. 双重治理逻辑下政府购买社会工作服务项目的运作困境及对策 [J]. 社会建设，2021，8 (3)：73-84.

治理模式中的重要性与日俱增。学界对项目制的影响有着不同的看法，折晓叶、陈婴婴、渠敬东等认为其突破了原有科层体制的束缚，遏制了市场体制所造成的分化效应，使得财政转移支付在行政层级体制外得以灵活处理①②。但与之相对的，周雪光、黄宗智等认为其凸显了"长官意志"，强化了政府部门间隔离和资源配置扭曲，加剧了部门寻租和地方合谋，表现为权钱结合与官商勾结③④。

项目制出现于20世纪末，在中央的推动下，其在各个领域的应用全面开花，几乎覆盖了社会各界的方方面面。政府购买公共服务也不例外，大量学者对其起源发展、运作逻辑、权力关系、绩效实现、影响后果、改进建议等开展了十分激烈的学术讨论，进行了非常精彩的思想交锋，各个学科的探讨出现了百家争鸣的盛况。尽管项目制仍然无法避免科层制和中央集权等固有的内生性缺陷，在实际操作中依然存在寻租、合谋等现象，导致了初始目标的异化结果，但其"科层为体、项目为用"的运作机制既保证了国家部委"条条"的权力，又保证了地方政府"块块"的利益，尤其是运用到政府购买公共服务后，成为了政府提供公共服务的主要方式，其重要性及影响力足以用"项目治国"来评价。在国家治理的最底层——社区层面，资源整合下的"三社联动"机制作为服务型治理的一种创新模式，有力地推动了政社协作以及政府购买公共服务的供给侧结构性改革。

(二) 网络治理理论

网络治理理论是新公共管理运动催生出的一个管理科学技术新名词，它最先由美国学者戈登·史密斯提出，并被定义为"一种全新的通过公私部门合作，非营利组织、营利组织等多主体广泛参与提供公共服务的治理模式"⑤。引入我国后，陈振明认为网络治理理论是由政府部门和非政府部门——私营部门、第三部门或公民个人等众多行动主体彼此合作而开展的治理，众多参与治理的行动者在相互依存的环境中分享公共权力，共同管理公共事务⑥。网络治理理论引入我国并经过学者修正后，形成了我国网络治理的理论框架，即由信任机制、互动机制、整合机制、适应机制构成的框架，其中信任机制是治理网络得以形成、发挥作用的关键因素；互动机制是网络治理的内生机理；整合机制是网络治理的核心，包括垂直整合和水平整合两个部分；适应机制是网络治理的保障，保证了互动的产生，并使互动向着最终形成协调的集体行动的方向发展⑦。

作为一种新型的治理理论，鄞益奋认为网络治理的治理结构与传统的科层治理的

① 折晓叶，陈婴婴. 项目制的分级运作机制和治理逻辑：对"项目进村"案例的社会学分析 [J]. 中国社会科学, 2011 (4)：126-148, 223.

② 渠敬东. 项目制：一种新的国家治理体制 [J]. 中国社会科学, 2012 (5)：113-130, 207.

③ 周雪光. 项目制：一个"控制权"理论视角 [J]. 开放时代, 2015 (2)：5, 82-102.

④ 黄宗智，龚为纲，高原."项目制"的运作机制和效果是"合理化"吗？[J]. 开放时代, 2014 (5)：8, 143-159.

⑤ 戈德·史密斯，威廉·埃格斯. 网络化治理：公共部门的新形态 [M]. 孙迎春, 译. 北京：北京大学出版社, 2008.

⑥ 陈振明. 公共管理学：一种不同于传统行政学的研究途径 [M]. 北京：中国人民大学出版社, 2003.

⑦ 何植民，齐明山. 网络化治理：公共管理现代发展的新趋势 [J]. 甘肃理论学刊, 2009 (3)：110-114.

强制性结构和市场治理的自愿性结构不同，网络是一个有着共同价值诉求的自组织系统，它既不同于科层的命令服从体系，又不同于市场中自愿的个体行为①。孙柏瑛等认为网络治理中的行动者是一种相互依赖、相互博弈的关系，没有一个绝对且统一的权威来限制和规范其他的行动者，因此可从促进广泛参与、进行充分交流、发展相互信任、有效管理冲突、建构合理组织架构和建立激励动员机制等方面提高网络治理的水平②。在分析政府与社会间的关系时，张康之等认为政策网络应当是一种相对稳定且持续的关系网，它能够动员与汇集广泛分布于公私部门的资源，能够通过平等协商形成政策共识，能够通过集体的行动去解决问题③。刘波等认为对政府、市场、社会在各个公共服务领域中的协调互动关系的具体探讨可以看作是网络治理理论对实践的一个贡献④，在我国目前的研究中，其在公共危机管理、社区志愿服务、居家养老服务、社区体育服务、保障性住房等公共服务与公共产品方面的应用实践已经初见成效，并且取得了较好的治理效果，但诸大建等认为目前的应用依然存在缺乏共同目标、沟通交流不畅和定位认知扭曲等风险⑤。

四、案例分析

（一）理论分析框架

本案例在何植民等人提出的信任机制、互动机制、适应机制和整合机制的框架基础上⑥进行修正和完善，进而展开分析。

首先，保留整合机制并对其进行完善，补充权利整合、资源整合、组织整合三个内容，形成网络治理理论的治理核心。整合机制可以通过权力整合、资源整合、组织整合，借助外力的作用弥补政府自身资源的不足，同时让原本不协调的状态达到协调，达到网络治理机制"1+1>2"的整体效果。整合机制是协作一体化的过程，即通过"解构"与"重构"实现既定目标，但这一过程并非简单的"合并"。在整合机制中，权力整合为资源整合提供保障，资源整合推动权力分配体系的调整，权力与资源的整合必将推动组织整合，三者联系紧密且相辅相成。权力整合的关键在于调动各参与主体的积极性，降低由于单一治理主体形成的委托代理困境而产生的高额管理成本。权力整合主要通过分权与委托授权实现，本文设计的分权主要是针对行政性分权而言的，委托授权则是将部分政府享有的权利（如执行权）转移给某个机构或组织。委托授权通过将政府的非核心职能转至企业、社会组织以及公众等治理主体，将合同制、绩效管理引入政府管理中，解决政府"权威不足"与"权威过度"的问题。针对资源整合，政府提供的某些公共物品或公共服务通过借助市场或社会组织的比较优势反而能够产生更好的效果。组织整合是权力整合与资源整合的必然结果，因此，确立组织机

① 郵益奋. 网络治理：公共管理的新框架 [J]. 公共管理学报，2007（1）：89-96，126.
② 孙柏瑛，李卓青. 政策网络治理：公共治理的新途径 [J]. 中国行政管理，2008（5）：106-109.
③ 张康之，程倩. 网络治理理论及其实践 [J]. 新视野，2010（6）：36-39.
④ 刘波，王力立，姚引良. 整体性治理与网络治理的比较研究 [J]. 经济社会体制比较，2011（5）：134-140.
⑤ 诸大建，李中政. 网络治理视角下的公共服务整合初探 [J]. 中国行政管理，2007（8）：34-36.
⑥ 何植民，齐明山. 网络化治理：公共管理现代发展的新趋势 [J]. 甘肃理论学刊，2009（3）：110-114.

构设置规范，明晰机构职能分工，是破解"组织逻辑"困境的关键。

其次，对信任机制和互动机制进行有机合并，形成网络治理理论的治理基础。互动机制的运作，表明个体或团体具有通过直接或间接的纽带对其他参与者施加影响的能力与对环境的反应能力。通过互动机制，个体或团体能获得进入其他个体或团体资源的机会与对隐性资源或知识进行交流的机会。而在这其中，个体或团体之间的信任是有效互动的重要因素，它决定着互动的双方或多方是否能够最大效率地进行合作并产生影响。行动主体之间存在着相互信任，可以推动网络治理中的合作，有效解决彼此间的分歧，减少集体行动的障碍，约束行动者自觉遵守网络规则，为实现共同的目标通力配合。信任互助又可分为制度性信任和非制度性信任，网络治理主体基于制度性信任，能够维护自身利益，通过非制度性信任培育具有公共精神的共同价值体系。除信任互助外，利益交换也是影响互动效率的重要因素，行动主体间形成公平的利益交换，可以增加彼此间的非制度性信任，巩固合作伙伴关系。基于上述论述，将信任机制合并到互助机制中，并增加利益交换，即形成本研究的互动机制。

再次，增加协调机制，形成网络治理理论的治理关键。网络治理不是自发产生的，而是基于各治理主体的协调努力，因此，协调机制是农村留守儿童关爱服务网络治理机制的关键。多元主体必然受到不同利益的驱动，当出现利益矛盾时，若是协调未果，则会产生"去公共化"的严重后果。协调机制不仅要对治理目标进行协调，还要在治理行动开展过程中及时"纠偏"，以实现资源均衡配置和信息传递通畅。协调机制兼具节约网络治理成本、降低网络治理主体间交易费用的功能。协调机制包括纵向协调机制和横向协调机制，纵横协调机制彼此互补、互益共生。横向协调机制倡导不同区域、不同部门、不同治理主体间合作，主要通过搭建协商平台、完善联席会议制度等方式。横向协调机制不仅能够促进政策落实，还可以弥补其他治理主体参与力量的不足，形成多元合作伙伴关系和农村留守儿童关爱服务合力进行。此外，横向协调机制还能够解决纵向协调机制公众参与活力不足、过度依赖权威等问题。网络治理的目的是借助各网络治理主体的优势更好地提供公共产品与公共服务，但不同治理主体介入公共领域难免会带来负外部效应。农村留守儿童关爱服务中的矛盾冲突多元，有些冲突难以通过对话、协商的方式加以解决，因此，自始至终都需要纵向权力来进行整合与规制。纵向协调机制的内容包括上下级政府、不同职级部门、政府公信力等。纵向协调机制能够为横向协调机制提供支撑，在协调中担任"元治理"角色。

最后，增加维护机制，并在其中纳入适应机制的内容，形成网络治理理论的治理保障。维护机制主要包括四个部分：一是信息共享机制。网络治理主体要真正参与农村留守儿童关爱服务，信息公开与共享是前提，也是破解"信息鸿沟"困境的关键。首先，信息共享机制的建立要从农村留守儿童关爱服务实施过程中涉及的信息公开入手；其次，需要政府及时向外界传递信息；再次，要以多元治理为基础，通过协商对话排解冲突，做好网络信息线路的疏通和排障工作。二是考核问责机制。明确农村留守儿童关爱服务管理目标并对该目标进行细化分解，各部门及个人是建立考核问责机制的前提。考核问责机制实质上是通过"抓人"实现"抓事"的机制设计，考核结果不仅与行政问责、财政分配挂钩，而且与个人职务升迁、物质奖惩相结合。因此，针对当前农村留守儿童关爱服务中出现的行政问责困境和"自考模式"问题，可以通过设置科学的考核指标、引导公众参与、增强考核问责激励性等方式加以改进。三是监督机制。通过监督治理目标是否达成、主体责任是否履行、理性程序是否变更等环节，保证公共利益不受损害，确保能够实现治理目标，使农村留守儿童关爱服务网络治理机制通过内部监督与外部监督并用实现有效监管。四是学习培训机制。学习培训机制的建构是为了增强网络治理主体对环境的适应性，以更好地应对治理系统的复杂性。网络治理中的多元主体只有得到全社会的认同，才能成为不同层面的核心治理者，这也是网络治理主体要通过不断学习培训而强化自身的内在动因。

综上所述，农村留守儿童关爱服务网络治理机制的建构应从四个方面着手进行，即将整合机制作为核心，通过分权与授权实现权力整合，以比较优势开展资源整合，进而解决"逻辑困境"的组织整合问题；将互动机制作为基础，通过以法律体系为基础的制度性信任、以公共价值观为主导的非制度性信任、公平合理的利益交换来奠定网络治理机制的坚实基础；将协调机制作为关键，通过强化以政府主导的纵向协调，完善不同区域、部门主体间的横向协调以实现纵横协调机制的互益共生；将维护机制作为保障，通过建立信息共享机制达到信息效率，细化考核问责机制避免寻租问题，通过内外监督机制实现规范化约束，通过保持学习力和增加培训，适应多样化政策环境。由此，本研究遵循网络治理理论分析思路，以整合机制为核心、互动机制为基础、协调机制为关键、维护机制为保障，通过明确政府的主导作用、强化学校的参与作用、发挥社会组织的支持作用和公众的监督作用，搭建理论分析框架（见图6.4）。

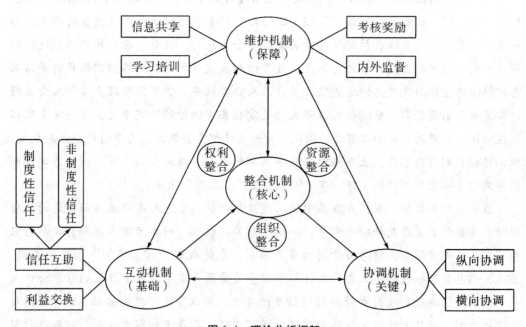

图6.4 理论分析框架

（资料来源：作者自制）

（二）基于网络治理理论的"童伴计划"项目分析

本研究基于网络治理理论分析框架，根据不同项目执行区政府支持与社会支持的参与度，将天全县"童伴计划"项目划分为四种模式（见图6.5），即政府支持及社会支持参与度均高的高级模式、政府支持参与度高而社会支持参与度低的传统模式、社会支持参与度高而政府支持参与度低的创新模式、政府支持与社会支持参与度均低的低级模式，并在网络治理机制的基础上针对以上四种模式分别给出农村留守儿童陪伴服务项目的治理对策。

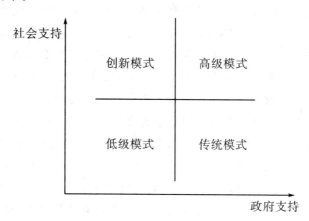

图6.5　天全县"童伴计划"项目的运作模式

（资料来源：作者自制）

1. 高级模式：通过维护机制扩大治理成效

在政府支持及社会支持参与度均高的高级模式中，项目的各项日常工作已经步入正轨，来自政府的支持与来自社会的支持都各自井然有序、互为辅助，同时还可以争取到学校和家庭支持，已经形成了较为成熟、正向的秩序，因此如何转化项目的成效、扩大项目的影响力是这一模式当前最需要考虑的问题，此时维护机制中的信息共享、考核激励、内外监督及学习培训就提供了最稳定的保障。

第一，信息共享，降低网络治理成本。网络治理主体要真正参与农村留守儿童陪伴服务，信息共享是前提也是关键。在农村留守儿童陪伴服务实施过程中涉及的信息都需要政府和管理主体做到及时、主动公开，并且加强不同主体间的协商对话。在"童伴计划"项目中，不同主体之间的信息共享可以是不同表现形式的，如共青团和其他政府部门之间可通过未成年人保护工作进行共享，具体的方式有正式形式的文件函接、会议讨论，非正式形式的互联网实时沟通等。共青团与"童伴妈妈"、社工组织、志愿团体等社会力量沟通时，可通过非正式形式的互联网实时沟通；共青团与企业单位的沟通则可通过实地调研的面谈、第三方部门的协作等实现。同时，作为"童伴计划"项目的中心，共青团还可建立各主体的信息联系网络，将政府部门和"童伴妈妈"、社工组织、志愿团体等的联系方式整理到一起，并分享给参与项目的主体，便于工作沟通。

第二，考核激励，鼓励项目间比拼赶超。考核激励的前提是农村留守儿童陪伴服务有明确且可细化的管理目标。考核激励实质上是通过考核个人行为实现既定目标，使考核结果与个人职务升迁、物质奖惩等相关联，继而使项目成效与行政问责、财政分配相关联。因此，可以通过引入绩效考核体系、科学设置考核指标、采取多样化考核形式等方式解决依赖权威的问题。在"童伴计划"项目中，共青团制定了项目考核标准，每年对所有项目的实施效果进行考核评估，并在全体项目区中进行公示，对于表现优异的项目地，在第二年拨付工作经费时有额外的资金倾斜，而对于表现较差的项目地，则需要进行督查整改。同时，在举办"童伴计划"项目有关培训时，将邀请表现优异的项目地分享经验，并在现场参观环节入选现场点位，发挥良好的示范引领作用，而表现较差的项目地则需要在培训时做检讨反思，达到激励的效果。

第三，内外监督，防止项目走样变形。保证农村留守儿童利益需要对治理网络的治理目标、主体责任和理性程序等进行监督，监督方式包括内部监督与外部监督。"童伴计划"项目的监督目前主要为内部监督，包括上级团委和多级纪委、财政、审计部门，监督的内容主要是工作经费的使用是否符合有关规定、有关工作要求是否执行落实到位、在项目运行过程中是否有损害儿童权益的行为、各级团委是否切实履行了相应责任。因此，该项目需要加强来自社会的外部监督，比如留守儿童家长可以监督"童伴妈妈"是否开展了有关活动、是否做到了关心自己的子女，承接农村留守儿童陪伴服务的社会工作机构可以监督"童伴计划"项目的有关规定是否执行到位，企业和部分爱心人士也可以监督募集的资金是否按约定用途使用。

第四，学习培训，不断适应新环境新要求。学习培训可以增强网络治理主体对环境的适应性，只有得到全社会的认同，不同主体才能成为不同层面的治理核心。在"童伴计划"项目中，共青团四川省委发布的有关规章里规定了"童伴妈妈"一年至少参加 1 次全省统一培训、至少参加 2 次各地自行组织的培训，要求"童伴妈妈"积极开展自学，提升服务技能和服务水平，并且还与中国农村发展基金会合作，建立了项目专用的移动端培训系统，参与项目的"童伴妈妈"和各级主体都可以加入到其中，以灵活的方式随时选择感兴趣的主题进行学习。今后还需要加大学习培训的力度，通过形式多样、层次分明、内容丰富的再教育为"童伴计划"项目的参与主体提供交流和学习的机会。

2. 传统模式：通过协调机制吸引社会支持

在政府支持参与度高而社会支持参与度低的传统模式中，项目的各项日常工作主要通过来自政府的支持力量维持，主要包括所在地乡镇和村社两委的支持，而来自社会的支持则明显薄弱，人力相对充足的项目区还可争取到学校和家庭的部分支持，但更多的则完全依靠共青团指派任务，因此如何取得来自社会的支持、如何吸引更多元的治理主体是这一模式当前最需要考虑的问题，此时协调机制中的纵向协调和横向协调就可以互相支撑并解决社会支持不足的问题。

首先，纵向协调，实现信息传递通畅。网络治理的目的是借助不同主体的优势提供更优质的公共产品与公共服务，但不同主体介入公共领域可能会带来负外部效应。农村留守儿童陪伴服务中的矛盾冲突多种多样，有些冲突难以通过协商解决，因此需要上下级政府、不同职级部门、政府公信力等纵向协调。在"童伴计划"项目中，纵向协调主要体现在共青团序列。各级共青团是"童伴计划"项目的主导部门，也是农村留守儿童陪伴服务网络中多元主体出现矛盾冲突时的主要协调机构。当开展一项涉及全体项目点的活动、而供给方的能力不足以覆盖全体项目点时，就需要共青团县委出面，通盘考虑各项目区的情况和供给方的能力，协调各项目区的矛盾，予以适当的资源倾斜。

其次，横向协调，实现资源均衡配置。横向协调倡导通过搭建协商平台、完善联席会议制度等方式实现不同区域、不同部门、不同治理主体间的合作。横向协调不仅可以促进工作落实，还可以弥补其他治理力量的不足，实现农村留守儿童陪伴资源的均衡配置。在"童伴计划"项目中，横向协调目前主要通过政府部门间的协商实现。各级共青团尚未建立单独的农村留守儿童关爱联席会议制度，但各级政府成立了未成年人保护工作领导小组，领导小组成员包括了民政部、法院、检察院、网信办、工会、团委、妇联、关工委、残联、统战部、政法委、教育部等一系列部门的领导核心，共青团有关负责人在其中担任领导小组办公室副主任一职。这为共青团协调"童伴计划"项目运行中的矛盾冲突提供了契机。虽然没有专门的农村留守儿童关爱联席会议制度，但农村留守儿童陪伴服务本身就是未成年人保护工作的一部分，因此工作中的矛盾冲突就可以通过未成年人保护工作领导小组得以协调和解决。

3. 创新模式：通过互动机制开展深度合作

在社会支持参与度高而政府支持参与度低的创新模式中，项目的各项日常工作来自政府的支持力量相对较弱，而来自社会的支持则明显增强，支教团队、志愿团队等的参与相对较多，但也经常出现当地乡镇或村社两委不支持其开展工作的矛盾，因此如何化解政社双方的矛盾、如何更加有效地提供高质量服务是这一模式当前最需要考虑的问题，此时互动机制中的信任合作与利益交换就为政社双方开展合作打好了基础。

首先，信任合作，降低主体间摩擦。信任是行动参与方有效互动的基础，任何行动主体对外界信息都不可能完全掌握，行动的选择和关系的建立也就无法做到绝对理性，因此相互信任可以推动合作，有效解决不同主体间的矛盾冲突。信任又可分为制度性信任和非制度性信任，两者相辅相成，制度性信任能够维护网络治理主体的自身利益，非制度性信任可以培育共同价值体系。在"童伴计划"项目中，共青团出台了一系列规章制度，《关于深化共青团"童心港湾"关爱农村留守儿童工作项目的实施意见》从最高层面对项目进行了规范，为项目中行动参与方的权利义务制定了大纲。除此以外，项目还制定了《"童伴之家"安全管理制度》《"童伴妈妈"工作标准》《"童伴计划"项目建设规范》等相关管理制度，为行动参与方提供了完善的制度性信任基础。但同时，还需要加深项目社会力量与政府力量的合作和了解，使其在制度性信任的基础上逐渐培育出非制度性信任，这在一定程度上可以为协调各方利益和矛盾纠纷起到润滑作用。

其次，利益交换，价值各取所需。除信任外，利益交换也是影响合作效率的重要因素，行动主体间形成相对公平、合理的利益交换，可以增加彼此间的非制度性信任，巩固合作伙伴关系。利益交换可以是金钱、权力、名誉等方面，在不同的互动机制中表现形式也不同。"童伴计划"项目作为一个公益项目在金钱方面的交换并不明显，而在权力方面，"童伴计划"项目的参与主体包括了政府、学校、社会和家庭，政府可以选择转移部分非核心职能到项目承包方，而承包方可以借此获得管理农村留守儿童和调动社会资源的权力，在此实现了权力方面的利益交换。在名誉方面，政府通过购买服务的形式开展"童伴计划"项目，为农村留守儿童及其家庭带来了实实在在的便利和帮助，可以获得群众的支持、提升公信力，而群众支持和公信力恰恰是政府进行社会治理的两大重要影响因素。农村留守儿童及其家庭在"童伴计划"项目中获得了帮助，为其提供帮助的各部分主体可以在其他方面争取他们的帮助和支持，比如政府在推进部分难点工作时，可以争取这部分群众的支持，进而带动其他群众配合和支持工作。学校通过配合政府对农村留守儿童进行管理和教育，可以让教育功能得以实现，尤其是对特殊困难学生的教育更可以赢得学生家长的信任和支持，进而帮助学校获得良好的社会名声和优质的学生生源。社会力量通过为农村留守儿童提供陪伴服务也可以获得各自期望的好处，社工组织可以借此宣传自己的业务能力和专业水平，进而吸引到其他的服务渠道并扩大经营规模，企业可以借此博得好名声，进而获得政府的各项补贴或资源倾斜，其他志愿者也可以增加志愿服务经验，为其他资源争取机会。

4. 低级模式：通过整合机制确保项目持续运作

在政府支持及社会支持参与度均低的低级模式中，项目的各项日常工作还在摸索阶段，学校和家庭的支持更是难上加难，因此如何维持项目的运转、促使项目逐步正常运行是这一模式当前最需要考虑的问题，此时整合机制中的权力整合、资源整合及组织整合就是最直接的助力。

第一，整合权力，避免多头治理而互相推诿。在"童伴计划"项目中，共青团四川省委通过分权将教育部门、民政部门、文化部门等服务少年儿童的职能整合到一个项目中，避免了"九龙治水"多头治理而互相推诿的局面。同时，共青团四川省委通过委托授权将政府治理留守儿童有关问题的权力转移到"童伴计划"项目上，再由每个项目区的"童伴之家"及其链接的企业、社会组织和公众直接实施，达到了权力整合的目的。

在这里，以共青团为主导的政府部门对各自原本的职能进行了拆解和重构，如《民政部职能配置、内设机构和人员编制规定》第三条第十款规定："拟订儿童福利、孤弃儿童保障、儿童收养、儿童救助保护政策、标准，健全农村留守儿童关爱服务体系和困境儿童保障制度。"在具体操作中需要对农村留守儿童的基本情况进行摸底排查，并建立专门的机构、设置专门的人员对农村留守儿童进行管理，而共青团的职责中"联系服务困难青少年"就包括了农村留守儿童的关爱服务，具体操作中需要共青团的人员直接联系和服务农村留守儿童。因此，在"童伴计划"项目的实施中，民政部门可以做好基本情况的摸底排查，将有关信息同共青团进行共享，由共青团的人员进行联系和服务，这样一来，民政部门可以减轻人员管理的压力，共青团则可以减少重复信息获取的资源浪费，实现了共赢。

第二，整合资源，弥补政府职能短板。在我国，公共物品或公共服务主要由政府提供，但其中一部分若通过市场或社会组织提供反而效果更好，这一点在资源整合中得到了淋漓尽致的体现。一方面，政府购买公共服务，通过行政命令的方式指导承接服务的机构或组织开展有关工作，可以继续发挥行政资源的主导作用；另一方面，通过承接服务的机构或组织提供社会资源，可以补齐行政资源配置效率低下带来的运行漏洞，发挥社会资源的补充作用。此外，社会资源种类繁多，在农村留守儿童陪伴服务体系中都有发挥用处的地方，弥补了政府职能的不足。以"童伴计划"项目为例，共青团四川省委通过购买服务的方式选择了中国农村发展基金会作为承包商提供服务，各级共青团只需要联络其他政府部门履行相应职能，并提供部分项目资金，不需要承担管理的任务；而中国农村发展基金会承接项目之后，为了让项目取得实效并长久运作下去，需要运用自己的专业特长开展服务，并积极联络其他社会资源，保障自身的权益。"童伴计划"项目自启动后便得到了众多企业和个人的大力支持，为项目提供了资金帮助，并通过各自的受众展开裂变，这一定程度上也扩大了项目的资源面。

第三，整合组织，维护成员认同感。组织整合是权利整合和资源整合的必然结果，有效的网络治理需要主体间的沟通协调，因此要求有固定组织作为中心联络站。"童伴之家"的人员配置不确定性较大，需要固定的组织对成员的认同感进行维护。此外，作为一个新实施的服务项目，在实际运行过程中会遇到各种各样的问题，服务网络的成员之间会出现各种各样的矛盾，需要有一个主导组织对这些问题进行研判，更需要一个中心组织对成员之间的矛盾进行协调。因此，需要确立组织机构并对设置规范和职能分工进行明确。共青团中央《关于深化共青团"童心港湾"关爱农村留守儿童工作项目的实施意见》指出，各地在开展项目前，要成立相应项目办，负责区域内项目的建设规划和实施，统一调配资源，指导项目开展具体工作[①]。这一规定从制度上为项目提供了组织保障，确保了"童伴计划"项目这一农村留守儿童陪伴服务项目有组织负责管理、有组织协调矛盾、有组织解决问题。

五、课程设计

（一）时间规划

本次案例教学分小组进行讨论，总计 2 个课时、90 分钟，具体的教学计划安排见表 6.1。

表 6.1　教学计划安排

教学计划		内容	目标	时间
课前准备	预备与预习	①教师提前告知学生案例教学安排，并将案例文件及相关资料进行发放；②学生课前自行阅读，熟悉案例；并查阅其他资料对农村留守儿童、项目与项目执行情况等加以补充，形成基本理解	使学生对案例内容有初步了解	行课前一周

① 《关于深化共青团"童心港湾"关爱农村留守儿童服务项目的实施意见》，共青团中央，2021 年 12 月 31 日，https://www.gqt.org.cn/xxgk/tngz_gfxwj/gfxwj/202210/t20221013_790110.htm。

表6.1(续)

教学计划		内容	目标	时间
正式上课	学习与讨论	①教师使用40~50分钟对案例进行呈现，对农村留守儿童的多种观点与关爱措施、项目、关爱主体等加以介绍； ②教师根据实际情况对学生进行分组，以小组为单位进行案例及思考成果的呈现。分组时可参照项目执行中的多方主体。每组展示时间为10分钟； ③每组展示过后，教师展示思考题，各小组进行组内讨论、组间讨论，时间为20~30分钟； ④展示及讨论结束后，教师用15~20分钟进行点评与总结，并布置课后分析报告作业及小组成员贡献度调查，汇总各小组的思考成果及学生的参与情况	以教师讲解与学生讨论相结合加深理解	2课时，每课时45分钟
课后	思考与反馈	①学生在课后以小组为单位提交案例分析报告，对项目执行困境与应对等问题进行回答； ②学生进行组内成员贡献度互评； ③教师结合小组课堂展示、讨论发言、案例分析报告等综合考虑，对不同组别进行评分； ④教师结合课堂发言情况及贡献度对学生个人进行评分	对本次案例教学形成反馈，促进学生深入思考	课后两周内

（二）板书设计

板书设计如图6.6所示。

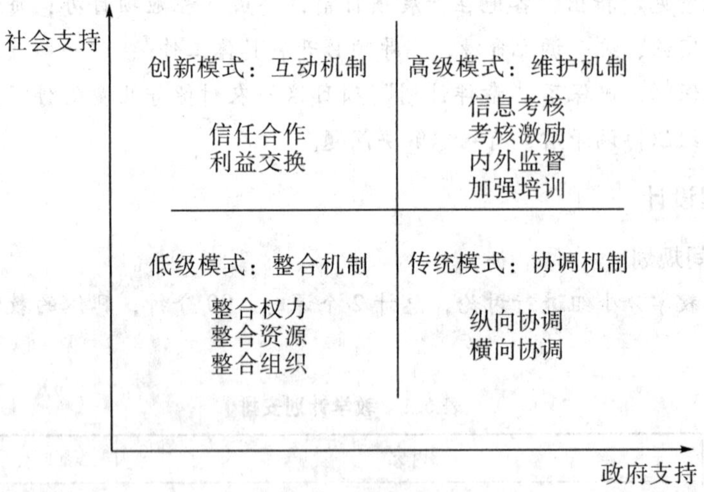

图6.6 板书设计

（资料来源：作者自制）

六、要点汇总

本案例针对四川省天全县"童伴计划"公益项目点的材料，基于网络治理理论进行了分析，探讨了农村留守儿童关爱模式从单一主体到多元主体的转变，从"大水漫灌"到"精准滴灌"的转变。本案例主要关注点包括：如何将农村留守儿童的系列政策与社会支持转化为孩子们切身感受的爱？换言之，如何打通关爱的"最后一公里"？

并使之长期有效？多元主体包括了谁，他们之间是如何形成联动机制的？在项目执行的过程中存在哪些困境？如何应对？

七、参考资料

[1] 范先佐. 农村"留守儿童"教育面临的问题及对策 [J]. 国家教育行政学院学报，2005（7）：78-84.

[2] 申继亮，武岳. 留守儿童的心理发展：对环境作用的再思考 [J]. 河南大学学报（社会科学版），2008（1）：9-13.

[3] 辜胜阻，易善策，李华. 城镇化进程中农村留守儿童问题及对策 [J]. 教育研究，2011，32（9）：29-33.

[4] 段成荣，秦敏. 创新共建共享机制 化解留守儿童问题 [J]. 社会治理，2016（6）：49-57.

[5] 沈冠辰，陈立行. 社会工作介入我国农村留守儿童的实务模式研究 [J]. 吉林大学社会科学学报，2018，58（6）：116-124，206.

[6] 杨汇泉. 农村留守儿童关爱服务路径的社会学考察 [J]. 华南农业大学学报（社会科学版），2016，15（1）：37-44.

[7] 董才生，马志强. 留守儿童关爱保护政策需要从"问题回应"型转向"家庭整合"型 [J]. 社会科学研究，2017（4）：99-105.

[8] 王浦劬，莱斯特·M.萨拉蒙，卡拉·西蒙，等. 政府向社会组织购买公共服务研究：中国与全球经验分析 [M]. 北京：北京大学出版社，2010.

[9] 彭浩. 借鉴发达国家经验 推进政府购买公共服务 [J]. 财政研究，2010（7）：48-50.

[10] 折晓叶，陈婴婴. 项目制的分级运作机制和治理逻辑：对"项目进村"案例的社会学分析 [J]. 中国社会科学，2011（4）：126-148，223.

[11] 渠敬东. 项目制：一种新的国家治理体制 [J]. 中国社会科学，2012（5）：113-130，207.

[12] 于君博，童辉. 项目制：一种新的国家治理模式的文献综述 [J]. 南京农业大学学报（社会科学版），2016，16（3）：146-155，160.

[13] 姬生翔. "项目制"研究综述：基本逻辑、经验推进与理论反思 [J]. 社会主义研究，2016（4）：163-172.

[14] 陈为雷. 政府和非营利组织项目运作机制、策略和逻辑：对政府购买社会工作服务项目的社会学分析 [J]. 公共管理学报，2014，11（3）：93-105，142-143.

[15] 姜晓萍，陈朝兵. 近五年国内政府购买公共服务：一个文献述评 [J]. 经济问题探索，2016（3）：24-29.

[16] 管兵，夏瑛. 政府购买服务的制度选择及治理效果：项目制、单位制、混合制 [J]. 管理世界，2016（8）：58-72.

[17] 王清. 项目制与社会组织服务供给困境：对政府购买服务项目化运作的分析 [J]. 中国行政管理，2017（4）：59-65.

[18] 刘丽娟，王恩见. 双重治理逻辑下政府购买社会工作服务项目的运作困境及对策 [J]. 社会建设，2021，8（3）：73-84.

[19] 周雪光. 项目制：一个"控制权"理论视角 [J]. 开放时代，2015（2）：5，82-102.

[20] 黄宗智，龚为纲，高原."项目制"的运作机制和效果是"合理化"吗？[J]. 开放时代，2014（5）：8，143-159.

[21] 戈德·史密斯，威廉·埃格斯. 网络化治理：公共部门的新形态 [M]. 孙迎春，译. 北京：北京大学出版社.2008.

[22] 陈振明. 公共管理学：一种不同于传统行政学的研究途径 [M]. 北京：中国人民大学出版社，2003.

[23] 何植民，齐明山. 网络化治理：公共管理现代发展的新趋势 [J]. 甘肃理论学刊，2009（3）：110-114.

[24] 鄞益奋. 网络治理：公共管理的新框架 [J]. 公共管理学报，2007（1）：89-96，126.

[25] 孙柏瑛，李卓青. 政策网络治理：公共治理的新途径 [J]. 中国行政管理，2008（5）：106-109.

[26] 张康之，程倩. 网络治理理论及其实践 [J]. 新视野，2010（6）：36-39.

[27] 刘波，王力立，姚引良. 整体性治理与网络治理的比较研究 [J]. 经济社会体制比较，2011（5）：134-140.

[28] 诸大建，李中政. 网络治理视角下的公共服务整合初探 [J]. 中国行政管理，2007（8）：34-36.